드라마의 모든 것

막장에서 고품격까지, 지상파에서 케이블까지

드라마의 모든 것

홍석경 외 지음

culture look

컬처룩 미디어 총서 009

드라마의 모든 것

막장에서 고품격까지, 지상파에서 케이블까지

지은이 홍석경 외
펴낸이 이리라

편집 이여진 한나래
디자인 에디토리얼 렌즈

2016년 9월 25일 1판 1쇄 펴냄
2017년 8월 25일 1판 2쇄 펴냄

펴낸곳 컬처룩
등록 2010. 2. 26 제2011-000149호
주소 03993 서울시 마포구 동교로 27길 12 씨티빌딩 302호
전화 070.7019.2468 | 팩스 070.8257.7019 | culturelook@naver.com
www.culturelook.net

ISBN 979-11-85521-46-6 94300
ISBN 979-11-85521-06-0 94300 (세트)

* 2017 세종도서 학술 부문 선정 도서
* 이 도서의 국립중앙도서관 출판예정도서목록(CIP)은 서지정보유통지원시스템 홈페이지(http://seoji.nl.go.kr)와 국가자료공동목록시스템(http://www.nl.go.kr/kolisnet)에서 이용하실 수 있습니다. (CIP제어번호: CIP2016021444)

culturelook

우리 시대 드라마의 초상

이 책은 2012년 봄에 페이스북 공간에서 만들어진 텔레비전 드라마에 대한 집담 공간 "드라마의 모든 것"●의 4년에 걸친 활동 결과를 기획해 엮은 것이다. 프랑스 보르도 3대학 언론정보학과 교수로 있었던 2012년, 나는 페이스북 공간에서 활동 중인 언론정보학과 교수와 매체 전문가들 몇 분을 초대해 이 드라마방을 만들었다. 전문가들이 모여 드라마에 대해 다양한 의견을 자유롭게 교환하는 집담소로서 시작된 것이다. 그 후 초대 멤버들이 성원을 충원해 가면서 언론정보학과 및 인문사회학 교수, 문화 및 예능부 기자, PD, 배우, 드라마 전공 대학원생 및 박사들, 이 분야에 전문성을 지닌 박사 유학생들, 그리고 한국과 외국의 몇몇 시청자 등, 드라마와 관련된 각계각층의 전문가 68명으로 확장되었다. 처음엔 해외에 있는 사람들의 활동으로 24시간 가동

● 이것은 이 책의 제목이기도 하다. 책 제목과 페이스북 집담의 공간을 구분하기 위해 이하 집담 공간은 드라마방으로 칭한다.

되는 단순한 잡담으로 시작되었으나, 활기찬 대화 속에서 전문가인 동시에 팬들이기도 한 구성원들의 감각과 분석이 녹아 든 드라마 현상에 대한 집단의 전문적 견해가 형성되어 감을 볼 수 있었다.

그 결과는 드라마방의 구성원이기도 한 양성희 기자가 〈중앙일보〉 지면에 2013년 4월 29일에서 12월 18일까지 "드라마 썰전"이란 제목으로 15회 동안 연재하기도 했다. 그러나 일간지라는 지면상의 한계로 인해 드라마방의 전문성과 활력이 그대로 옮겨지기에는 역부족이었다. 그동안 누적된 잡담의 내용은 우리가 드라마방을 시작할 때의 취지처럼 우리 시대의 '연속적 스토리텔링'을 이해하기에 필요한 핵심적 화두들을 포괄할 뿐만 아니라, 그동안 한류의 핵심 콘텐츠임에도 불구하고 학계의 수용 연구와 텍스트 연구를 벗어난 비평의 대상이 되지 못하고 있었던 한국의 드라마 환경을 올바르게 분석하기 위해 중요한 의견들이었다.

한국은 이제 아시아에서만 아니라 세계적으로도 중요한 드라마 생산국 중 하나인데, 드라마에 대한 역사적인 기록이 될 만한 고급 지면이 없다는 것은 유감스러운 일이다. 한국 드라마는 아날로그 방송 시대에 동아시아에서 한류를 촉발시켰을 뿐만 아니라, 〈별에서 온 그대〉(2013)나 〈태양의 후예〉(2016)에 대한 국내외의 폭발적 인기 현상이 말해 주듯, 디지털 문화 시대에도 여전히 한류의 핵심 콘텐츠다. 그럼에도 불구하고 드라마는 최상의 경우일 때, 한국 대중 문화의 해외 시장을 넓히는 첨병의 역할을 하는 것으로 추앙 받거나, 최악의 경우 막장드라마 논란에서 볼 수 있듯 우리 사회의 감성을 저하시키는 악재로서 비판받았을 뿐, 그동안 핵심적 문화 콘텐츠로서의 위상에 걸맞는 비평의 대상이 되지 못했다. 고품격 텔레비전quality television으로 추앙

되는 완성도 높은 미국 드라마에 대한 비평은 넘치지만, 이와 대조적으로 한국의 드라마는 시청자들에게 받는 사랑에 부합하는 비평의 대상이 되지 못했을 뿐만 아니라 최근의 드라마 제작의 질적 도약을 수렴하는 비평적, 학문적 담론의 대상이 되지도 못한 실정이다.

이것은 드라마에 대한 글쓰기가 아주 없었다고 말하는 것이 아니다. 한국에서 드라마에 대한 지식 생산은 한편에는 영화 비평, 문학 비평의 영향을 받은 문예적 비평, 다른 쪽엔 방송을 미디어로서 접근하는 시청률과 수용, 사회적 이슈 중심의 비평으로 양분되는 경향이다. 이 책은 영화, 소설과 다른 매체로서의 텔레비전에 대한 비평의 일환으로서, 드라마 비평을 동시대 세계적인 텔레비전 픽션 비평의 수준으로 향상시키는 데 기여하고, 이를 통해 한국 드라마가 누리는 애정에 걸맞은 비평적 관심을 보이고 실현하는 작업이고자 한다. 이것은 지나치게 아카데믹한 드라마 연구와 고수 블로거들의 열정적 글과 차별되는 비평 작업인 동시에, 동시대 미국 드라마 연구 수준으로 드라마 읽기를 끌어올리려는 작업이다.

이 책은 두 번째 장인 "뉴 케드(뉴 케이블 드라마)의 약진"라는 제목이 보여 주듯이, 한국 드라마가 전통적인 이야기 방식을 넘어서서 미국산 드라마에 견줄 수 있는 새로운 퀄리티의 드라마를 추구하기 시작했다는 관찰에 기초한다. 그에 부응하는 전문적 시선과 수준 높은 요구를 지닌 시청자층이 형성되었고, 그 취향과 선호를 SNS를 통해 활발하게 표현하고 있다는 현실 이해에 기반한다. 이러한 축적된 집담의 내용을 정리하고 4년간 거의 매일 서로 다른 주제와 드라마를 통해 공유하게 된 비평의 틀을 가지고 우리 시대 드라마 이해의 화두를 다루는 책을 기획, 출판하는 것이 의미 있는 일이라고 생각하게 되었다.

그런데 이 책을 내는 결정을 했을 때 가장 큰 고민은, 우리의 글이 기존의 방송 연구 논문들, 고도의 실력을 발휘하는 드라마 '덕후 블로거들,' 그리고 신문 지면의 저널리스틱한 글들과 어떤 차별성을 지니는가, 또한 우리가 이 책 속에서 지향하는 드라마에 대한 메타담론의 특성과 소비자가 누구인가라는 질문이었다. "드라마의 모든 것"이라는 온라인 집담 공간을 통해 교환되고 집적된 세계 드라마에 대한 지식이 지닌 특장점은 무엇보다도 집단 지성의 결과라는 점이다. 서로의 관찰이 꼬리에 꼬리를 물고 상승하며 정리되고, 급변하는 드라마 생산과 수용의 장에 대한 지형도가 만들어지는 과정은 한두 명의 연구자가 쓴 논문이나, 장기간 드라마에 대한 열정으로 쌓게 된 아마추어 논객이나 개인 평론가의 전문적 지식과 감식안에 비해 훨씬 입체적인 것이었다. 그 결과는 학문적인 개념 정립이나 현장에 직접적인 투입이 가능한 실천적 코드라기보다, 이 둘을 이어 주는 중범위의 것이고 시의적인 것이어서, 드라마가 생산, 소비되는 과정의 어느 지점에서 연구를 전개하고 있는 학자나 현장의 문화 산업 종사자들, 한국 드라마뿐만 아니라 세계의 드라마를 사랑하는 전문적이고 열정적인 시청자들, 그리고 드라마 생산에 종사할 것을 꿈꾸며 대학이나 현장에서 공부하고 있는 미래의 문화 산업 역군들, 세계의 드라마 트렌드에 비추어 한국 드라마에 대한 보다 객관적인 시각을 지니고 싶은 기자나 평론가에게도 유용한 읽을 거리가 될 만하다고 자부하게 되었다.

드라마에 대해 축적한 모든 것을 어떤 형식으로 출판하는가 또한 고민거리였다. 페이스북 대화의 자유로움과 다이내믹한 집담의 에너지를 어떻게 출판물을 통해 보여 줄 수 있을 것인가? 빠른 실시간 댓글을 통해 서로의 지식을 더하고 동의하거나 이견을 조율하면서 아이디어를 두텁게 하는 다자간 대화의 그 역동성을 출판되는 글 속에 담는 것은 불가능하다는 데 생각이 닿았다. 결국, 드라마방에서 지난 몇 년간 나눴던 이야기의 가장 큰 줄기를 정리해 주제를 삼고, 그것을 각 필자가 개별 챕터로 집필하는 형식을 취하게 되었다. 대화는 여럿이 가능하지만 글쓰기는 결국 한 사람 필자의 몫이기에, 오히려 글쓰기의 다양함을 받아들이고, 이를 통해 드라마에 대한 다양한 글쓰기가 드러나는 것도 좋다는 생각을 갖게 되었다. 따라서 독자들은 연구 논문들을 모은 전문서의 일관적 글쓰기가 아니라 집단적으로 검증된 내용에 대한 개별적 글쓰기를 접하게 될 것이다.

이 책은 "드라마의 모든 것" 참여자들이 한국 드라마 산업에서 중요한 약진이 이루어졌다고 평가하는 2012~2014년 사이에 방송된 드라마들 중심으로 쓰여졌으나, 필요한 경우 이 기간을 넘어선 더 오래된, 또는 최근의 드라마도 다루고 있다. 이 책이 드라마와 한국의 영상 산업에 관심을 가진 모든 시청자, 독자, 전문가들에게 크고 작은 유용성과 즐거움을 선사할 수 있기를 바란다.

저자들을 대표해

홍석경

차례

일러두기

- 한글 전용을 원칙으로 하되, 필요한 경우 원어나 한자를 병기하였다.
- 한글 맞춤법은 '한글 맞춤법' 및 '표준어 규정'(1988), '표준어 모음'(1990)을 적용하였다.
- 외국의 인명, 지명 등은 국립국어원의 외래어 표기법을 따랐으며, 관례로 굳어진 경우는 예외를 두었다.
- 사용된 기호는 다음과 같다.
  방송 프로그램, 영화, 뮤지컬, 그림, 시, 노래 제목, 신문 잡지 등 정기 간행물, 논문 등: 〈 〉
  책(단행본): 《 》
- 이 책의 글들은 페이스북의 드라마 비평 모임 "드라마의 모든 것"에서 오간 내용을 기초한 것으로 필자의 의견과 다르거나 대립되는 견해를 드러낼 필요가 있는 경우에 한해서 화자의 실명을 괄호에 두어 밝히고 있다.

서론

2000년대 한국 드라마

시청하기, 비평하기, 연구하기

홍석경

홍석경　　서울대학교 불문학과를 졸업한 후 같은 학교 신문학과에서 석사, 프랑스 그르노블대학교에서 언론정보학으로 박사 학위를 받았다. 방송위원회 선임연구원을 지냈으며, 보르도 3대학 언론정보학과 부교수로 있었다. 현재 서울대학교 언론정보학과 교수이며, 책으로는 《세계화와 디지털 문화 시대의 한류》, 《영상학개론》(공저) 등이 있다.

우리에게 드라마란 무엇인가? 한국 베이비붐 세대의 끝물인 동시에 첫 번째 텔레비전 세대라고 할 수 있는 1963년생인 내 경우, 기억할 수 있는 어린 시절의 추억 어느 구석엔가 항상 텔레비전 드라마가 있다. 모든 가정에 텔레비전이 보급되기 전 친구 집에 몰려가서 보던 도널드 덕과 미키 마우스가 나오던 만화 영화에서부터, 툇마루가 있는 도시형 거주지 마당에서 놀거나, 저녁 식사를 하면서 항상 켜져 있던 텔레비전에서 방송되던 드라마의 추억, 〈주말의 명화〉나 〈명화극장〉에서 할리우드 스타들이 나오는 흑백 영화를 리트머스 종이처럼 흡수하며 봤던 중학교 시절의 기억과 떼어내 유년과 청소년기를 추억하기 힘들다. 이것은 나만의 경험이 아니며, 내 기억이 그러하듯, 현재를 과거로 기억할 미래에, 우리의 지금 이 시간에 대한 기억은 지금 방송되고 소비되고 있는 대중 문화 산물의 소비 경험과 엉켜 있게 될 것이다. 다매체 다채널 시대를 살고 있는 지금, 드라마는 텔레비전 수상기를 통해 소비되지 않고 갈수록 모바일 기기와 컴퓨터 화면을 통해 소비될 것이다. 이것은 드라마의 기억이 연루될 장소와 경험이 변함을 의미하고, 드라마의 포맷이 이러한 시청 환경 변화에 공진화할 것임을 예견하도록 유도하지만 드라마의 쇠퇴나 죽음을 의미하지 않는다. 텔레비전 드라마는 우리 시대 스토리텔링의 지배적인 형태로서 19세기에 대중 소설이, 20세기 전반에 걸쳐 영화가 수행했던 역할을 이어서, 연속적 이야기 형태의 욕망을 충족시키고 있다. 텔레비전 드라마는 바로 우리 시대의 '셰에라자드'인 것이다.

이러한 현실은 일괄적 기준으로 잴 수는 없지만 지구상 다른 곳에서도 발견된다. 1990년대에 들어와 텔레비전 시리즈물의 제2의 전성시대를 맞은 미국은 고품질 시리즈를 수출해 유럽 텔레비전의 프라임타임을 점령했지만, 더 이상 1970~1980년대에 그랬듯이 문화 제국주의에 대한 논의를 불러일으키지 않는다. 인터넷을 통해 미국산 양질의 시리즈를 접한 팬들의 압력과 콘텐츠의 질적 우위 앞에 과거와 같은 정치경제학과 힘의 담론이 맥을 추지 못하는 양상이다. 결국, 연속적 픽션물의 생산 능력을 지닌 소수 유럽 국가에서만 자국 생산물이 명맥을 이어갈 뿐 2000년대 중반 이후 대부분의 유럽 국가에서 미국 시리즈가 지배적인 텔레비전 픽션이 되었다. 라틴 아메리카의 경우, 대량 생산되는 텔레노벨라telenovela•는 국가 통합과 정체성 형성에 중요한 매체가 되었고, 이제 완제품뿐만 아니라 포맷을 수출하기에 이르렀다. 한국의 경우, 만화와 웹툰, 웹드라마 등 연속적 스토리텔링 형태를 지닌 다른 문화 형식들도 발전하고 있지만, 여전히 텔레비전이 생산하는 연속적 스토리가 앞으로도 한동안 우리의 이야기 욕구를 채워 주는 대

• 브라질, 멕시코, 베네수엘라 등 라틴아메리카 전역에 대량 생산되고 유통되는 연속극 형식의 텔레비전 픽션이다.

표적 콘텐츠로 남을 것이다.

이러한 이유에서 전 세계에서 텔레비전 드라마와 시리즈에 대한 학문적 관심도 2000년대 들어와 확연히 증가했다. 많은 대학의 영미 문화 및 문학 전공자들이 미국 시리즈에 대한 심층 연구를 하기 시작했고, 텔레비전 드라마에 대한 사회학적, 미학적, 인류학적 연구들도 증가하고 있다. 또한 여러 플랫폼을 동시에 작동시켜 스토리텔링의 복잡성을 강화하고 시청자의 반응을 촉발하는 트랜스미디어 전략 속에서 텔레비전의 연속적 스토리텔링 형식은 핵심적 중요성을 띠기 때문에, 문화 산업적 관심 또한 점증하고 있다.

한국의 경우, 어느 날 한국산 드라마가 동아시아의 다른 곳에서도 큰 사랑을 받고 있다는 소식, 이어서 지구 반대편, 언어 소통의 미스터리 속에서 한국 드라마가 수용되고 있다는 소문과 더불어 드라마에 대한 관심도 크게 확대되었다. 그러나 한류의 열기를 설명하기 위한 드라마에 대한 관심의 대부분은 "누가, 왜 한국 드라마를 보고, 어떤 즐거움을 얻는가?" 그리고 얼마나 직간접적 이익을 생산하고 있는가에 대해 집중되어 있는 경향이다. 물론 한류 패러다임을 넘어서서 드라마 속에 드러나는 여러 가지 재현 방식을 통해 한국 사회의 현재를 분석하는 기호학적, 사회학적 연구들도 일맥을 이루고 있지만, 이 접근은 소설이나 영화 속 사회적 재현을 연구하는 전통과 이론적 방법론적으로 동위적인 것이어서, 텔레비전 드라마에 고유한 연구 영역이라고 볼 수는 없다. 뿐만 아니라 연구 대상의 위상이 그에 대한 연구의 위상까지 결정한다는 듯이, 영화에 대한 미학적 접근에 비해 드라마에 대한 미학적 접근은 심히 부족한 상태다. 국내외에서 시청률상 큰 성공을 거둔 〈겨울연가〉나 〈대장금〉 같은 드라마가 이벤트성 학술적 관심의 대상이 되기도 했지만, 그것이 지속적이고 진지한 비평의 전통을 생산하게 되었다는 증거는 아직 없다. 이를 위해서는 비평의 지면, 전문적인 출판의 공간이 필요한데, 과거 방송문화진흥원에서 발간하던 온라인 저널 〈프로그램/텍스트〉가 2000년대 후반에 종간된 이후, 이에 필적할 만한 드라마에 대한 전문적 비평과 연구들이 집적될 수 있는 공간은 아직 발견되지 않는다. 최근에 방송작가협회에서 드라마 비평상을 부활시키는 등 드라마에 대한 진지한 관심을 불러일으키려는 노력이 있는데, 이것이 드라마에 고유한 비평의 전통을 만들어 갈 수 있을지, 기존 영화나 소설 비평의 매체적 연장에 머물게 될지도 미지수다.

《드라마의 모든 것》은 바로 이러한 맥락에서, 이와 같은 시점 속에서, 페이스북이라는 동시대적이고 시의적인 플랫폼을 통해 누적된 드라마에 대한 전문적 견해들을 핵심 개념을 중심으로 정리하고 있다. 이 책의 내용이 위에서 제기한 드라마에 대한 지식 생산의 문제를 단번에 해결하지는 못할 것이며, 한 번의 출판으로 만족스러운 결과를 기대하는 것도 무리다. 모든 개념이 이 책에서 처음으로 다루어지는 것도 물론 아니다. 그렇지만 이 책의 핵심 개념들은 후속 연구를 불러올 만한 패러다임들이고, 신중한 독자들은 개별 드라마 속에 드러나는 각 개념의 실천 효과와 상호 연관성을 읽을 수 있을 것이다. 무엇보다, 드라마를 즐기는 시청자의 일상에 가까운 언어로, 이미 익숙해진 것들을 당연하지 않은 것으로 보는 시선을 지닐 수 있게 도울 것이다.

이러한 목표로 엮은 이 책은 내용상 11편의 글을 네 부분으로 나눌 수 있다. 첫 번째로 나오는 공희정의 짧은 드라마 연대기는 이 책이 핵심적으로 다루는 2012~2014년의 한국 드라마를 페이스북 집담회 "드라마의 모든 것"에서의 토론 내용을 반영해 개관하고 있다. 드라마와 오랜 애정 관계를 유지하고 지금도 페이스북 담벼락에 드라마 명대사를 외워서 연재하는 공희정의 글은, 드라마 산업과 작품에 대한 다년간 축적된 관심과 애정의 두께를 엿볼 수 있게 한다. 이 글은 2012~2014년 사이 한국 텔레비전 드라마의 화제작들을 일련으로 소개하는데, 독자는 짧은 기간에 놀랍게도 많은 화제작들이 집결되어 있음을 느낄 것이다. 개별 드라마들은 기존 드라마의 전통에서 크게 벗어나지 않는 것으로 보일지 모르지만, 이들의 흐름은 다음 글들에서 전개할 이 책의 핵심 개념인 뉴 케이블 드라마, 시즌제의 문제, 미국 드라마의 영향, 리메이크, 드라마의 막장성, 배우의 역할 등의 문제를 제기한다. 또 이 장은 독자에게 각 장에서 언급될 드라마들을 한꺼번에 환기시키는 일종의 길잡이 역할을 한다.

이 책의 비평적 성격의 포문을 여는 양성희의 "뉴 케드의 약진"은 이 책의 핵심 개념인 "뉴 케드(뉴 케이블 드라마)"의 등장을 설명하고 개념화를 시도하는 글이다. 이 책이 다루는 3년이라는 짧은 기간에 "응답하라" 시리즈와 〈나인: 아홉 번의 시간 여행〉, 〈미생〉이 보여 준, 제작과 작품성 면에서 기존 한국 텔레비전 드라마와 차원을 달리하는 혁신을 만들어 낸 tvN의 역할은, 미국의 유료 케이블 채널 HBO가 1990년대에 했던 역할, 즉 미국 텔레비전 드라마가 영웅 시리즈 중심의 대중적 내용에서 〈소프라노스*Sopranos*〉(HBO, 1999~2007)와 같이 비평가들이 극찬하는 새로운 시나리오와 창의성을 담보하는 고품격 텔레비전으로 발전하게 이끈 선두적 역할에 비교할 수 있다고 해도 과언이 아니다. 양성희는 이러한 tvN의 쇄신은 하루아침에 이루어진 것이 아니라 1995년 개국 이후 20년 동안 서서히 이루어졌고, 그 노력의 본격적 결과가 2010년대에 이르러 가시화된 것이라고 분석한다. 이러한 새로운 드라마 제작의 물결에 같은 CJ E&M사에 속한 케이블 채널 OCN과 종합 편성 채널 중 유일하게 드라마 제작에 성공한 jtbc가 동참하여 시청자가 놀랄 만한 질적 향상을 보이는 야망찬 드라마들을 선보이게 된 것이다.

이러한 새로운 드라마계의 리더들은 종일 텔레비전을 열어 두는 전국의 평균 시청자를 겨냥해서가 아니라, 이미 고속 인터넷의 보급과 더불어 컴퓨터로 소비하는 미드와 일드에 익숙한 시청자들의 픽션 취향과 기대 수준에 부응하기 위해 많은 변화를 시도해 왔다. 일부 드라마에 시즌제를 도입했으며, 지상파에서 옮겨온 예능 제작진이나 영화감독이 새로운 방식으로 드라마를 제작, 연출하는 경계 허물기를 시도했다. 또한 전통적 텔레비전 시청자 카테고리에서 멀어져 인터넷으로 문화물을 소비하는 청년 세대를 겨냥하여 웹툰을 새로운 드라마 스토리의 샘으로 삼았고, 기존의 달달하고 환상적인 플롯 전통의 로맨틱 코미디를 전격적으로 개선한 현실적이고 신선한 로맨스 시리즈를 선보였으며, 아이돌 문화를 콘텐츠로 새로운 원소스 멀티유즈의 차원을 보여 준 "꽃미남 프로젝트" 같은 새로운 제작 방식을 시도했다. 이러한 시도들은 전국 시청률 점유율이 낮은 케이블을 통해 방송되었음에도 SNS를 통해 시청자의 열렬한 반응을 이끌어 냄으로써, 바야흐로 한국은 뉴 케드가 견인하는 새로운 드라마 산업의 시대로 접어들었다고 할 수 있을 것이다.

이어지는 손병우, 고선희, 김지연의 글은, 각각 드라마의 연출가(PD), 작가, 배우에 대해 말한다. 한국의 드라마 연구는 그동안 드라마 제작에 종사하는 이들에 대해 매우 인색했다. 몇몇 인기 작가들, 소수 인기 연출자들에 대한 미디어의 인터뷰, 취재 등은 항상 있어 왔지만,

이들을 본격적인 학문적, 비평적 관심을 가지고 다룬 사례는 손에 꼽을 정도다. 스타화한 배우들에 열광하면서도 출연작의 경제적 성공과 그로 인한 '몸값'의 변화, 사생활에 대해 관심을 보일 뿐 그들의 연기와 연예 노동, 스타 이미지에 대한 체계적인 관심이 출판된 것을 본 기억이 없다. TV 연출과 영화 연출의 거리가 갈수록 좁혀지고 이미 여러 드라마 연출가들이 영화를, 영화 감독이 드라마를 연출하고 있으며, 이 경향은 갈수록 늘어날 것이 예상된다. 뿐만 아니라 단언컨대 평균적 영화의 수준을 뛰어넘은 수많은 드라마가 존재하며, 픽션물의 새로운 창작이라는 점에서, 수작 드라마의 스토리텔링 기법이나 시나리오, 연출 등의 수준이 대다수의 영화에 뒤쳐지지 않는다. 이것은 1950년대 텔레비전 드라마의 황금기에 이어 1990년대 네오시리즈의 등장으로 두 번째 황금기를 맞고 있다는 미국의 경우에서도 발견되는 특성이다. 전 세계에 미드 팬들을 만들어 낸 1990년대 이후 미국 네오시리즈의 놀라운 창의력은, 카툰과 애니메이션, 게임 산업과 연동된 트랜스미디어 전략으로 탈출구를 찾는 할리우드 영화 산업이 영화를 시리즈화하고 있는 것과 대조된다. 미국의 시리즈물들은 갈수록 새로운 주제로 관심을 확장하고 다시점, 다인물 접근을 심화함으로써 소파에 누워 감자칩을 먹으며 심심풀이로 보는 텔레비전에서 환골탈태하여 시청자와 두뇌 게임을 벌이거나 시청자보다 앞서나가는 스토리텔링을 지향하고 있다. 이러한 새로운 콘텐츠를 가능케 한 것은 제작 시스템의 총책임자인 쇼러너showrunner들이고, 이들이 궁극적인 시리즈물의 창작자로 등극하게 되었다. 쇼러너의 역할은 새로운 시리즈의 세계를 창조하는 시너지를 만들어 낼 수 있는 다양한 재능의 제작팀을 구성해서 표준 시나리오를 만들고, 몇 년 동안 여러 시즌이 진행될 이 시리즈의 정체성을 규정하는 '바이블'을 정립하는 일이다. 그 결과 미드의 시작과 끝은 'created by'에 이어 나오는 이 쇼러너들의 이름이 장식한다. 이들은 중간에 연출자와 심지어 배우까지 바뀔 수도 있는 긴 여정에서 해당 시리즈의 정체성을 유지하는 최후의 보루 역할을 하는 셈이다.

한국의 경우, 이러한 드라마의 시작과 끝까지 작품의 전체를 관장하고 질적 가치를 보장하는 역할을 하는 사람이 곧 연출을 하는 PD다. 일회성 미니시리즈가 대다수이기 때문에 바이블이 필요하지 않으나 작가의 발굴, 선정에서 시나리오 작업, 캐스팅, 연기 지도, 촬영, 음악, 편집까지 드라마의 전 과정에 개입하며 최종작 드라마의 퀄리티를 보장하는 역할을 한다. 성공한 한국 텔레비전 드라마는 등장인물과 배우의 얼굴, 그들의 입에서 나오는 명대사, 명장면으로 기억하지만, 이 모든 것은 단 하나의 역할과 이름, 그 드라마 PD의 손끝에서 완성된 것들이다. 한국 드라마의 역사가 누적되고 크고 작은 성공작, 명작이 쌓여 가면서, 시청자들에게 의미 있는 PD들이 여럿 생겨나게 되었다. 드라마 PD의 역할은 외부인은 알기 힘든 CP, AD, EP 등으로 분업화되어 있지만, 시청자들은 갈수록 드라마 시작 시그널에서 먼저 이름을 볼 수 있는 PD 이름의 가중치에 따라 볼 드라마를 결정하게 되었다.

우리가 선택한 연출자는 화제작 〈추적자〉와 〈황금의 제국〉을 1년 사이에 만들어 낸 조민국 PD이고, 오랫동안 대학에서 대중 문화를 강의해 온 중견 문화 연구자 손병우 교수가 인터뷰했다. 우리는 영화 한 편을 놓고 장면과 컷으로 세분화해 가며 분석하고 해설, 비평하는 데 익숙하지만, 텔레비전 드라마에게 그런 대접을 하는 데는 인색하다. 우리가 일상적 공간에서 수용한다는 그 이유 하나만으로 정당한 대접을 하지 않는 드라마, 그러면서 더 좋은 드라마를 만들어 달라고, 왜 더 잘 만들지 못하느냐고 비판하는 것은 얼마나 정당한 일일까? 손병우는 우리가 드라마방에서 열띠게 논의했던 〈추적자〉와 〈황금의 제국〉에서 보여 준 장면의 연출, 캐릭터, 배우, 시나리오 등 조민국 PD의 여러 가지 미학적 선택과 실수에 대해 상세히 질문하고 대화한다. 그의 진솔한 말 속에서 독자들은 열악한 촬영 조건을 뚫고 나오는 PD들의 뚝심과 창의력, 장인적 노력을 느낄 수 있을 것이다.

예술대학에서 시나리오를 가르치는 고신희 교수는 방송 작가이기도 한데, 이 책을 위해 한국 드라마의 방송 작가론이라는 무거운 임무를 부여 받았다. 한 해 50여 편의 텔레비전 드라마를 생산하는 작가협회에 등록된 500여 명의 작가 중 누구를 채택할 것인가의 큰 고민을 끝내자, "경계를 가로지르며 진화하는" 네 명의 작가가 선정되었다. 그가 "작가주의 영화 이론가 앤드루 새리스Andrew Sarris가 제시한바 작가의 세 가지 요건, '탁월한 기술,' '현저한 개성,' '심오한 내적 의미'를 고루 갖춘 작가가 방송가에 있다면" 바로 이 사람이라고 극찬한 〈밀회〉의 정성주, 드라마방 토론자들이 2013년의 작가로 주저 없이 동의한 〈추적자〉와 〈황금의 제국〉의 박경수, 2012년에 가족 드라마 〈넝쿨째 굴러온 당신〉과 2014년의 로맨틱 코미디 〈별에서 온 그대〉를 성공시킨 장르를 가로지르는 작가 박지은, 드라마에 예능식 집단 창작 제도를 도입한 "응답하라" 시리즈의 이우정이 바로 선택된 작가들이다.

현직 독립 제작사 PD인 김지연은, 텔레비전 배우에 대한 우리 사회의 높고 넓게 형성되어 있는 '벽'을 허물고 시간과 거리를 두고 한걸음 물러서서 바라보는 배우론을 시도한다. 한국 배우들의 지나치게 잘생긴 외모, 길거리 캐스팅이라든가 모델, 아이돌 등 무슨 '출신'이라는 데뷔와 얽힌 여러 가지 에피소드들은 그들의 연기력과 발전을 제대로 평가하지 못하게 하는 필터를 장착시킨다. 또한 환상적 로맨틱 코미디와 역할이 만들어 낸 스타 이미지와 달콤한 팬덤의 무드 또한 이들에 대한 정당한 평가를 가로막는다. 현장의 PD로서 이른바 '대세남'의 강력한 권력을 피부로 실감한다고 필자가 지적하듯이, 드라마 제작 과정에서 배우의 역할은 연기 외적인 요소에 좌우되는 바가 크다. 하지만 주연 배우가 투자 유치 여부를 결정하는 영화보다 클로즈업 매체인 드라마가 더욱 배우의 연기력을 드러낸다고 생각한다. 두 시간의 영화는 전체 촬영분에서 정선된 화면만을 편집해서 보여 주는 것에 비해, 전작되지 않은 채 방송이 시작되어 때로는 리테이크 없이 빠르게 다음 회를 촬영해야 하는 한국의 '열린' 드라마 제작 방식에서 배우의 연기력은 좋은 의미에서, 그리고 나쁜 의미에서 치명적으로 드러난다. 텔레비전에서는 영화에 비해 훨씬 얼굴의 집중된 연기가 요구되며, 장르에 따라 강조되는 외모적, 연기적 요소가 다르고, 영화보다 빨리 유행이 지나간다.

이러한 텔레비전 드라마의 배우들에 대해, 어떤 미학적 기제가 어떻게 작동하고 있는지, 필자는 3인의 배우를 선택해서 이들이 자신만의 미학적 기제들을 어떻게 변화시키고 성장했는지, 배우로서 어떻게 자신의 영역을 넓혀 가는지를 분석한다. 2012~2014년에 방영된 작품에서 두드러진 성장을 한 배우들 중 높은 인지도보다는 뚜렷한 변화와 성장을 보인 이종석, 임시완, 조정석이 선정되었다. 이 글의 참고 문헌이 신문과 잡지의 인터뷰나 짧은 비평 기사임을 볼 때, 아마도 김지연의 이 글은 한국의 텔레비전 배우를 분석적으로 접근한 첫 번째 글에 속하는 것이라고 생각된다. 김지연의 배우론은 드라마방의 다른 필자가 썼더라면, 또한 다른 배우들을 다루었더라면 내용과 구성이 많이 달라졌을 것이다. 또한 배우의 스타 이미지 분석 전통에 의지했더라면 또 다른 글이 생산되었을 것이다. 그만큼 배우론은 기존 패러다임이 없는 비평의 황무지, 미개척지다. 이 글은 아직은 충분히 분석적이고 이론화되지 못했지만, 이 공간에 첫 번째 이정표를 놓는다는 점에서 유의미하다.

세 번째 부분은 드라마방의 3년간의 관찰과 집담의 결과일 뿐만 아니라, 이 기간의 여러 드라마들을 통해 검증되었고 확인된 한국 텔레비전 드라마의 현재와 미래의 발전 경향과 전망을 집약하고 있는 몇 가지 개념을 다룬다. 위에서 1990년대 이후 미국 시리즈물들이 새로운 주제와 다수의 주인공, 그들이 이끄는 복잡한 플롯들의 엉킴으로 인한 미스터리의 심화로 시청자들과 두뇌 게임을 하고 시청자의 상상력과 호기심을 리드하는 새로운 스토리텔링을 개발함으로써 제2의 텔레비전 픽션의 전성기를 누리고 있다고 설명한 바 있다. 한류를 촉발시켰고, 웹 2.0 시대에도 한류의 등줄기를 이어가는 한국 텔레비전 드라마와 새로운 뉴 케이블 드라마들도 한국 드라마 전통에 쇄신을 가하면서 더욱 두텁고 매력적인 방식으로 시청자를 유혹하는 스토리텔링 방식을 개발하고 있다. 수년간 누적된 드라마방의 토론 내용 속에서 가장 핵심적이라고 생각되며 여러 드라마에 걸쳐서 발견되는 하나의 경향인 동시에 현재와 미래 한국 드라마의 트렌드를 결정하고 있다고 생각되는 다섯 개의 주제가 선택되었다.

그 첫 번째가 드라마의 리메이크다. 이 글은 미국의 대학에서 한국 방송으로 박사 학위를 준비하던 김주옥과, 콘텐츠진흥원에서 한국 드라마 제작의 첨단 경향을 일선에서 지원하고 관찰하던 김일중이 캘리포니아 파견 근무 중이던 기간에 미국의 한국 드라마 리메이크 사례도 참조하며 함께 썼다. 2012~2014년은 유난히 일본 드라마의 리메이크가 많았고, 〈미생〉을 통해 그동안 조심스럽게 시도되던 웹툰의 각색이 한국 드라마의 솟아오르는 시나리오 원천으로 크게 각광을 받게 되었다. 이 기간은 또한 미국에서 한국 드라마의 리메이크권을 다량으로 구입해서 한국 드라마의 국제 경쟁력이 화두로 등장한 시점이기도 하다. 이 글은 포스트모던 문학 이론에서 발전시킨 반복과 변형의 미학이 어떻게 드라마의 리메이크와 각색에서 실천되고 있는지 성과와 실패의 뒤안길을 밝히는 동시에, 리메이크가 제기하는 핵심적인 문제, 표절을 다룬다.

이론적으로는 전 세계의 모든 제작진이 전 세계의 모든 작품을 접할 수 있는 디지털 시대에, 그리고 규모의 경제가 작동하는 텔레비전 프로그램 제작 분야에서, 어느 것이 오리지널이고 어느 것이 아류 또는 표절인가를 밝히는 일은 갈수록 난해한 과제가 되어 가고 있다. 창의적이고 자유로운 리메이크와 각색의 증가도 공식적인 원본의 존재와 원본으로부터 비공식적 영향을 받은 경우를 구분하는 작업을 점점 더 어렵게 만들고 있다. 게다가 작품 전체가 아니라 시나리오의 아이디어나 소재, 인물, 상황, 장면, 대사 등 부분적인 유사성이 발견되는 경우, 표절 여부를 밝히는 일은 매우 어렵다. 작가, PD, 교수, 현직 변호사가 참여하고 있는 드라마방에서 표절 여부의 기준을 둘러싼 뜨거운 토론이 이루어졌고, 김주옥과 김일중의 글은 그 주요 내용을 세심히 정리하고 있다.

윤태진의 글은 한국 드라마의 독특한 한 장르, 사극의 문제를 다룬다. 초국가적인 픽션 시장을 노리는 나라에서 사극은 무거운 투자에 비해 장기적으로 해외 시장의 반응이 불확실한 투자다. 그러나 그와 동시에, 얄팍한 역사 콘텐츠를 지닌 미국의 픽션물들과 겨룰 때, 환상과 엑조티즘, 드라마와 스펙터클을 담보하는 유리한 장르이기도 하다. 유럽의 영화나 텔레비전 사극들이 두터운 연극과 문학적 전통에서 자유롭지 못한 반면, 한국은 역사 콘텐츠의 직접적인 보고인 《조선왕조실록》을 지녔고, 이것은 한국 텔레비전 드라마의 사극 전통에 엄청나게 큰 차이를 가져왔다.

세계사에 전무후무한 공식 궁정 일지인 《조선왕조실록》은 한글로 번역되기 시작하자마자 바로 텔레비전에서 픽션으로 제작되어 "조선왕조 오백년"이라는, 다큐멘터리를 닮은 거대한 픽션 프로젝트를 낳았다. 역사 텍스트를 기초 시나리오 재료로 하는 픽션은, 그 탄생에서부터 픽션을 현실과 매우 근접한 거리에서 수용하도록 자리매김했다. 드라마 속에서 말하는 인물의 이름과 직책이 화면 밑단에 각인되고, 시청자에게 생소한 역사 속 단어들의 뜻이 제공되는 등, 다큐멘터리적인 메타담론이 그대로 용인되는 전무후무한 형식이 탄생한 것이다. 이와 같은 사극의 역사적 사실 지향적인 장르화 때문일까. 한국 텔레비전 드라마에 퓨전 사극의 비율이 높아지면서 역사의 환상적이고 자유로운 해석에 대해 끊임없이 이의가 제기되고 있다. 윤태진은 퓨전 사극의 장르화와 한국 사극의 대생적 다큐성 사이의 긴장에 대해 매우 흥미로운 관찰과 분석을 제공한다.

해마다 빠지지 않고 겪게 되는 한국 드라마의 저급성 논란을 응축하는 한마디, 막장드라마. 막장드라마는 과연 한국에서 하나의 장르로서 존재하는 것일까? 막장드라마를 주제로 석사 논문을 쓴 바 있는 최지희는 드라마방에서의 논의를 반영하여, 막장드라마가 보여 주는 여러 가지 과잉의 내용에 대해, 그리고 그것의 멜로드라마성이 지닌 사회적 효과에 대해 논한다. 24시간 방송 다채널 시대에 제작비의 압력과 손쉬운 드라마투르기의 추종으로 태어난 자랑스럽지 못한 자식과도 같은 막장드라마는, 사회적 비판 속에서도 왜 계속 생산되는가? 인간의 저급한 욕망을 충족시키기 때문이라면 모든 막장드라마가 아니라 특정 드라마가 성공하는 이유는 무엇이며, 왜 시청자는 욕을 하면서도 계속해서 막장드라마를 보는가?

드라마 현장에서 일하며 미국 드라마, 일본 드라마 등을 두루 섭렵하고 있는 서혜란은 연속극 형식의 일회성 미니시리즈나 주말극이 주종을 이루는 한국 드라마 환경에서 과연 같은 이야기가 여러 해 동안 이어지는 시즌제가 가능할 것인가를, 최근의 시도들을 분석하며 진단해 본다. 성공한 시즌제 시리즈물이 가져오는 막대한 경제적 이익으로 인해, 미국식 시즌제에 대한 한국 드라마 산업계의 관심은 지대하지만, 아직 시즌제의 개념과 노하우가 정착되지 못한 현실을 지적한다. 한국형 시즌제 드라마는 성공한 미니시리즈를 브랜드화하는 스핀오프의 형태를 띠고 있는데, 이러한 과정과 향후 발전 방향에 대해 차가운 분석을 보여 준다.

이 책의 이론적 논의의 마지막 장을 장식하는 것은, 〈별에서 온 그대〉에서 〈신의 선물—14일〉까지 장르를 구분하지 않고 한국 드라마계의 새로운 내러티브 확장 전략으로 등장한 타임슬립이다. 〈옥탑방 왕세자〉(2012), 〈인현왕후의 남자〉(2012), 〈닥터 진〉(2012), 〈신의〉(2012), 〈나인: 아홉 번의 시간 여행〉(2013), 〈구가의 서〉(2013), 〈별에서 온 그대〉(2014), 〈신의 선물—14일〉(2014) 등 2012~2014년을 수놓은 수작 중 많은 작품이 타임슬립을 활용한다는 사실은, 이에 대한 드라마방 성원들의 호기심을 자극했다. 서구에서 주로 SF 영화 속에서 다중우주이론이나 평행우주이론에 기댄 시간 이동은 현재와 이야기의 얽힘 정도가 상대적으로 미약하다. 그런데 한국 드라마의 기존 장르들 속에서 시간 이동을 소화한다는 것은 일상의 요소가 바뀌어야 하는 복잡한 내러티브의 뒤틀림, 창의적인 상황 설정, 허구적 그럴듯함 형성을 위해 인생과 운명에 대한 여러 가설과 이론이 동원되어야 하는 복잡한 시나리오 작업을 전제로 한다. 필자는 2012~2014년 사이에 성공한 타임슬립 드라마들의 정밀한 내러티브 분석을 통해 어떻게 각 드라마가 허구적 그럴듯함을 생산했는지 분석한다. 그리고 2014년을 뒤로 하고 지금까지 타임슬립 드라마가 등장하지 않는 이유도 언급한다. 과거로의 타임슬립이 현재를 바꾸고 싶은 현대인의 욕망을 반영한다면, 드라마의 내러티브 경험을 통해 과거에서 어떤 노력을 해도 결국 현재가 크게 바뀌지 않는다는 결과를 경험했기에 더 이상 텔레비전 드라마라는 사회적 실험을 하지 않게 된 것일까?

이 책의 마지막 부분은 텔레비전 드라마가 우리에게 무엇인가에 대한 개인적인 대답이다. 이 장의 내용은 '개인적'이지만 사적이지 않다. 드라마방 성원들이 개별적으로 경험했으나 공통적으로 지니고 있음 직한 기억을 다루기 때문이다. 드라마 시나리오를 쓰고, 제작하고, 진흥하고, 시청하고, 가르치는 일에 종사하는 드라마방 성원들 모누가 텔레비전이라는 매체 및 드라마에 대한 진한 추억과 장기적인 경험을 지니고 있었고, 과연 누가 개인적 경험 속에서 보편성을 드러낼 수 있을까 고민 끝에 노광우 박사가 필자로 '선정'되었다. 학자 개인의 경험을 연구 문제 형성의 기본 조건 중 하나로 간주하고 이것을 적극적으로 문제화하는 일은 인문사회과학에서 객관주의의 미령이 사라진 후 보편적인 경향으로 자리잡았다. 미국 컨버전스 문화를 이론화한 헨리 젠킨스Henry Jenkins가 스스로를 '학빠aca-fan'라고 불렀듯이, 드라마에 대해 이처럼 지속적이고 세밀하게 관심을 쏟을 수 있는 드라마방 성원 모두 드라마의 학빠임을 전제로 한 챕터 구성이다. 이것은 또한 인류학에서 도입된 연구 방법론의 하나인 자기민속학autoethonography에 속하는 접근이다. 자신의 경험처럼 생생하고 디테일이 살아 있는 관찰 결과가 또 있을까. 자기민속학은 스스로의 경험에 대한 거리두기를 통해 해당 경험에 대해 풍요로운 정보를 생산하는 질적 연구 방법으로, 디지털 민속지학 시대에 주목을 받는 연구 방법이다. 팬덤과 게임 연구자의 경우, 자신의 열렬한 팬덤 경험 또는 비디오 게이머로서의 경험을 기술함으로써 그 경험이 구축한 필터의 가능성을 객관화하는 것에서부터 연구가 시작되곤 한다. 이 글을 읽으며 많은 시청자가 무릎을 치며, "맞아! 나도 그랬어!"를 외칠 것이다.

이 글의 도입부에서 언급했듯이, 텔레비전 드라마는 우리 시대의 지배적인 연속적 스토리텔링의 형태다. 만화에 이어 웹툰이 지속적인 이야기에 대한 욕망을 충족시키는 새로운 원천으로 등장하고 있으나, 시청각적 자극과 스타 시스템을 이용하는 텔레비전의 드라마는 우리 시대의 셰에라자드로서 아직도 한동안 우리의 일상을 크고 작은 이야기들로 감싸 줄 것이다. 다매체 다채널 시대는 드라마를 제작, 수용하는 환경에 변화를 가져오고 있고, 방송 시간으로부터의 자유가 일상생활 속 드라마의 위상도 변화시키고 있다. 그럼에도 불구하고, 한국인에게 대낮에도 꿈을 꾸게 하는 백일몽을 제공하는 텔레비전 드라마의 능력은 다른 어떤 매체에 비해서 아직 수그러들지 않고 있다. 뿐만 아니라 초국가적 시장을 향해 확장해 나가는 트랜스미디어와 크로스미디어 전략의 중추로서의 드라마 제작 산업도 중요성이 가중될 전망이다. 페이스북 집담인 드라마방과 이 책을 통해 드러난 한국 텔레비전 드라마의 미래는 아직 밝다.

1

드라마 연대기

〈아내의 자격〉에서 〈미생〉까지(2012~2014)

공희정

공희정　　연세대학교 신문방송학과, 같은 학교 언론홍보대학원을 졸업했다. 케이블, 위성방송에서 홍보, 정책, 채널 사업 업무를 담당했으며, 현재 드라마 평론가로 활동하고 있다. 〈조선닷컴〉 '드라마 살롱,' 〈한국일보〉, 〈국민일보〉 등에 방송 관련 글을 연재했고, 지금은 〈주간조선〉, 〈서울신문〉, 〈joins닷컴〉 등에 드라마 관련 글을 쓰고 있다.

2011년 종합 편성(종편) 채널의 등장은 드라마의 지각 변동을 예고했다. 그해 11월 〈조선일보〉, 〈중앙일보〉, 〈동아일보〉, 〈매일경제〉 등 4개 신문사가 종합 편성 채널을 개국했고, 드라마는 채널 인지도 확립에 중요한 역할을 했다. 각 방송사들은 개국 드라마에서부터 기선을 제압하기 위해 전력투구했다. 김수현, 노희경, 정하연, 송지나 등 유명 작가와 김혜자, 최불암, 김희애, 정우성, 채시라 등 톱 클래스 배우들이 대거 진출하면서 비지상파 드라마에 대한 선입견을 일시에 바꿔놓았다. 〈빠담빠담… 그와 그녀의 심장 박동소리〉(jtbc), 〈발효가족〉(jtbc), 〈청담동 살아요〉(jtbc) , 〈인수대비〉(jtbc), 〈고봉실 아줌마 구하기〉(TV조선), 〈천상의 화원 곰배령〉(채널A), 〈총각네 야채가게〉(채널A), 〈컬러 오브 우먼〉(채널A), 〈왓츠업〉(MBN), 〈뱀파이어 아이돌〉(MBN) 등 종편 채널의 개국 드라마는 화려했다.

한편, 유료 방송 시장 최강자인 CJ E&M은 2011년 말, 2012년 드라마 제작에 약 870억 원을 투자해 26편을 제작하겠다고 발표했다. 지상파 드라마의 회당 제작비가 2~3억 원일 때 유료 방송 전문 채널의 드라마 제작비는 1억 원 내외였으나, 종편의 개국과 함께 드라마 회당 제작비는 지상파에 버금갈 정도로 상승하였다. 인기 작가와 PD, 연기자에 대한 비용 상승도 한 요인이겠지만, 드라마 제작비의 상승은 제작 환경의 변화임에 분명했다.

||| 복고 감성과 사회 부조리에 도전하다: 2012

2012년을 가장 뜨겁게 달궜던 드라마는 〈해를 품은 달〉(MBC)이었다. 평균 시청률 32.9%, 최고 시청률 42.2%(AGB닐슨)를 기록했다. 김수현(이훤)과 한가인(연우)의 캐스팅에 있어, 한가인의 연기력 및 두 주인공의 연령대가 맞지 않는다는 논란이 있었다. 하지만 극 초반 이들의 어린 시절을 연기한 여진구와 김유정 등 아역들의 연기는 빛났고, 성인이 된 김수현과 한가인의 로맨스는 달콤했다. 시청률 면에서 본다면 2012년 최고는 〈넝쿨째 굴러온 당신〉(KBS)이다. 평균 시청률 33.1%, 최고 시청률 45.3%(닐슨 코리아)로 부동의 주말극 자리를 지켰다. 이 드라마는 이른바 '시월드'•에서 지혜롭게 살아가는 며느리의 시댁 식구들과 잘 살기 도전기였다. 주제는 적합했고, 김남주와 유준상의 연기 또한 맞춤이었다. 주말극은 가족극이라는 공식이 무너진 지 오래지만 〈넝쿨째 굴러온 당신〉은 현실적인 주제를 세밀하게 그려내 세대 간 공감대를 넓혔다.

• 시댁을 뜻하는 말로 시媤와 world의 합성어다. 젊은 세대들 사이에서 사용되다가 드라마를 통해서 대중적으로 사용되었다.

현재와 과거를 오가며 펼쳐지는 서사는 〈인현왕후의 남자〉(tvN)에서 화려한 꽃을 피웠다. 인현왕후에 대한 김붕도의 애틋한 사랑을 그린 〈인현왕후의 남자〉는 멜로이면서도 역사의 테두리를 벗어나지 않는 진지함을 보여 주었다. 타임슬립 드라마 열풍이 불었다 해도 과언이 아닐 만큼 2012년에는 다양한 타임슬립 드라마가 연속해서 등장했다. 그중 〈옥탑방 왕세자〉(SBS)는 오히려 환생 드라마에 가까웠다. 코믹하고, 너러 과거에서 현재로 날아온 자들의 우스꽝스러운 모습이 생뚱맞기도 했지만 인연의 소중함을 로맨틱 코미디로 그려낸 점이 좋았다. 〈닥터 진〉(MBC)은 구성이 다소 헐거워 아쉬움을 남겼다.

과거는 아름다워 보이지만 현실은 그렇지 못했다. 삶이 팍팍해질수록 현실의 비리를 파헤치고 그 고리들을 끊어 정의가 살아 있음을 보고 싶은 시청자의 심리가 드라마에도 반영되었다. 박경수 작가의 '권력 3부작'*의 첫 편이라 할 수 있는 〈추적자 THE CHASER〉(SBS)는 권력과 맞서는 평범한 시민들을 통해 우리 사회의 부조리를 정면으로 노출시켰다. 드라마는 작가의 몫이라는 말이 있듯이 박경수 작가의 탄탄한 대본과 손현주, 박근형, 김상중 등 베테랑 배우들의 연기는 넘치지도 모자라지도 않았다.

한때 유행했던 이야기가 있다. 의학 드라마는 병원에서 연애하는 것, 법정 드라마는 법조계에서 연애하는 것, 정치 드라마는 정치인들이 연애하는 것이라고. 전문 드라마를 표방한 드라마들이 자꾸만 애정의 늪으로 빠져 버리는 것을 꼬집은 이야기다. 그러나 〈골든 타임〉

* 〈추적자 THE CHASER〉, 〈황금의 제국〉, 〈펀치〉를 말한다.

(MBC)은 달랐다. 의사 간의 알력, 외상외과의 현실, 정치권과의 비리 등을 통해 사회의 어두운 면을 고발하는 데 집중했다. 특히 그동안 조연으로 큰 존재감이 없던 이성민은 〈골든 타임〉에서 의사로서의 사명감을 다하면서 인간미를 잃지 않는 주인공 최인혁의 역할을 완벽하게 소화해 중견 연기자의 저력을 보여 주었다. 〈골든 타임〉을 시작으로 배우 이성민은 자신의 연기 세계를 보다 확실히 구축해 냈고, 2014년에는 〈미생〉(tvN)을 통해 스타급 연기자로 자리매김했다.

드라마의 지각 변동은 〈응답하라 1997〉(tvN)에서도 볼 수 있었다. 기억할 수 있는 가까운 과거로의 회귀는 복고이면서도 복고가 아닌, 그러나 아련한 추억으로 가슴을 뜨겁게 달궈 주었다. 영화 〈써니〉(강형철, 2011), 〈건축학 개론〉(이용주, 2012)의 흥행 성공과 함께 10대 후반, 20대 초반의 풋풋했던 추억 이야기들이 사람들을 열광케 했다. 치열한 삶의 현장으로 던져지기 전 청춘에 대한 그리움이 묻어 있는 이 드라마는 아이돌 그룹에 대한 향수와 당시 음악에 대한 추억으로 몰입도가 높았다. 추억 여행은 중년들에게도 예외는 아니었다. 〈신사의 품격〉(SBS)은 40대, 〈사랑비〉(KBS)는 50, 60대에게 지나간 청춘을 그리워하게 해 주었다.

〈적도의 남자〉(KBS)는 방송 도중 갑자기 방송이 중단되면서 배경 음악도 없이 타이틀 정지 화면이 나갔다. 이유는 제작 지연으로 인해 방송 시간에 방송 테이프가 송출실에 도착하지 못했기 때문이다.• 1961년 12월 31일 KBS가 TV 방송을 시작한 이래 드라마의 쪽대본 관습은 쉽게 고쳐지지 않고 있다. 1970년 〈아씨〉(TBC)의 성공 이후 한때 일일 드라마의 봇물이 터졌다. 당시 녹화 제작 시스템도 제대로 갖춰지지 않았을 뿐만 아니라 원고지에 일일이 원고를 써내려 가야 했던 시절의 작가는 아예 여관방에 들어앉아 드라마 원고를 쓰기도 했다고 한다. TV 방송이 시작된 지 50년이 지났어도 드라마 제작 현장은 아직도 전작제••가 정착되지 못하고 있다. 〈적도의 남자〉 방송 사고는 이러한 방송가의 초치기 제작 현실을 가장 적나라하게 보여 준 사건이다.

종편 드라마는 개국 때의 다짐과 달리 시간이 지날수록 조금씩 흔들리기 시작했다. 시청률 40%의 대박은 기대하지도 않았겠지만, 소박하게 10%는 기대했을 터인네, 결과는 실망스러웠다. 가시적인 성과를 재촉하는 경영진과 쉽게 마음을 내주지 않는 시청자로 인해 종편 드라마는 하나둘씩 줄어들기 시작했다. 그러나 jtbc는 '드라마 하우스'라는 전문 드라마 제작사를 통해 안정적 드라마 편성을 유지하려 했다. 〈아내의 자격〉(jtbc)은 삐뚤어진 교육열과 중년 부부의 위기를 소재로 한 정통 멜로드라마다. '쪽대본' 없이 안정된 일정 속에서 완성도 높은 드라마를 만들어 냄으로써 종편 드라마 시청률 3%•••를 달성했다. 아내의 외도로 인한 이혼이라는 일반적인 불륜 드라마 공식은 〈아내의 자격〉에도 적용되었지만 이혼이라는 것이 표면적인 이유만이 아니라 부부를 중심으로 한 다양한 가족 관계 속에서 수많은 이유가 만들어질

• 20부작 미니시리즈였던 〈적도의 남자〉는 19회 방송 도중 갑자기 방송이 중단되고 오프닝 화면 위에 "제작 지연으로 인해 방송에 차질이 빚어진 점에 대해 드라마를 사랑해 주시는 시청자 여러분들께 깊은 사과의 말씀 드린다"는 자막을 내보냈다. 방송 사고 시간은 10시 53분경, 19회 방송은 10분여가 잘린 채 엔딩도 없이 종료되었다. 이날 미방송분은 20회 최종회와 함께 편집, 방송되었다.

•• 전작제는 대본 작업부터 제작까지 드라마의 모든 것이 방송 이전에 완성됨을 뜻하는 것으로, 드라마의 완성도를 높이는 시스템이다.

수 있고, 그것이 이혼에 이를 수 있음을 보여 줌으로써 시청자들의 공감을 이끌어 냈다. 이는 이혼에 대한 새로운 접근이기도 했다.

||| 지상파·비지상파 드라마, 힘의 균형이 깨지다: 2013

종편 드라마와 CJ 드라마의 약진은 2013년에도 멈추지 않았다. 도식화된 지상파 드라마의 틀에서 벗어난 비지상파 드라마의 도전은 성공적이었다. 〈나인: 아홉 번의 시간 여행〉(tvN)과 〈응답하라 1994〉(tvN)는 지상파 드라마를 위협하기에 충분했다. 타임슬립과 복고라는 소재로 결말을 예측할 수 없는 반전을 적재적소에 배치함으로써 드라마에 대한 몰입을 높였다. 〈응답하라 1994〉는 〈응답하라 1997〉과 연계되면서 성공 드라마로 자리를 굳혔다. 이 드라마들은 효과적인 집단 창작, 예능 PD의 성공적 드라마 전업을 보여 주었다. 시즌제이면서도 독립적이고, 회당 고유의 스토리를 갖고 있으며 캐릭터는 현실적이었다. 특히 등장인물들의 사투리를 새로운 유행으로 만들기도 했다.

2013년 최고의 화제작은 〈황금의 제국〉(SBS)이었다. 사무실과 회장의 집이 주 무대이고, 상당수의 장면은 식탁에서 이뤄졌다. 이야기

●●● 케이블 TV나 위성 방송 등 유료 전문 방송의 시청률은 1%를 쉽게 넘지 못했다. 그러나 본격적인 콘텐츠 투자와 종편 채널의 등장은 시청률 상승의 중요한 계기가 되었다. 종편의 경우 개국 1년차에는 평균 1%의 시청률을 기록하였으나 2014년 케이블 드라마 최고의 시청률을 기록한 〈미생〉은 8.24%였다(닐슨코리아).

전개가 주로 대사로 이뤄짐으로써 연극적 연출 기법을 사용하여 차별화를 꾀했다. 21세기 한국 사회의 정치 경제의 어두운 현실을 적나라하게 보여 준 이 드라마는 등장인물 모두가 자신의 이익을 독식하기 위해 가족마저도 버릴 수 있는 비열한 자화상을 냉정하게 그려 냈다.

기존의 드라마를 다시 제작한다는 것은 부족한 점을 수정 보완한다는 장점도 있고, 각색하는 작가나 감독에 따라 재해석된 드라마를 볼 수 있다는 매력도 있다. 2013년에는 유난히 일본 드라마(일드)의 리메이크가 많았다. 〈그 겨울, 바람이 분다〉(jtbc), 〈여왕의 교실〉(MBC), 〈직장의 신〉(KBS), 〈수상한 가정부〉(KBS) 등이 대표적인 드라마다. 리메이크 드라마의 현지 공감도는 시청률로 알 수 있는데, 〈직장의 신〉은 시청률 14.2%(닐슨 코리아), 〈여왕의 교실〉은 8.2%(닐슨코리아)다. 매일 매일 무언가를 포기해야 하는 포기 세대인 요즘 청년 세대들에게 정규직과 비정규직의 문제를 다룬 〈직장의 신〉은 비록 상당량의 장면이 일본 원작과 동일할지언정 한국 시청자의 공감대를 불러올 수 있었다. 그에 반해 〈여왕의 교실〉은 한국 현실과 부합하지 않는 학교 문제이다 보니 공감대 형성이 부족했다.

드라마는 현실을 반영한다. 불투명한 내일을 향해 걸어가야 하는 만족스럽지 못한 오늘의 사람들은 끝없이 현실의 부조리함을 파헤쳐 드라마에서라도 악을 단죄하고 싶어 했다. 〈너의 목소리가 들려〉(SBS)는 변호 제도의 문제점을 중심으로 미스터리와 법정 드라마를 하나의 틀 안에서 풀어냈고, 〈야왕〉(SBS)은 돈 없고 가난해서 불행했던 한 여자가 청와대 안주인이 되기까지의 사랑과 복수를 통해 권력이 얼마나 허무한지 보여 주었다. 천사 같은 외양 속에 감춰진 악마의 본능을 거침없이 보여 준 수애의 연기가 돋보였지만 극의 후반으로 갈수록 쪽대본 등 열악한 제작 환경을 드러내며 기획 의도와는 달리 평범하게 마무리됐다.

〈왕관을 쓰려는 자, 그 무게를 견뎌라 — 상속자들〉(SBS)은 그렇고 그런 신데렐라 이야기가 아니었다. 어린 시절 TV 애니메이션 〈캔디〉•에 빠졌던 중년 여성들에게 다시 한 번 '테리우스'에 대한 설렘을 품게 해 주었다. 뻔한 판타지를 달콤하고 애틋한 로맨스로 만들어 낸 작가와 제 몫에 충실한 배우들이 한몫했다. 특히 김우빈은 배우로의 대중적 입지를 굳히는 작품이었다.

밑바닥의 삶은 언제나 치열했다. 〈무정도시〉(jtbc)는 언더커버를 소재로 한 한국형 느와르 드라마의 백미였다. 주윤발, 유덕화 등 홍콩 느와르 영화와 〈CSI〉와 같은 미드에 익숙해진 시청자들은 탄탄한 대본과 정경호를 비롯한 배우들의 열연에 박수를 보냈다. 〈특수전담반 TEN〉(OCN)은 시즌 1에 이은 시즌 2가 방송되었다. 반전에 반전을 거듭하며 끔찍한 악의 현장을 긴장감 안에 몰아넣었고, 은유와 암시를 통해 범죄의 잔인함을 새롭게 해석했다. 범죄 수사물은 선과 악의 대결이지만 소재와 표현 방법의 다양화 및 지상파를 벗어난 자유로움이 드라마의 완성도를 높이는 데 기여했다.

2013년 달콤한 로맨스는 역시 〈주군의 태양〉(SBS)이었다. 〈최고의

• 고아 소녀 캔디의 인생 역정을 다룬 〈캔디〉는 일본 아사히 TV에서 1976년 10월 1일부터 1979년 2월 2일까지 방영된 TV 애니메이션이다. 국내에서는 1977년 9월 19일부터 1980년 1월 12일까지 방영했다. 이후 〈들장미 소녀 캔디〉로 제목을 바꿔 1983년 4월 3일부터 1984년 5월 27일까지 재방영되었다.

사랑〉(MBC)에 이어 공효진의 연기는 역시나 달콤했고, 소지섭은 새로운 로맨틱 코미디의 주인공으로 평가받기도 했다. 그러나 스타, 판타지, 복합장르, 재벌 남자와 '캔디' 캐릭터, 흥행을 위한 요소들이 잘 배치되었음에도 불구하고 다소 과장된 부분에 대한 지적도 면치는 못했다. 〈후아유〉(tvN)에도 〈주군의 태양〉처럼 귀신 보는 여경이 등장한다. 이지적이고 냉철한 여팀장과 근육질의 다혈질 남자 팀원이라는 조합은 미드에서 익숙한 설정이었다.

시청률로만 본다면 2013년 주말극의 왕좌는 KBS였다. 출생의 비밀, 불륜, 삼각관계, 복수, 불치병 등이 줄줄이 등장하는 막장드라마와 달리 〈내 딸 서영이〉(KBS), 〈최고다 이순신〉(KBS), 〈왕가네 식구들〉(KBS)은 가족 간의 애틋한 정을 그려 갔다. 물론 이야기 전개상 막장 요소들이 곳곳에 자리하긴 했지만, 그럼에도 불구하고 KBS 주말 드라마는 가족 드라마의 명맥을 이어 가려 했다. 이에 비하면 〈백년의 유산〉(MBC)은 완벽한 주말 막장드라마였다. 악독한 시어머니와 마마보이 아들, 그리고 순진한 며느리의 줄다리기는 점입가경이었다.

고려 말을 배경으로 한 사극 〈기황후〉(MBC)는 역사 왜곡 논란을 일으켰지만 시청률 면에서는 28.7%(닐슨 코리아)로 2013년 사극 중 최고였다. 문근영이 출연했던 〈불의 여인 정이〉(MBC)는 노자기를 나무는 여자 사기장의 성공담을 보여 준다는 기획 의도와는 달리 치열한 삶은 희미해지고 권력 암투와 사랑에 휩쓸린 점이 아쉬웠다. 아쉬움을 남긴 사극은 이뿐이 아니었다. 〈장옥정, 사랑에 살다〉(SBS)로 사극에 도전한 김태희는 부족한 발성과 표정 연기가 극에 대한 몰입도를 떨어뜨리면서 실패한 장옥정으로 남았다.

질병에 의한 재앙을 소재로 한 〈더 바이러스〉(tvN)와 〈세계의 끝〉

(jtbc)은 소재의 신선함과 고성능 촬영 기기들을 동원한 뛰어난 영상미, 긴장감을 늦추지 않았던 연출력을 바탕으로 한국형 재난 드라마의 가능성을 보여 주었다.

||| 드라마, 새 장이 열리다: 2014

연초에 시작되는 사극은 한 해의 청사진을 그리는 시청자들에겐 딱 맞는 드라마다. 2014년은 정통 사극 〈정도전〉(KBS)이 그 문을 열었다. "좀 더 빨리 깨달았어야 한다. 하늘은 오래전에 고려를 버렸다. 길고 길었던 방황, 여기서 끝낸다"라는 정도전의 굳은 다짐을 담고 있는 대사로 시작되었다. 조재현, 유동근, 박영규, 서인석 등 고수들의 연기는 빛났다. 정사가 아닌 야사 등을 통한 재해석으로 사극이 퓨전화되는 요즘, 〈정도전〉은 정통 사극이 무엇인지 보여 주면서 40대 이상의 남성들을 TV 앞으로 끌어들였을 뿐만 아니라 사극 시청층을 10대, 20대까지 확대시켰다.

역시 전지현이었다. 2013년 말에 시작하여 2014년의 포문을 화려하게 열었던 〈별에서 온 그대〉(SBS)는 중국 시장까지 달아오르게 하면서 성공 드라마로 등극했다. 도민준 신드롬은 뜨거웠고, 천송이가 입고 먹는 것들은 히트 상품이 되어 시장을 활기차게 했다. 신성록이란 배우는 냉혈한 사이코패스로 자신의 존재감을 확실히 각인시켰다.

과거와 환상 속에만 드라마가 있는 것은 아니었다. 삶이 팍팍해져서인지 현실 비판 드라마에 대한 열광은 2014년에도 계속됐다. 〈개과천선〉(MBC)은 한국 사회의 부조리를 박진감 있게 그려 간 완성도 높은 법정 드라마였다. 신문 사회면에서 보았던 금융 사건들의 이면을 적나라하게 파헤치며 법조계 마피아의 문제를 건드렸다. 사건들에 대한 현실적이고 상세한 묘사는 부조리에 대한 적나라한 고발이기도 했다. 억울한 누명을 쓰고 죽은 전직 은행원과 검사가 된 그의 아들이 금권정치의 민낯을 향해 돌진하는 탐욕 복수극 〈골든 크로스〉(KBS), 세계적 무기 판매상과 거래한 대권 주자, 협상 테이블에 나오지 않는다면 대통령도 죽일 수 있는 글로벌 무기상들의 비열한 세계를 그린 〈쓰리 데이즈〉(SBS)까지 우리 사회의 어두운 면은 아무리 드러내도 바닥을 찾을 수 없을 만큼 깊었다.

유괴된 딸을 구하기 위한 14일 동안의 사투를 그린 〈신의 선물—14일〉(SBS)에서 범인과 펼치는 두뇌 게임은 난해한 퍼즐 게임과도 같았다. 화성 연쇄 살인 사건을 다룬 〈갑동이〉(tvN)는 프로파일러를 등장시켜 새로운 흥미를 유발시켰다.

사랑에는 나이도 국경도 없다고 하지만 열아홉 살 연하의 제자와의 사랑을 농밀하게 그린 〈밀회〉(jtbc)는 음악계의 비리를 파헤치면서 클래식 음악을 OST로 선택해, 그렇고 그런 불륜 드라마가 될 수도 있는 드라마의 품격을 격상시켰다. 주인공인 김희애와 유아인 두 사람의 피아노 협주만으로도 충분히 사랑의 감정을 전달해 주었다. 〈밀회〉는 상류층 삶을 위해 사랑을 버리고 조건에 맞는 결혼을 했던 한 여자를 불륜이라는 이름으로 도리에 벗어난 사랑을 했다 하여 비난할 수 없게 만들었다. 누군가에게 온전히 헌신하는 것이 사랑임을 처음 알게 되었다는 여주인공의 법정 최후 진술은 그래서 많은 여운을 남겼다.

한석규와 최민식을 대중에게 알린 〈서울의 달〉(MBC, 1994)의 21세기 판이라 할 수 있는 〈유나의 거리〉(jtbc)는 작품성에서 돋보였고, 인기는 안정적이었다. 사회에서 소외된 서민들의 삶을 그린 이 드라마는 소매치기, 전직 조폭인 콜라텍 사장, 호스트바 직원, 건달까지 양심 불량 인물들이 모여 사는 다세대 주택이 주 무대다. 하루하루 살아가는 다소는 비루하고, 그럼에도 불구하고 작지만 꿈들을 안고 살아가는 그들의 일상은 때론 유쾌했고, 가끔은 서글펐다.

정신분석학을 통해 마음의 상처를 치유해 가는 과정을 그린 드라마 〈괜찮아 사랑이야〉(SBS), 등장인물의 인터뷰 형식을 빌어 연애에 대한 남녀의 감정과 생각의 변화를 사실적으로 그린 〈연애의 발견〉(KBS), 막장드라마임에도 불구하고 시청률 37.3%를 기록한 〈왔다! 장보리〉(MBC) 등의 지상파 드라마가 있었지만, 2014년 최고의 드라마는 단연코 〈미생〉(tvN)이었다.

동명의 인기 웹툰을 원작으로 하는 〈미생〉은 사무실 책상 위 볼펜의 위치까지도 일일이 챙길 만큼 연출은 꼼꼼했다. 배우들은 주어진 역에 최적이었다. 알려진 배우든 그렇지 않은 배우든 넘치지도 모자라지도 않았다. 시청률 8.4%, 순간 시청률 10.3%, VOD 판매액 30억 원, 광고는 '완판'•되었다. PPL 회당 단가도 4000만 원을 훌쩍 넘어섰고, '푸티지 광고'•• 수익도 20억 원을 넘었다. 편당 제작비 2억 원으로 일궈낸 결과였다. 출생의 비밀도, 삼각관계도 없이 오로지 직장 사람들

• 방송법 시행령 제59조(방송광고) 2항에 의하면 방송 채널 사용 사업자의 경우, "매 방송 프로그램 편성 시간당 방송 광고 시간은 해당 방송 프로그램 편성 시간의 최대 100분의 20을 초과하지 아니하도록" 되어 있다. 광고 완판은 법이 허용하는 방송 광고 시간 모두를 판매했음을 의미한다.

•• 드라마 실제 장면을 삽입한 광고를 말한다.

의 이야기였다. 작가, 감독, 배우가 한 호흡이었다. 갑을 관계, 취업난, 고용 문제 등 우리 사회의 아픔과 그 속에서도 결코 포기할 수 없는 희망을 담아내고 있다는 점에서 시청자들의 큰 공감을 얻을 수 있었다. 〈미생〉은 지상파 드라마와 비지상파 드라마의 힘의 균형을 확실하게 흔들어 놓은 드라마임에 분명하다.

2012년부터 2014년까지의 드라마를 시간 순으로 살펴볼 때, 지상파 드라마는 지나간 영광을 잊지 못해 뒤돌아보지만 쉽사리 새로운 세상을 향해 도전하지 못하는 노회한 어른 같고, 비지상파 드라마는 경험이 부족하여 좌충우돌하지만, 이제는 어느 정도 세상 돌아가는 이치도 알고, 나갈 때와 물러설 때에 대한 감도 잡아가는 원기 왕성한 청년 같다. 그들의 도약이 기대된다.

2

뉴 케드의 약진

양성희

양성희　서울대학교 심리학과와 신문학과(현 언론정보학과) 대학원을 졸업했다. 〈문화일보〉 등을 거쳤으며, 현재 〈중앙일보〉 문화부장이다. 책으로는 《파워 콘텐츠 공식》, 《TV를 읽읍시다》(공저), 《김수현 드라마에 대하여》(공저), 《한국의 예술 소비자》(공저)가 있다.

케이블 드라마, 지상파를 넘다

2010년대 한국 TV 드라마의 주요 특징 중 하나는 지상파 드라마의 침체와 유료 방송 드라마(케이블 드라마)의 약진이다. 페이스북 "드라마의 모든 것" 팀이 2013년 1년간 〈중앙일보〉에 연재한 "드라마 썰전"의 연말 결산에서도 확실히 드러났다. 2013년 '올해의 드라마' 베스트 10 중 4편이 케이블 드라마였다. 작품상과 올해의 드라마상을 각각 tvN 〈나인: 아홉 번의 시간 여행〉과 〈응답하라 1994〉가 차지했다. SBS 〈너의 목소리가 들려〉, MBC 〈기황후〉 등 지상파의 화제작을 제쳤다. jtbc 〈무정도시〉와 〈네 이웃의 아내〉도 베스트 10 안에 들었다.

이듬해인 2014년 케이블 드라마의 강세는 더욱 두드러졌다. 지상파에서는 SBS 〈별에서 온 그대〉, KBS 〈정도전〉이나 〈연애의 발견〉 정도 외에는 특별한 화제작이 나오지 않는 가운데 tvN 〈미생〉, jtbc 〈밀회〉, OCN 〈나쁜 녀석들〉이 화제를 모았다. 특히 〈미생〉의 인기는 국민적 신드롬에 달했다. 비정규직, 갑을 관계 등 한국 사회의 예민한 환부를 건드렸다. 심지어 드라마 종영 후 국회에서는 일명 '장그래법'

이라 불린 비정규직 관련 법안 마련이 추진되기도 했다. 단지 드라마를 넘어 엄청난 사회적 파장을 불러 일으켰다는 증거다. 새로운 케이블 드라마, '뉴 케드' 시대에 새로운 전기도 마련했다.

유료 방송 드라마의 강세는 CJ E&M 계열 tvN이 주도했다. 〈응답하라 1997〉(2012)의 후속인 〈응답하라 1994〉가 10%대 시청률을 기록하며 폭발적인 화제를 낳았다. 〈응답하라 1997〉이 젊은 층의 호응에 그쳤다면 〈응답하라 1994〉는 젊은 층을 뛰어넘어 다세대 시청자를 견인했다. 1990년대 복고 코드와 함께 사회적 이슈가 되면서 지상파를 육박하는 새로운 케이블 드라마의 경쟁력도 입증했다. 취향의 보편성, 취향의 최대공약수를 좇는 지상파 드라마와 달리 차별화된 기획과 젊은 어법으로 특화된 '뉴 케드' 열풍을 선도한 것이다.

타임슬립에 로맨스를 가미한 〈나인: 아홉 번의 시간 여행〉 역시 새로운 기획과 소재로 젊은 시청자들을 열광시켰다. 급기야 미국에 리메이크 판권이 팔리기도 했다. 〈가십걸〉, 〈디오씨〉 등을 제작한 유명 제작사(페이크 엠파이어 엔터테인먼트)가 판권을 사들였다. 물론 파일럿 오더(미국 방송에 정규 편성되기 이전 단계로 1회분을 시험 제작하는 것)를 받지는 못해 실질적인 리메이크는 불발에 그쳤지만, 스토리의 참신함은 일단 인정받은 셈이다.

2014년 〈미생〉은 아예 국민적 화제의 중심에 섰다. 평소 TV 드라마의 주 시청층으로 불리는 중장년 주부층을 넘어 샐러리맨, '넥타이부대'들이 열혈 시청에 나섰다. 방송 시간대가 보통 드라마 시간대가 아닌 금·토요일 밤 8시 30분이었음에도 인기는 뜨거웠다. 무엇보다 러브라인에 매몰되는 여타 드라마와 달리 직장 생활의 맨 얼굴을 가감없이 그려 낸 것이 성공의 요인으로 지목된다. 비정규직 문제 등 사회 현실이 맞물려 '을의 울분'을 대변하는 드라마로 주목받았다. 원작 웹툰의 윤태호 작가는 여러 인터뷰를 통해 드라마 리메이크 요청을 받는 단계에서 "각색 시 러브라인이 필수적이라고 말한 지상파와 달리 tvN은 직장인의 애환이라는 원작에 충실하겠다고 해 tvN을 택했다"고 말하기도 했다.

뉴 케드 열풍은 2010년대 한국 드라마계의 주요한 특징이다. CJ E&M이나 jtbc 등 유료 방송사들이 기존 지상파와는 다른 참신한 기획으로 젊은 시청자들을 사로잡은 것을 일컫는다. 전통적 지상파가 보편적 취향의 다세대 시청자를 견인한다면, 유료 방송들은 좀 더 특화된 시청자들을 겨냥했다. 전통적 지상파의 보편 취향 대신 수사·미스터리·스릴러 등 장르 드라마, 혹은 파격적인 기획의 로맨스물이 인기를 끌었다. 실시간 고정 TV 시청만을 대상으로 하는 시청률 조사에서는 지상파 드라마에 뒤졌지만, 인터넷 검색어 등 화제성은 오히려 앞서나갔다. '본방사수' 시청률은 낮아도, 자신이 원하는 시간과 장소에서의 VOD 시청률은 훨씬 높았다. 예컨대 〈응답하라 1994〉나 〈미생〉의 본방 최고 시청률은 각 10.2%, 8.4%에 그쳤지만 방송 기간 내내 VOD 시장에서는 시청률 1위를 달렸다. 케이블 드라마들이 새로운 플랫폼에서 더 각광받는 콘텐츠란 뜻이다.

물론 이들 케이블 드라마들이 지상파에 필적하는 완성도를 인정받기까지 적지 않은 시간이 필요했다. 케이블 초기 드라마들은 선정·폭력·저질 시비를 면치 못했다. 드라마의 새로운 경쟁력을 인정받으며 '뉴 케드'로 불리기까지는 20년 가까운 시간이 걸렸다.

케이블 드라마의 역사는 1995년 케이블 TV 개국으로 거슬러 올라간다. 1996년 개국 초기 김수현 작가의 드라마를 방송했던 현대방송을 비롯해 여성 채널 동아TV, GTV가 직접 드라마 제작에 나섰다. 현대방송의 〈사랑하니까〉(1996), 동아TV의 〈부엌 전쟁〉(1996)이다. 이후 IMF라는 제작 한파기를 지나 CJ와 동양그룹이 각각 방송에 진출하면서 유료 방송 드라마 제작은 더욱 활성화됐다. 방송사의 브랜드 이미지 형성이나 시청률 확보에 드라마만 한 장르가 없다는 판단하에 제작이 이루어졌다. 물론 초기 드라마들은 완성도 면에서 호평을 받지는 못했다. OCN의 〈가족 연애사〉(2005)와 〈메디컬 기방 영화관〉(2007), tvN의 〈하이에나〉, 수퍼액션의 〈시리즈 다세포소녀〉(2006) 등이다. 2007년 처음 시작해 2015년 시즌 14를 방송한 tvN 〈막돼먹은 영애씨〉는 드라마와 코미디의 경계를 허물며 화제를 모았다. 케이블 드라마는 저급하거나 선정적이라는 기왕의 평을 뛰어넘어, 코믹한 분위기 속에 세태를 반영한 지점이 주목을 끌었다. 이영애를 떠올리게 하지만 이영애와는 전혀 다른 영애(김현숙)라는 캐릭터에, 여성적이지도 않고 나이도 많은 여성이 어리고 예쁜 여자를 찬양하는 세태에 맞서 직장 생활에서 분투하는 모습이 오히려 평범한 시청자들에게 어필했다. 드라마로는 처음 시즌제를 선보였고, tvN의 대표 콘텐츠로 부상했다. 정통 드라마라기보다 예능적 특성이 강한 케이블 드라마의 가능성도 내비쳤다.

2009년 온미디어와 CJ의 합병은, 케이블 드라마 제작의 큰 전환기가 됐다. 명실상부 PP(방송 채널 사용 사업자)업계 1위의 강자로 부상한 CJ E&M은 드라마 제작을 보다 본격화했다. 여기에 2011년 개국한 종합편성 채널들이 가세했다. jtbc 등이 드라마 제작에 나서면서, 제작 편수가 대폭 늘어났다. 히트작도 속속 등장했다.

2010년대 케이블 드라마의 활성화는 장르물에서부터 시작했다.

OCN 〈신의 퀴즈〉(2010), 〈뱀파이어 검사〉(2011) 등이다. 여기에 tvN 〈꽃미남 라면가게〉(2011) 등 만화적 특성을 강하게 내세운 새로운 로맨스물이 가세했다. 2012년에는 〈인현왕후의 남자〉(tvN), 〈로맨스가 필요해〉(tvN), 〈응답하라 1997〉(tvN), 〈아내의 자격〉(jtbc)이 나왔다. 2013년은 가히 새로운 케이블 드라마의 원년이라 할 만했다. tvN 〈나인: 아홉 번의 시간 여행〉, 〈응답하라 1994〉, jtbc 〈무정도시〉가 이어졌다. 2014년에는 jtbc 〈밀회〉, OCN 〈나쁜 녀석들〉이 화제를 이어갔고, tvN 〈미생〉이 초대박을 터뜨렸다.

케이블 드라마 선전의 비결

그럼 어떻게 해서 케이블 드라마가 지상파와 차별화에 성공할 수 있었을까. 우선 케이블 드라마는 전체 편수가 지상파 미니시리즈 16부(혹은 24부)의 틀에서 벗어나 10~12부 등 자유롭고, 1회 러닝 타임이 70분에 육박하는 지상파와 달리 50분 내외로 시간이 짧다. 당연히 호흡이 빠르다. 물론 〈미생〉은 20부작이고, 몇 회는 90분 편성으로 방송하는 등 예외도 있다. 미드 식의 시즌제를 선보이는 것도 특징이나. 또 유료 방송인 만큼 심의 기준이 상대적으로 느슨하고, 따라서 과감한 소재나 표현의 수위가 높은 편이다. 시청자들의 기대나 요구도 '케이블 드라마에 대해서는 지상파보다 세고 파격적'이다. 편성 또한 자유로워서 하루 동안에도 계열 채널을 통해 수차례 재방송을 하거나, '○○데이' 같은 방식의 몰아 보기 편성이 가능하다. 화제의 드라마 경우 여러 시간대, 여러 채널을 통해 물량 공세식 편성으로 시청자 노출을 극대화할 수 있는 것이다.

케이블 드라마의 짧은 러닝 타임은 드라마의 완성도를 높이는 중요한 요소로 꼽힌다. "케이블은 보통 50분 주 2회, 지상파는 70분 주 2회 방영되는데, 러닝 타임이 30분 짧다는 것은 촬영 시간으로 이틀, 대본 분량으로 A4 용지 20자 정도를 벌어주는 셈"이라고 SBS 이용석 드라마본부 PD는 말한다. 그만큼 제작에 더 많은 시간을 쓸 수 있고, 이야기 전개 역시 군더더기 없이 집중도를 높일 수 있다는 뜻이다.

케이블 방송사들의 신속한 의사 결정도 변수다. 몸집이 크고 의사 결정 구조가 중층적인 지상파와 달리, 유료 방송은 몸집이 가볍고 의사 결정 구조도 단순하다. KBS 〈1박 2일〉의 연출자 출신인 나영석 PD가 CJ E&M으로 이직해 만든 예능 〈꽃보다 할배〉의 경우도, 지상파였으면 '노인 예능은 불가능'이라는 방송사 내부의 반대를 뚫기 어려웠을 것이란 지적이 많았다. 내부 의사 구조가 중층적인 만큼, 실험적이기보다는 안정적이고 보수적인 기획을 선호한다는 것이다. 나영석 PD도 "지상파 아닌 케이블이니까 역발상을 할 수 있었던 것 같다. 아무래도 지상파는 보험을 더 많이 들어야 한다. 케이블에선 뭐든 자유롭게 시도해 볼 수 있다는 것이 연출자로선 좋다"고 밝혔다(〈뉴스엔〉 인터뷰, 2013. 7. 17). 즉 '노인 예능이 지금껏 성공한 적이 없다'는 것이 지상파에서는 노인 예능 기획을 시도하지 않는 이유가 되지만, 유료 방송에서는 차별화가 필요하니 할 수 있다는 이유가 되는 것이다.

마찬가지로 케이블 드라마들은, 특화된 관객과 취향, 전문화된 장르를 파고들며 공룡 지상파의 틈새를 노리는 생존법을 선보였다. 소재 확대, 디테일 강한 리얼리티, 빠른 호흡으로 미드나 일드에 길들여진 시청자를 사로잡기 시작했다. '한국판 CSI'(OCN 〈특수수사전담반 TEN〉), '한국판 고스트 위스퍼러'(tvN 〈후아유〉)라는 드라마들이 나왔다. 국내 스릴러 범죄 장르물의 성장은 케이블 드라마 없이 얘기하기 힘들 정도다.

이런 뉴 케드들은 예능·영화 등 비드라마 출신 인력을 영입해 만들어진 경우가 많았다. 기존 지상파 드라마 제작의 금과옥조처럼 여겨지던, 지상파 드라마 제작 인력의 순혈주의를 깬 것이다. 〈인현왕후의 남자〉, 〈나인: 아홉 번의 시간 여행〉에서 호흡을 맞춘 송재정 작가와 김병수 PD나 〈응답하라 1997〉, 〈응답하라 1994〉로 연속 홈런을 친 이우정 작가와 신원호 PD가 모두 예능 출신이다. 〈꽃미남 라면가게〉나 tvN 〈일리 있는 사랑〉은 영화 감독들이 메가폰을 잡았다. 〈무정도시〉는 대부분의 스태프가 영화 스태프였다.

특히 뉴 케드는 예능 인력의 드라마 진출이라는 점에서 중요한 성과를 많이 냈다. 우선 예능 특유의 현실적이고 방대한 자료 조사가 사실적인 에피소드나 새로운 상상력의 원천이 됐다는 평가다. 예능 출신들이 뛰어든 드라마들은 스타 작가 1~2인의 상상력이 아니라 집단 토론과 취재, 치밀한 자료 조사를 통한 집단 창작을 선보였다. 작가가 촬영 현장에서 배우와 스태프와 호흡을 하면서 마지막까지 대본을 뜯어고치고, 팬들의 반응을 즉각적으로 반영해 넣었다. 치밀한 자료 조사에 기반한 '깨알 같은' 에피소드도 강점이었다. 예능 출신답게 작가적 자의식보다는 철저한 시청자 서비스 의식이 돋보이는 것도 차별점이었다. 〈응답하라 1994〉는 이우정 작가 등 예능 작가 5인의 집단 창작이다(연출자 역시 예능 PD 출신의 첫 드라마였다). 〈네 이웃의 아내〉 역시 영화 기획·PD 출신 작가팀이 공동 창작했다.

그 외에도 뉴 케드를 떠받치는 요소로는 대중 문화 팬 출신의 제작진, 창의성을 독려하는 마니아 시청자 등이 꼽힌다. 김영찬(외국어대 신문방송학과)은 "드라마 팬덤의 시초인 MBC 〈네 멋대로 해라〉로 문을 연 고품질 드라마 시대가 뉴 케드로까지 이어졌고, 뉴 케드의 동력 역시 활발한 팬문화"라고 평했다. 윤태진은 "양질의 프로듀서·작가와 시청자, 디테일의 리얼리티, 길이와 횟수의 탄력성, 주제 의식, 잘 짜인 서사 구조, 영상미와 참신성"을 뉴 케드의 교집합으로 꼽았다.

||| "응답하라" 시리즈, 예능적 제작 방식의 도입

뉴 케드 원년인 2013년의 대표작은 단연 〈응답하라 1994〉다. 2012년 〈응답하라 1997〉을 뛰어넘는 폭발적 인기를 누렸다. 1990년대 복고 코드에 로맨스를 버무렸고, 1990년대 음악을 중심으로 한 '1990년대 문화' 돌풍을 선도했다.

〈응답하라 1997〉은 1997년 부산의 고등학교를 무대로, 원조 아이돌 팬덤(HOT 팬클럽)의 세계를 리얼하게 그렸다. 아이돌 팬덤의 세계를 본격적인 소재로 삼은 최초의 드라마다. 실제 드라마의 작가들이 HOT 팬클럽 출신들로 더욱 생생한 에피소드가 더해졌다. '팬'이라는 새로운 정체성, '팬덤'이라는 새로운 문화에 대한 이해가 돋보였다. 그 자체가 대중 문화의 팬 출신 제작자들이 대중 문화 제작의 전면에 나서게 된 시대 변화를 보여 주는 것이기도 했다. 그간 TV에서는 주변부적 장치에 불과했던 사투리를 준 캐릭터급으로 풍성하게 활용한 것도 특징이다. 성시원(정은지), 윤윤제(서인국) 등 주요 배역들이 감칠맛 나는 정통 사투리 연기를 구사했다. 그간 조폭 또는 하층민의 언어이거나 코믹 연기의 감초 격으로 동원되던 사투리를 드라마의 어엿한 중심으로 옮겨놓은 것이다. 이는 그간 한국 TV를 지배해 온 언어의 중앙 집중, 언어의 위계를 뒤집는 것이었다. 여기에 1990년대와 현재 시점을 오가며 여주인공 성시원의 남편이 누구일지 추측하는 구도의 '남편 찾기' 퍼즐 게임을 결합시켜 시청자의 적극적인 참여를 유도했다.

이런 구성은 〈응답하라 1994〉로도 이어졌다. 무대는 1994년 지방에서 올라온 대학 새내기들이 모이는 신촌 하숙집. 역시 1990년대 대중 문화 코드에, 열혈 농구팬인 하숙집 딸 성나정(고아라)을 중심으로 한 로맨스를 버무렸다. PC 통신, 삐삐, 록카페 등 당시의 문화와 1990년대 음악들을 적재적소에 배치해 시청자의 향수를 자극했다. 이번에는 부산뿐 아니라 전라도 출신 학생들까지 가세하면서 '드라마=사투리 경연장'이 됐다. 과거와 현재를 오가는 성나정 남편 찾기도 계속됐다.

특히 성나정 남편 찾기는 드라마 자체를 일종의 퍼즐 게임 같은 구조로 만들었다. 매회 남편이 누구인지에 대한 단서를 제공하면서 시청자들에게 남편을 추측하도록 유도했다. 매회 시청자와 제작진이 남편 맞추기 퀴즈 게임을 벌이거나 '밀당' 하는 식이었다. 급기야 시청자들은 지지하는 남성 캐릭터에 따라 쓰레기(정우)파와 칠봉이(유연석)파로 나뉘어, 방송 후 인터넷상에서 갑론을박을 벌였다. 또 제작진은 남편이 누구인지 결말을 열어 놓고 시청자 반응에 따라 특정 인물의 비중을 늘여 가는 등 열린 구조를 택했다. 드라마의 진행 자체가, 철저하게 시청자의 반응과 참여를 끌어내고, 그에 기대어 진행되는 구조인 것이다.

이는 드라마의 제작진이 예능 출신이라는 것과 무관치 않다. 작가적 자의식보다는 시청자의 욕구와 참여, 무엇보다 재미를 중시하는 예능 특유의 '팬 서비스' 정신의 결과라는 것이다. 〈응답하라 1994〉는 〈응답하라 1997〉과 마찬가지로 KBS 〈1박 2일〉 출신인 신원호 PD,

이우정 작가의 작품이다(《응답하라 1997》이 이 콤비의 드라마 데뷔작이다). 대본도 이우정을 포함해 5명의 예능 작가가 함께 썼다. 지금까지 한국 드라마 집필이 주로 작가 1인, 혹은 2인 공동 집필(《뿌리 깊은 나무》의 김영현, 박상연)이었던 것과 달리 미드식의 팀플레이 방식이다. 이우정 작가는 〈응답하라 1994〉와 〈응답하라 1997〉 두 작품 사이에 예능 버라이어티 〈꽃보다 할배〉, 〈꽃보다 누나〉의 대본에도 참여하는 엄청난 필력을 과시했다.

"응답하라" 시리즈는 "캐릭터 중심 리얼 버라이어티에서 잔뼈가 굵은 예능 작가, PD들이 그 노하우를 바탕으로 미니시리즈 형식을 차용해 발전시킨 시즌제 시트콤"이라는 평가를 받았다. 드라마 작가들과 달리 촬영 현장, 편집실에서까지 함께 일하는 예능 작가의 현장 중심 협업 시스템이 효과적으로 작동했다는 것이다. "2007년 이후 시청률 40%를 이룬 KBS 예능의 전성기를 이끌며, 리얼리티쇼와 드라마의 접합을 최전선에서 진행한 이우정 작가," "스토리와 편집·음악의 예능적 요소와 영화적 기법을 결합해 독특한 정서를 구축한 신원호 PD"에 대한 호평도 이어졌다.

"응답하라" 시리즈는 빅 스타 없는 드라마이기도 했다. 결과적으로 많은 스타의 배출 창구가 됐지만 애초 캐스팅은 신인, 무명, 조연급 배우 중심이었다. 지상파에 비해 상대적으로 인지도가 낮고 빅 스타 영입에 한계가 있는 케이블 방송사가, 소수 빅 스타에 의존하기보다 차라리 기획으로 승부하는 전략을 편 것이 성공으로 이어진 것이다.

"응답하라" 시리즈는 "리얼리티쇼와 드라마의 혼종이자 미드와 한드의 혼종"이라는 평을 받았다. "시즌제이면서도 독립적이고, 회당 고유한 주제가 있으면서도 우리 드라마 전형의 로맨스 판타지가 있다.

시청자가 경험했을 법한 에피소드와 소품들이 현실감을 살리며 개인의 추억을 공적으로 공유하게 하는, 독자적 브랜드 가치를 지녔다"는 것이다. "1980년대 "응답하라" 시리즈, 포맷화가 가능하다"는 지적이 나왔고, 실제 tvN은 2015년 하반기 〈응답하라 1988〉을 방송하였다.

〈미생〉, 탈로맨스 직장 드라마

평균 시청률은 5~6%대였지만 그건 유료 방송의 한계일 뿐, 체감 인기는 가히 폭발적인 드라마였다. 직장인들이 모인 곳에서는 빠지지 않고 화제에 올랐고, 내 얘기라며 무릎을 치게 했다. 원작 웹툰에 대한 탁월한 재해석으로, 그저 드라마의 인기를 뛰어넘어 사회 신드롬이 됐다. 종영까지 20회 전편(재방송 포함)의 광고가 완판되는 기록도 세웠다. 웬만한 지상파 드라마들도 세우지 못하는 진기록이다. 이재현(서울대 언론정보학과)은 "〈미생〉의 광고 완판 기록은 광고주들의 시청률에 대한 이해가 달라지고 있다"는 증거라고 평했다. "머릿수 시청률에서 버즈(화제) 시청률로 개념이 바뀌고 있다는 얘기"란 설명이다.

바둑 청년 장그래(임시완)가 원인터내셔널이라는 종합상사에 인턴을 거쳐 계약직으로 입사하면서 시작되는 얘기다. 무대만 회사일 뿐 한가로운 연애담에 몰두하는 기존의 드라마 대신, 전쟁 같은 회사 생활의 애환을 생생하게 그려 공감도가 높았다. 사내 정치가 난무하고 비정규직은 정규직에게, 여자 후배는 남자 선배에게, 상사맨은 고객에게 '갑을'의 수모를 당한다. 그래도 결국은 "지금 내 일이 바로 나야"(장그래)라고 받아들이는 드라마다. '밥벌이'의 신성함을 말하면서 이 시대의 직장인, 소시민, 가장에게 바치는 헌사라는 평을 받았다.

특유의 처연함으로 캐스팅이 '신의 한 수'였다는 평을 받은 임시완을 비롯해 워커홀릭 오상식 과장 역의 이성민, 김대명(김대리), 강소라(안영이), 변요한(한석률), 강하늘(장백기) 등의 연기 앙상블이 합격점이다. 톱스타 없이도 흥행에 성공했고, 오히려 드라마와 함께 출연진 전원이 스타덤에 올랐다. 태인호(성대리), 김희원(박과장), 오민석(강대리) 등 조·단역 연기자들까지도 모두 눈길을 끌었다.

〈미생〉은 KBS 〈성균관 스캔들〉을 연출했던 김원석 PD의 작품이기도 하다. 김 PD는 CJ E&M으로 이직 후 첫 작품인 음악 드라마 〈몬스터〉의 부진으로 고배를 마셨으나, 〈미생〉의 빅히트로 설욕에 성공했다. 숱한 웹툰 원작 드라마 중에서도 가장 성공적인 리메이크 사례로 꼽힌다. 특히 일체의 러브라인을 걷어내고 철저하게 직장 생활의 애환에만 집중하면서도 흥행에 성공해 '한국 드라마는 로맨스 없이는 히트 불가'라는 공식도 보기 좋게 깼다. 지상파 드라마들이 다세대를 겨냥한 취향의 보편성을 좇아 전문 드라마에도 항상 로맨스 요소를 넣는 것과 달리, 케이블답게 특화된 소재를 집중적으로 파고든 것이 성공의 요인이 된 것이다(지상파 드라마들은 직장·의학·수사물 같은 전문 드라마에서도 전문직종은 배경일 뿐 결국 로맨스로 귀결되는 것이 보통이다). 1980년대 KBS 직장 드라마 〈TV 손자병법〉에서 시작됐으나 거의 유명무실했던 직장 드라마의 맥을 되살리는데도 성공했다. 무엇보다 800만 비정규직 시대, 잇따른 '갑을 분쟁'이라는 사회 트렌드에 맞아떨어진 '사회 드라마'였다.

||| 〈특수사건전담반 TEN〉, 시즌제 장르 드라마

뉴 케드의 한 축은 범죄 수사물 등 장르 드라마다. 로맨스물로 영역을 확대하기 전 초기 케이블 드라마도 장르물에 집중됐다. 새로운 TV 장르에 대한 시청자의 요구, 미드나 장르물에 익숙한 새로운 제작진의 등장, 지상파의 한계를 벗어난 유료 방송 특유의 실험성이 맞물린 결과다.

OCN 〈특수사건전담반 TEN〉은 '미드 〈CSI〉가 부럽지 않다'는 반응을 얻었다. "피가 나오는데도 쿨한 수사물. 〈CSI〉 '길 반장'처럼 모든 것을 아는 가부장적 존재가 팀원 중 없다는 것이 암울한 매력을 더한다"(노광우)는 평을 받았다. 〈특수사건전담반 TEN〉은 시즌제 정착에도 크게 기여했다. "시즌 2의 경우 시즌 1의 '떡밥'을 정리하면서 완전히 회수하지 않아 시즌 3를 기대하게 한다. 시즌제 드라마의 형식과 미학을 제대로 보여 줬다"(김수아 서울대 기초교육원)는 평이다.

김수아는 또 〈특수사건전담반 TEN〉에서 "슈퍼 능력자 상관(여지훈)의 존재는 미드와 유사하지만, 미드가 보다 과학 기술에 의존한다면 〈특수사건전담반 TEN〉은 직관, 공감, 인맥과 인간관계 등에 더 의지한 것이 차이"라며 "단순한 미스터리 시리즈를 넘어 사회 고발물 성격을 보였다"고 분석했다. 분할 화면으로 지문 검색 → DNA 분석 등을 보여 줘 테크놀로지 의존도가 높은 미드 〈CSI〉에 비해 폴더 비밀번호도 직관으로 알아내는 등 직관적 수사 방식을 보여 준다는 것이다. 수사 방식에 있어서도 형사 백도식(김상호)은 인맥과 인간, 남예리(조안)는 공감에 의존한다. "영화적 영상, 롱테이크 등 화면은 때깔나지만 개연성이 너무 떨어지는 장면들, 여지훈(주상욱) 캐릭터는 나름 진화하거나 변모하는데 팀원들의 캐릭터는 성장하거나 변화하기보다는 단선적인 게 좀 아쉽다"는 평도 덧붙였다.

〈무정도시〉는 거대 마약 밀매 조직과 그를 좇는 경찰의 대결을 그리는 느와르물로, 영화 〈신세계〉나 〈무간도〉에 나왔던 언더커버(신분을 위장한 비밀 요원) 소재를 본격적으로 파고들었다. 사창가 출신의 마약 조직 중간 보스인 박사 아들(정경호), 박사 아들과 필사의 사투를 벌이는 덕배(최무성), 언니의 복수를 위해 호스티스가 되는 수민(남규리) 등이 전부 원래 경찰인 언더커버다. 이들이 서로 언더커버인 줄 모른 채 쫓고 쫓기며, 여기에 범죄 조직과 경찰, 검찰 상층부가 내통하는 모습이 실감나게 더해진다. 언더커버는 단순히 범죄 조직에만 존재하는 것이 아니라 경찰 내부에도 존재한다.

때문에 "모두가 언더커버로 얽히니 작위적"(허은)이란 반응이 없는 것은 아니지만, 기존 드라마나 영화에서 반전 요소, 극적 장치로만 썼던 언더커버를 정체성의 문제로 끌어올린 점이 호평받기도 했다. "만인의 언더커버화야말로 〈무정도시〉의 인정할 만한 주제"(손병우)라는 평가다. 손병우는 또 "겉 다르고 속 다른 삶. 언더커버란 설정은 그런 아이러니한 정체성을 탐구하는 좋은 소재"라며 "〈무정도시〉에 언더커버가 넘쳐나는 것은 현실 속 우리의 정체성이 그렇다는 것이자, 믿을 사람 하나 없는 세상을 빗대 보여 준다"고 평했다. 언더커버가 불신 시대 현대인의 초상이라는 해석이다.

"명심해, 혓바닥이 후지면 인생도 후져지는 거야" 같은 명대사에, 마약 밀매 과정 등이 생생하게 그려졌다. 비정한 현실 인식을 담은 느와르 답게 청회색의 가라앉은 화면은 영화적 깊이와 속도감을 보여 줬다. 정경호, 최무성, 김유미, 손창민, 김병옥 등 배우들의 연기도 호평

받았다. "주·조연에서 이름 모를 단역까지 모두 연기의 고단수," "잔재미를 주는 연기 잔치"라는 평을 받았다. 특히 정경호에 대해서는 "한 치의 오차도 없는 인물 분석력과 감정 표현으로 최고의 맛을 냈다," "우수와 카리스마가 공존한다. 존재감이 약했는데 어느덧 보졸레가 최고의 메독이 돼 돌아온 느낌"이란 호평이 나왔다.

||| 〈밀회〉, 금기에 대한 도전, 사회 멜로

2014년 jtbc 드라마 〈밀회〉는 2012년 jtbc 〈아내의 자격〉에서 외피는 불륜이지만 사교육을 통한 신분 세습에 대한 세태 비평을 시도했던 정성주 작가와 안판석 PD가 다시 손잡았고 만든 작품이다. 대기업 계열의 예술문화재단에서 일하면서 오너가의 비자금 사생활 관리를 도맡은 '금고지기' 오혜원(김희애)이 스무 살 연하의 천재 피아니스트 선재(유아인)와 격정적 사랑에 빠지면서 일어나는 이야기다. 연상녀-연하남이 최근 드라마 영화 등 대중 문화 로맨스의 트렌드이기는 하지만, 스무 살 연상 기혼녀와 연하의 미혼 남성이란 설정은 지상파에서는 쉽게 등장할 수 없는 파격적인 설정이었나. 특화된 채널이라는 케이블의 특성이 강하게 작용한 셈이다.

외피는 스무 살 연상녀와 연하남의 파격 로맨스지만 여기에 상류 사회의 암투, 클래식 음악계의 비리 등을 버무렸다. 지금껏 한국 멜로의 틀을 훌쩍 뛰어넘는 '명품 드라마'라는 평이 잇따랐다. 안 PD의 대표작 〈하얀 거탑〉에서 선보인 탐욕스런 인간 군상에 대한 묘사는 더 신랄해졌고 상류 사회의 허위와 위선, 신분 상승 열망에 대한 스케치도 더욱 정교해졌다. 거기에 불륜이라는 이름의 사랑을 통해 구원을 찾는 〈아내의 자격〉의 메시지는 한층 깊어졌다. 특히 마지막 회의 임팩트가 컸다. 오직 성공을 좇아 상류층의 '고급 노비'로 살던 김희애가 모든 것을 내려놓는 장면은, 무엇이 진정한 삶인가 되묻게도 했다. "단순히 해피 엔딩, 새드 엔딩을 넘어 미국 감독 더글러스 서크Douglas Sirk의 고전 멜로처럼 생각 거리를 던지는 멋진 결말"(변재란 순천향대 영화학과)이란 평이 나왔다. 선재 역의 유아인 역시 종영 직후 자신의 페이스북에 "어쩌면 선재는 천재보다 천사가 아닐까. 세상 모든 오혜원들을 구원하는……"이라고 썼다.

제2의 주인공 격인 클래식 음악이란 소재도 능수능란하게 다뤄졌다. 김희애, 유아인 등 주연 배우뿐 아니라 심혜진, 박혁권, 장현성, 김혜은 등 조연과 이름 모를 단역들까지 앙상블 연기가 돋보였다.

중년 여성의 로망 김희애는 〈내 남자의 여자〉(김수현 극본), 〈아내의 자격〉에 이어 세 번째 불륜녀 연기를 선보였다. 극중 스무 살 연하남과의 로맨스는 최근 유행하는 연상녀-연하남 트렌드에서도 단연 최강이다. 보통 연상녀-연하남 로맨스라 해도 연애는 남자가 주도하는 반면 〈밀회〉에서는 여자가 관계를 리드하며 사회적 지위도 훨씬 높게 설정됐다(유아인은 원래 택배 기사였다). 김희애는 사랑에 빠진다고 대책 없는 순정녀가 되기보다, 어린 연인과 사회적 지위 둘 다 지키려는 야심, 혀를 내두를 정도의 처세술을 보인다. 기존 한국 멜로에 나온 적 없는 강하고 현실적인 여성상이다.

동화적 판타지는 넘쳐나지만 정작 섹스는 배제된 여느 드라마들과 달리 성적 수위가 높은 것도 특징이다. 음악을 통한 성적 교감, 인물 없이 대사와 소리만으로 처리된 '베드 없는 베드신' 등 고급스런 에

로티시즘을 선보였다. 새로운 영상 어법도 주목받았다. 탐욕의 세계에 걸맞는 어둡게 부유하는 듯한 화면, 김희애를 줄곧 뒤에서 바라보는 낯선 카메라 앵글, 5분 넘게 음악만 흐르는 롱테이크 등이다. 대중 드라마로는 불친절해 보일 정도의, 예술 영화급 영상 실험이다. 극의 흐름을 깨는 무리한 PPL(간접 광고)을 최소화한 소품 사용, 공들인 세트(김희애와 유아인의 집) 등 미술적인 부분도 눈여겨볼 점이 많았다. 배우 박혁권은 한 인터뷰에서 "선재 집이 진짜 세트 맞냐고 감독들에게 전화 많이 받았다. 영화에서도 그만한 세트 만들기 힘들다. 채워 놓은 소품을 보면 대단하다"고 했다.

||| 〈로맨스가 필요해〉, 뉴 트렌디 로맨스

tvN 〈꽃미남 라면가게〉, 〈닥치고 꽃미남 밴드〉, 〈이웃집 꽃미남〉으로 이어지는 "꽃미남 로맨스" 시리즈는 소녀 취향의 순정 만화적 감수성을 내세워 10~20대 초반의 젊은 층을 공략했다. 작품 기획 단계에서부터 하나의 드라마를 다양한 장르에 맞게 재가공하며 수익 다변화를 꾀하는 '원 소스 멀티 유즈one source multi use' 기획을 선보였다. 웹툰을 원작으로 하거나(〈이웃집 꽃미남〉), 드라마를 웹툰으로 제작했다(〈꽃미남 라면가게〉). 이 세 편을 연이어 제작한 제작사(오보이 프로젝트)는 첫 드라마인 〈꽃미남 라면가게〉 기획 단계에서 꽃미남을 뽑는 오디션 '꽃미남 선발 대회'를 실시하고, 여기에서 선발된 배우들을 이 시리즈에 계속 출연시켰다.

'꽃미남' 로맨스물은 상대적으로 적은 제작비로, 신인 배우와 신인 연출자, 신인 작가로 제작되는 모델이기도 했다. 방송 쪽 인력이 아닌 영화 감독 등 외부 인력을 적극 활용했다. 정정화(〈꽃미남 라면가게〉), 이권(〈닥치고 꽃미남 밴드〉) 등 영화나 뮤직 비디오 출신 신인 감독들이 메가폰을 잡았다.

tvN 로맨스물의 또 다른 간판 프로그램은 시즌 3까지 방송된 〈로맨스가 필요해〉다. 20~30대 초반 여성들을 타깃으로 했다. 연애의 리얼한 과정을 설득력 있게 그려, 로맨틱한 판타지에 집중하는 다른 드라마와 달리 진짜 연애 드라마라는 평을 받았다. 케이블 드라마인 만큼 섹스나 연애 과정에 대해서 솔직하고 수위 높은 발언들도 눈길을 끌었다. 특히 지상파 로맨스물들이 로맨스에 법정 스릴러 미스터리 사회 비판 등의 요소들을 결합시켜 가면서 장르 혼종화의 경향을 보이는 것과 달리, 순수하게 연애 감정과 과정에 집중했다. 연애나 결혼 자체가 어려워진 젊은 세대의 현실을 반영해, 단순히 동화 같은 판타지로 소비되는 것 이상으로 보다 현실감 있는 연애를 보고 싶다는 젊은 시청자의 욕구를 겨냥한 것이다.

〈로맨스가 필요해〉로 주목받은 정현정 작가는 2014년 KBS 〈연애의 발견〉을 써서 호평 받았다. 〈연애의 발견〉의 주인공은 〈로맨스가 필요해〉 시즌 2의 여주인공 정유미와 시즌 3의 성준. 케이블에서 이미 검증받고 성공한 드라마를 재가공해 지상파로 옮겨 놓은 격이었다. 정유미가 연기한 〈로맨스가 필요해〉 시즌 2의 주열매와 〈연애의 발견〉의 한여름이라는 역할은, 자기 감정에 솔직하고 쿨하면서도 적당히 이기적이고 계산적인 구석도 있는 현실적 여성상으로 공감을 끌었다.

〈내 이름은 김삼순〉 김윤철 PD가 jtbc에서 2012년 선보인 〈우리가 결혼할 수 있을까〉도 성공적인 케이블 로맨스물의 하나다. 김소민,

성준, 김영광, 한그루 등이 출연해 젊은 남녀가 결혼에 이르는 과정을 현미경처럼 섬세하게 그려 냈다. 양가 집안의 경제적 문화적 차이, 혼수 문제 등 결혼에 이르는 현실적 문제들에 대한 세태 보고서다. 결혼 공포증에 걸린 성형외과 의사(연우진)와 자유 연애보다는 안정적인 결혼을 원하는 백화점 명품 매장 직원(한그루)의 로맨스를 그린 tvN 〈연애 말고 결혼〉(2014)도 리얼 로맨스로 인기를 끌었다.

이들 드라마에 출연한 성준, 김영광, 한그루 등은 대표적인 케이블 스타다. tvN 〈나인: 아홉 번의 시간 여행〉, 〈삼총사〉에 연이어 출연한 이진욱, 〈슈퍼스타 K〉 초대 우승자로 〈응답하라 1997〉, 〈고교처세왕〉 등에 출연한 서인국, "응답하라" 시리즈로 스타덤에 오른 유연석, 손호준, 바로, 〈미생〉의 강하늘, 변요한도 대표적인 tvN 드라마 스타로 꼽힌다.

||| 케이블 드라마의 미래

이런 뉴 케드의 강세는 당분간 이어질 전망이다. 2014년은 CJ E&M과 jtbc의 해라는 지적이 나올 정도로, 프로그램 경쟁력에서 지상파를 위협했다. 막장과 대가족 드라마에 올인하는 지상파 드라마에 대한 젊은 층의 염증에 더하여 미니시리즈에서도 지상파들은 문제작들을 선보이지 못했다. 지상파 미니시리즈 태반이 시청률 10% 미만의 성적을 기록하고 있다. 반면 일일 드라마나 주말 드라마는 10~20% 시청률을 기록하지만 화제성이나 존재감은 그에 미치지 못하고 있다. 자연히 광고 수익으로도 이어지지 못하는 추세다. 업계에서는 지상파가 지금 같은 낡은 관행의 제작 방식에서 벗어나지 못할 경우, 날로 커지는 케이블 드라마의 영향력을 따라잡기 힘들 것이라는 관측이 나오고 있다.

케이블 드라마의 강세는 2015년에도 이어졌다. 점점 '늙어 가는' 지상파에 비해 젊은 시청자를 사로잡으며 새로운 어법을 선보이는 드라마들로 눈길을 끌고 있기 때문이다. tvN, OCN, jtbc는 엄청난 물량 공세로 1년간 30여 편의 드라마를 쏟아 냈다. 젊은 층의 트렌드인 '먹방'과 1인 가구라는 새로운 라이프스타일을 접목시킨 tvN 〈식샤를 합시다〉는 2013, 2015년 시즌 1, 2를 방영하면서 인기를 모았다. 사이코패스 연쇄 살인범을 주인공으로 한 스릴러 〈갑동이〉(tvN), 복역 중인 강력범들을 차출해 연쇄 살인마 수사에 동원하는 〈나쁜 녀석들〉(OCN), 100억 원대 지하 경제를 둘러싼 사투를 그린 〈라스트〉(jtbc) 등은 새로운 범죄 스릴러물 계보를 이어 갔다. 인간이 된 인어공주의 로맨스 〈잉여공주〉(tvN)나 귀신이 보이는 여자, 빙의 소재의 로맨스물 〈오 나의 귀신님〉(tvN)은 발랄한 만화적 상상력이 극대화된 경우. 특히 참신한 시나리오와 조정석·박보영의 연기 '케미'(호흡)가 돋보인 〈오 나의 귀신님〉은 로맨스 판타지물의 영역을 확대하며 큰 인기를 끌었다. 거칠게 분류하면 tvN은 10~20대 로맨스, OCN은 범죄 스릴러 장르물, jtbc는 30~40대 멜로나 사회성 드라마에 집중하는 것으로 보인다.

tvN과 jtbc가 선도적으로 개척한 금토 드라마 등 케이블 드라마의 편성이 지상파 편성에까지 영향을 미친 것도 눈여겨볼 부분이다. 〈미생〉이 시작한 금토 드라마의 인기는 결국 지상파 KBS가 금요 드라마라는 맞불 카드를 내밀게 만들었다. 2015년 상반기 화제의 드라마 KBS 〈프로듀사〉 역시 금토 드라마였다. 주중 드라마의 경우도 케이블 드라마들은 주로 밤 11시대에 편성돼, 예능 프로그램의 프라임타임대를 밤 11시대로 확장시켰다.

지상파 제작 인력의 엑소더스 및 케이블로의 유입도, 앞으로 케이블 강세를 점치게 하는 부분이다. jtbc의 인기 드라마들은 MBC 스타 PD 출신인 안판석(〈밀회〉), 김윤철(〈우리가 결혼할 수 있을까〉), 이태곤(〈네 이웃의 아내〉) PD가 선보였다. tvN 〈미생〉의 김원석 , 〈연애 말고 결혼〉의 송현욱 PD 역시 KBS 출신이다. MBC 〈커피 프린스 1호점〉의 이윤정 PD와 〈파스타〉, 〈골든타임〉의 권석장 PD는 프리랜서를 선언하고 tvN에서 각각 〈하트 투 하트〉, 〈구여친클럽〉을 선보였다. SBS 〈추적자 THE CHASER〉, 〈황금의 제국〉의 조남국 PD 역시 jtbc 〈라스트〉를 연출했다.

3

드라마 PD,
멀리서 기획자
가까이서 연출가

손병우

손병우　서울대학교 언론정보학과를 졸업하고 같은 대학원에서 석사 및 박사 학위를 받았다. 현재 충남대학교 언론정보학과 교수다. 〈한겨레신문〉 'TV 주평'을 시작으로 KBS 방송문화연구소 〈공영방송〉 '손병우의 비평공감'에 이르기까지 28년 동안 꾸준히 TV 비평을 해오고 있다. 책으로는 《풍자 바깥의 즐거움》, 《미디어 문화 비평》, 《TV 두껍게 읽기》 등이 있다.

PD는 누구인가

텔레비전 방송사 입장에서 볼 때 드라마는 매우 중요한 장르다. 제작비가 많이 드는 만큼 기대감이 크고, 인기 스타가 모여 있어 눈길을 끌기 쉽고, 무엇보다도 연속 구성이라 시청자를 일정 기간 안정되게 붙잡아둘 수 있기 때문이다. 물론 초기에 실패하면 반대로 오랫동안 시청자를 빼앗기는 상황에 처하게 된다. 따라서 채널 경쟁 상황에서 가장 격한 접촉 지점에 드라마가 놓인다. 이처럼 방송사 간의 드라마 전쟁 상황에서 화제를 몰고 다닐 특급 배우의 캐스팅과 첨단의 감각과 필력을 지닌 작가의 확보는 연간 편성 계획 수립에 가장 중요한 관건이 된다. 스타 연기자는 시청자의 눈길을 끌고 드라마를 보고 싶게 만드는 역할로는 최고다. 채널마다 시리즈 교체 기간이 되면 예고편에 나오는 주연 배우에 따라 시청자들의 다음번 낙점에 영향을 받지 않겠는가. 몇몇 작가는 비슷한 소재라도 이야기를 더 재미있게 꾸며 내는 능력자들이다. 초기 3~4회 지나 갑자기 재미가 뚝 떨어지는 경우 십중팔구 작가 교체 때문이다. 그렇다면 PD는 무슨 역할을 하는 것일까?

TV 시대가 반세기 이상 흐르면서 연기자는 물론이고 드라마 작가들도 여러 명 대중적 관심의 대상이 되어 왔지만, 드라마 PD가 사람들 입에 오르기 시작한 것은 매우 뒤늦게 나타난 현상이다. 사극 연출의 최고봉 이병훈도 지금처럼 주목받은 것은 〈허준〉(MBC, 1999)과 〈대장금〉(MBC, 2003) 이후다. TV 사극의 가장 대작 시리즈로 여겨지는 "조선왕조 오백년"(1983~1990)이 극작가 신봉승의 필생의 역작임을 아는 사람은 많지만, 모두 열한 편 가운데 대부분인 아홉 편을 이병훈이 연출했다는 사실을 아는 사람은 적다. 그때까지는 아직 PD의 역할에 대한 인식이 적어 주변 매체에서도 드라마와 관련해 연출자에 초점을 맞추는 일은 드물었기 때문이다.

TV 드라마 PD에 대한 관심이 높아진 것은 1990년대 들어서다. 물론 고석만 PD처럼 1980년대부터 언론의 조명을 받은 경우도 있기는 하다. 그는 정치, 경제 영역의 실존 인물이나 연상 가능한 캐릭터들을 등장시킨 일종의 실록 드라마• 장르를 통해 일관된 연출 역량을 보여 왔는데, 언론에 기사화된 경우는 〈야망의 25시〉(MBC, 1983)나 〈땅〉(MBC, 1991) 등 조기 종영에 따른 외압 논란에 초점이 맞춰졌을 때였다. 드라마 PD의 연출 역량이나 개성에 대한 관심이 시작된 것은 〈여명의 눈동자〉(MBC, 1991)와 〈모래시계〉(SBS, 1995)를 통해 TV 드라마에서 화면의 품질과 액션의 역동성을 영화 이상의 수준으로 높인 1990년대의

• 〈제1공화국〉(MBC, 1981)부터 〈코리아 게이트〉(SBS, 1995)에 이르는 정치 드라마와 〈거부실록〉(MBC, 1982~1983), 〈야망의 25시〉(MBC, 1983) 등 재벌을 소재로 한 드라마 등 그의 작품들에는 실록의 성격이 다소간 결합돼 있었다.

김종학부터다. 그 뒤로 이승렬, 황인뢰, 주병대, 그리고 장수봉, 이창순, 이진석, 김종식, 소원영 등● 여러 연출자들이 TV 비평과 신문 기사에서 언급되기 시작했다. 이들은 특수한 경우(가령 작가가 김수현이나 김기팔, 신봉승 등 거장인 경우)가 아니면 PD가 TV 드라마의 중심이라는 통념이 만들어진 시기의 주역이었다. 사람들은 이승렬의 〈질투〉를 보면서 그 이전과 확연히 달라진 젊은 감각을 느꼈고, 황인뢰의 작품들에서 세련된 감성에 빠져들었으며, 주병대 PD의 노력 속에 한국 시트콤이 진짜로 재미있어지는 경험을 했다. 그러면서 자연스럽게 PD의 연출 스타일과 더 나아가 작가 정신이나 시대 의식에 대해서까지 관심을 갖고 논하게

● 이승렬은 〈질투〉(MBC, 1992), 〈파일럿〉(MBC, 1993) 등 이른바 트렌디 드라마 연출의 선두 주자다. 황인뢰는 〈천사의 선택〉(MBC, 1989), 〈여자는 무엇으로 사는가〉(MBC, 1990), 〈창밖에는 태양이 빛났다〉(MBC, 1992), 〈연애의 기초〉(MBC, 1995) 등 1990년대 감수성을 대표하는 드라마를 연출했으며, 2015년 일본 원작 번안 드라마인 〈심야식당〉(SBS)을 연출했다. 주병대의 대표작으로는 〈오경장〉(SBS, 1993), 〈오박사네 사람들〉(SBS, 1993)이 있다. 장수봉이 1990년대 초에 연출한 〈마당 깊은 집〉(MBC, 1990), 〈춤추는 가얏고〉(MBC, 1990), 〈아들과 딸〉(MBC, 1992)은 TV 드라마에서 깊이 있는 주제 의식을 보여 준 명작들이다. 이창순은 사회적 신드롬까지 낳은 〈애인〉(MBC, 1996)과 〈추억〉(MBC, 1998)을 통해 30~40대의 사랑에 대한 진정성 있는 탐구를 보여주었다. 이진석이 연출한 〈사랑을 그대 품안에〉(MBC, 1994), 〈별은 내 가슴에〉(MBC, 1997)는 판타지의 전형을 구현해 큰 인기를 끌었다. 김종식은 〈도둑의 아내〉(KBS2, 1991), 〈바람의 아들〉(KBS2, 1995) 등 시대극과 현대극을 오가며 계층 분화에 대해 다뤘다. 〈아담의 도시〉(MBC, 1994), 〈마지막 연인〉(MBC, 1994), 〈여〉(MBC, 1995) 등으로 이어지는 소원영의 1990년대 전반기 작품들은 개인의 악행과 사회 모순이 어떻게 서로에게 작동하며 구조화되어 가는가에 천착했다.

된 것이다.

2000년대 들어서면서 더욱 작가 정신으로 충만한 또는 자기 스타일을 쭉 밀고 가는 PD들이 나타났다. 〈가을동화〉(KBS2, 2000)로 2000년대를 열어젖힌 윤석호는 이후 한국 드라마 연출의 큰 흐름을 대변한다. 철학적 천착이나 예술성보다는 상업성을 추구하지만, 과감한 성적 묘사를 통해서가 아니라 오히려 동화적 클리셰를 매우 세련되게 표현하는 방식을 선택했다. 클리셰와 세련미의 결합 덕택에 한국 드라마는 외국 시청자들에게 일종의 보편 언어로 가닿은 동시에 일본이나 중국 드라마와 달리 더욱 풍성한 연애 감정을 느끼게 해 주었다. 신우철(〈시크릿 가든〉, SBS, 2010), 조수원(〈너의 목소리가 들려〉, SBS, 2013), 김진만(〈최고의 사랑〉, MBC, 2011) 등 여러 PD들이 그런 한국 드라마의 가능성을 계속 확장시키고 있다.

또한 영화 연출로 넘나들면서 TV 드라마 연출의 폭과 깊이를 더하는 시도들도 나타나고 있다. 그 대표적 인물이 이재규와 안판석 PD다. 영화와 드라마는 친화성이 좋은 인접 영역이어서 양쪽의 교류는 이상한 일이 아니다. 1990년대에도 〈사랑을 그대 품안에〉의 이진석은 영화 〈체인지〉(1997)를 연출해 비교적 좋은 흥행 성적을 거두었다. 영화 감독인 장항준은 TV에서는 〈싸인〉(SBS, 2011), 〈드라마의 제왕〉(SBS, 2012) 등의 작가로 참여해 왔다. 또, SBS 김영섭 드라마 본부장처럼 영화에서 TV로 옮겨온 경우도 있다. 이들은 영화에서처럼 TV 드라마에서도 작가적 의욕을 보여 준다. 이재규 PD는 첫 작품 〈조선 여형사 다모〉(MBC, 2003)에서 이미 상당히 영화적인 느낌을 주었고, 웰메이드 드라마로 호평 받은 〈베토벤 바이러스〉(MBC, 2008)와 〈더킹 투하츠〉(MBC, 2012) 사이사이에 영화 〈인플루언스〉(2010)와 〈역린〉(2014)을 연출하면서 TV와 영화 양쪽에서 모두 자연스러운 느낌을 주며 작품 활동을 하고 있다. 안판석의 드라마는 영화 〈국경의 남쪽〉(2006) 이전과 이후로 스타일이 갈린다. 그 이전의 경향이 따뜻한 인간미를 잘 나타냈다면, 영화 이후에는 〈하얀 거탑〉(MBC, 2007), 〈아내의 자격〉(jtbc, 2012), 〈밀회〉(jtbc, 2014) 등 인간의 진한 감정 표현에 치중하여 보는 사람을 흡인하는 강렬한 연출력을 보여 준다.

그리고 "하이킥" 시리즈를 통해 쉼 없이 크고 작은 웃음을 유발하는 시트콤의 위력을 구현해 내면서도 묘하게 등장인물과 시청자가 모두 그 웃음으로 넘어설 수 없는 아포리아에 빠져 있음을 암시하는 김병욱, 로맨틱 코미디에 걸쳐 있지만 주제 의식이 강조된 〈내 이름은 김삼순〉(MBC, 2005)과 〈우리가 결혼할 수 있을까〉(jtbc, 2012)의 김윤철, 오락성과 작품성을 동시에 꾸준히 상승시켜 내는 장태유• 등 TV 드라마 영역 안에서 자기 세계를 구축하고 작품의 완성도를 높여 가는 PD들이 매우 많다. 그 누구와도 겹치지 않는 TV 드라마의 세계를 보여 준 또 한 명의 PD로 우리는 조남국을 눈여겨보아야 한다.

이제 다시 앞에서 한 질문을 상기해 보자. 대체 PD는 TV 드라마 제작에 무슨 역할을 하는 사람인가? 그걸 알아야 지금까지 돌아본 한국 드라마 PD의 일종의 발선사를 과장 없이 이해할 수 있을 것이다. 그 상세한 내용을 조남국 PD와의 대화에 담아 보았다. 그는 SBS에서 미니시리즈 〈완벽한 이웃을 만나는 법〉(2007), 주말 드라마 〈이웃집 웬

• 놀랍게도 〈쩐의 전쟁〉(SBS, 2007), 〈바람의 화원〉(SBS, 2008), 〈뿌리 깊은 나무〉(SBS, 2011), 〈별에서 온 그대〉(SBS, 2013)가 모두 이 한 사람의 연출작이다.

수〉(2010) 등을 통해 탄탄한 연출력을 보여 주면서 시청률도 동시간대 1위를 차지하는 등 중견 연출가의 몫을 해왔지만, 이름을 대면 알 만한 PD는 아니었다. 그러다가 2012년 〈추적자 THE CHASER〉와 2013년 〈황금의 제국〉을 통해 일약 최고의 드라마 PD 반열에 올라섰다. 2015년에는 jtbc로 옮겨 서울역 노숙자 세계를 배경으로 강렬한 장면들을 보여 준 〈더 라스트〉를 연출했다.

조남국 PD와 대화를 나누게 된 동기는 손현주를 주인공으로 캐스팅한 〈추적자 THE CHASER〉의 성공이 인상적이었기 때문이다. 손현주는 캐스팅 자체가 화제가 되는 그런 류의 미남 배우는 아니다. 그는 연기력으로 승부하는 배우이고, 따라서 그를 주연에 캐스팅했다는 것은 배우의 스타성에 의존하지 않겠다는 연출자의 태도를 나타낸다. 그리고 그 드라마는 첫 회 10%에서 시작한 시청률이 꾸준히 상승해 마지막 회 22.6%에 이르렀다. 이 또한 작품 자체의 힘만으로 입소문을 타고 시청자를 불러 모았음을 나타낸다. 그런 성취를 이뤄 낸 PD라면 드라마를 어떻게 끌어왔는지 해 줄 얘기가 분명히 있을 터였다. 두 번째 이유는 작품 그 자체의 놀라운 개성 때문이다. 〈추적자 THE CHASER〉와 〈황금의 제국〉은 한국 드라마 역사상 비슷한 예를 찾기 힘들 만큼 한국 사회 상류층의 행태와 심성을 냉혹하게 찌르고 있다. 반어법적 대구로 가득한 대사, 연기자의 미세한 표정 변화를 무심한 듯 잡는 카메라, 조명과 음악의 사용, 그리고 긴박감 넘치는 장면의 연결과 전환 등 그 연출 스타일 또한 매우 강렬한 것이었다. 그렇게 그는 창조자로 보였다. 그리고 그와의 대화는 창조자로서의 PD의 세계를 연 풍운아 김종학과 감수성 혁명가 황인뢰가 감추고 있는 비밀까지도 열어 보여 줄 것 같았다.

조남국 PD와 나눈 대화는 크게 두 부분으로 나뉜다. 그가 연출한 화제의 드라마 두 편과 관련한 비평적 대화가 한 부분이고, 드라마 PD 일반의 성격에 대한 얘기가 또 한 부분을 차지한다. 그리고 그가 들려 준 이야기는 역설적으로 매우 놀라웠다. 그와 대화를 나누다 보니 1990년대의 어떤 드라마 PD들에게서 보았던 창조자의 면모는 어쩌면 너무 멀리서 바라보았기 때문에 낭만적으로 투사시킨 것은 아니었을까 하는 의심이 들었다. 가까이서 얘기를 들으면서 드라마 PD는 어쩌면 오래전 예상과 정반대로 한낱 작업자가 아닌가 싶어지기도 했다. 멀리서 보면 예술가인데, 가까이서 보면 작업자로 바뀌는 존재 말이다. 그런데 이 또한 과장된 감정이 개입된 착각이 아닐는지…… 한국에서 드라마 PD의 역량은 대본을 그림으로 구현하는 디렉팅 능력도 물론 매우 중요하지만, 여기에만 국한되지 않는다. 자기에게 넘어온 아이디어가 물건이 될지, 또 어떤 물건이 될지, 그리고 어떤 의미와 재미의 잠재력을 담고 있는지를 판단하고 그려 보는 능력, 다시 말해서 이런 총체적 기획력부터 연출력까지가 한국 드라마 PD에게 요구되는 능력이 아닐지 생각하게 된다.

"재미있고 제대로 만드는 것이 드라마 PD의 몫"
조남국 PD●

||| 드라마 PD의 한해살이

2013년 〈황금의 제국〉 연출을 마친 이후 2014년 현재까지의 근황, 즉 드라마 PD의 한해살이에 대해 조망해 달라.

드라마 들어가면 주말, 공휴일 없이 작업을 하니까, 끝나고 나면 보통 두 달간의 휴가가 생긴다. 그러면 일단 쉰다. 그런데 〈황금의 제국〉이 끝나고 한 달쯤 쉰 뒤에 EP●● 발령이 났다. 드라마 본부장 밑에 1EP 2EP, 3EP 식으로 있어서 후배들 프로그램 관리를 해준다. 그러다가 연출하고 싶어서 다시 의논을 드렸고, 차기작 준비를 시작하게 된 거다. 드라마 PD의 1년은 프로그램 마치면 쉬고, 쉰 다음에 한 달 정도 B팀 연출을

● 조남국 PD와의 인터뷰는 2014년 7월 17일 SBS 일산 스튜디오 인근 카페에서 이루어졌다. 그는 그동안 인터뷰를 거의 하지 않았지만 TV 드라마를 다루는 책의 취지가 좋다며 흔쾌히 응해 주었다. 인터뷰이의 부담을 덜기 위해 최근 한국 TV 드라마를 대표하는 드라마 PD라기보다는 '주목하고 싶은 드라마 PD'라는 취지로 이야기를 나누었다.

●● EP는 제작 관리자를 뜻하는 executive producer의 줄임말이다. 방송사마다 조금씩 직제가 달라서 단정 짓기 어려운데, 통상 프로그램 연출을 맡은 PD가 있고, 몇 개 프로그램을 관리하는 CP(chief producer)가 있으며, CP들을 관리하는 EP가 있다.

해 준다. 한국 방송의 제작 여건은 아시다시피 '쪽대본'도 나오고 한 주에 방송 두 개씩 찍어서 내보내기도 한다. 그러다 보면 한 명의 PD가 다할 수 없다. 대본 관리도 해야 하고, 여러 가지를 해야 하기 때문에, 그럴 때 프로그램 마치고 쉬는 PD가 나가서 연출 행위, 디렉팅만 해 주는 거다. 우리는 그것을 B팀 연출이라고 한다. 그러고 나서 이제 자기 작품 준비에 슬슬 들어간다.

자기 드라마 1회부터 종방까지 제작 기간은 보통 어떻게 되나?

16부작 같으면 촬영만 보통 4개월, 24부작의 경우는 6개월 한다. 그러니까 이렇게 생각하면 된다. 한 명의 PD가 1년에 한 편 하기는 참으로 빠듯하다. 보통 방송사에서 믿고 맡기는 PD 같으면 1년 반에 한 편을 한다고 보면 된다. 기획만도 시간이 많이 걸린다. 기획이 끝나도 대본 뽑고, 캐스팅해야 하고, 캐스팅도 요즘은 어려워서 오래 걸린다.

〈추적자 THE CHASER〉가 2012년 여름이었고, 〈황금의 제국〉이 2013년 여름이었으니, 1년에 한 편씩 한 셈이다. 쉽지 않은 강행군이었을 것 같다. 듣고 보니 이렇게 1년에서 1년 반 주기로 움직인다는 점이 예능이나 교양과 다른, 드라마 PD의 특징인 것 같다.

1년 반을 주기로 한 편을 한다면 가장 바람직하다고 생각한다.

조남국 PD가 주목받는 드라마 PD가 되는 데 기여한 두 편의 대표작이 2012년의 〈추적자 THE CHASER〉와 2013년의 〈황금의 제국〉인데, 〈추적자 THE CHASER〉는 수상도 많이 했다. 우선 떠오르는 것으로 제40회 한국방송대상에서 중단편 드라마 부문 작품상을 수상했고, 박경수 작가가 작가상을, 배우 손현주는 연기자상을 수상하는 등 3관왕에 올랐는데……

큰 것으로 백상예술대상도 있었다. 드라마 작품상, 남자연기상, 극본상……

〈황금의 제국〉은 뭐 없었나?

아, 저조한 시청률•로 인하여……(웃음)

아무래도 TV는 대중적 차원에서 평가가 내려지는 것 같다.

그 점에 대한 저의 생각은 확고한 편이다. TV는 대중을 상대로 하기 때문에 대중성을 잃어버리면 TV 드라마로서는 실패라고 본다. 지상파(TV)에서는 보편적인 가치를 추구해야 한다…… 마니아층을 지향할 때 개인적 명성을 얻을 수도 있지만, 드라마의 본령은 많은 사람이 보고 많은 사람이 공감하는 것이기 때문에 담고 싶은 메시지가 있더라도 그것을 노골적으로 전달하는 것은 잘못된 방식이라고 생각한다. 대중이 공감할 수 있는 포장과 공감할 수 있는 인물을 통해 접근하는 방식이어야 옳지 않나 생각한다.

||| 〈추적자 THE CHASER〉와 〈황금의 제국〉의 아버지

시청률이나 수상 실적에서 차이를 보였지만, 사실 두 드라마는 하나의 짝을 이루고 있다. 간략하게 자평을 하자면?

• 〈황금의 제국〉 시청률은 TNmS 조사 전국 평균 8.7%, AGB닐슨 조사 전국 평균 10.3%이고, 수도권은 10.5~11.9%로 조금 더 나왔다.

〈추적자 THE CHASER〉의 경우 보편성을 담보했다고 본다. 아버지의 부정父情이라는, 누구나 공감할 수 있는 보편성, 그래서 처음 기획할 때 작가와 나눈 얘기는 "엔딩만 나오면 된다"였다. 기억하시겠지만 엔딩에 법정에서 딸의 환영이 백홍석(손현주)에게 얘기한다. "아빠, 고마워. 아빤 무죄야." 이 메시지만 살면 결론에서 시청자들의 공감을 살 것이라고 보았다. 엄밀하게 말하면 백홍석은 범죄자다. 세상의 법정에서는 유죄이지만, 가장 사랑하는 딸에게는 자랑스러운 아빠이고 무죄다. 〈추적자 THE CHASER〉는 우여곡절이 많았지만 엔딩에서 나타나듯이 바로 이 '부정'이라는 테마가 시청자에게 공감을 얻었다. 반면 〈황금의 제국〉은 시청자의 공감이란 측면에서 부족했던 게 아닌가 한다.

〈황금의 제국〉에서도 부정父情을 다루지 않나?

물론이다. 처음 기획할 때 생각했던 것들이 많았는데, 주된 흐름으로 잡는 데 성공하지 못한 측면이 있다.

두 드라마가 '아버지'를 주요 모티프로 삼고 있는 점이 인상적이다. 조금 더 생각을 풀어 달라.

박경수 작가도 나보다 조금 어리지만 비슷한 연배인네, 우리 세대에게 아버지는 '부끄러움'이다. 한편으로는 안쓰럽고, 또 다른 한편으로는 자랑스러운, 이게 우리 생각 속 아버지의 모습이다. 우리 시대 아버지의 행동을 돌아보면 술 마시고 집에서 소리도 지르고 하는 부정적인 모습이다. 하지만 그 어려운 시절을 견뎌 내며 자식들 키워 낸 것을 생각하면 존경스럽고. 그런 아버지의 상이 머릿속에 있다.

이 두 드라마는 각각 정치계와 재계를 소재로 삼는 점에서 서로 다른 모습을 한다. 그런데 하나의 세트처럼 여겨진다. 그 까닭이 바로 아버지 얘기이기 때문인 것 같은데, 특히 '보편적 부성'쪽이기보다는 '한국 사회의 특수한 아버지'이기 때문이 아닌가 싶다.

그렇다. 우리 세대가 겪은 아버지다. 〈추적자 THE CHASER〉의 백홍석도 사실 대단한 아버지가 아니다. 말단 경찰에 능력 없고, 또 〈황금의 제국〉의 장태주(고수)의 아버지도 그렇고, 최 회장(박근형)을 보면 정당한 아버지가 아니다. 자기 목적을 위해서 갖은 음모와 술수로 타인을 짓밟으며 살아왔고, 그러면서 명분을 중시하고, 자기 자식은 정말 사랑하는, 이런 모습이 서구적인 아버지 상과는 다르다.

역사적 우여곡절을 겪으며 20세기 전반기를 살아 낸 아버지들과 산업화 이후의 자식 세대의 이야기를 하나는 정계를 소재로 풀어냈고, 또 하나는 재계를 소재로 풀어냈다는 말인가?

바로 그렇다. 아버지다. 사람들은 이 드라마들을 두고 정치 드라마다, 경제 드라마다 하시는 분들도 계신데, 작가와 저의 기본적인 생각은 가족의 이야기, 아버지의 이야기였다. 〈추적자 THE CHASER〉 16부쯤에 보면 이런 장면이 나온다. 서 회장이 일어나서 텅 빈 거실을 나와서 계단을 올라가면 텅 빈 방, 아무도 없는 그 공간에서 아버지는 내가 뭘 위해 싸워 왔나, 그 외로움과 쓸쓸함을 표현하려고 했다. 〈황금의 제국〉에서도 마찬가지다. 최동성 회장이 죽어 갈 때, 아무도 못 오는 병원 공간에서 증오의 대상인 한정희 앞에서 죽어 갈 때 눈 감는데 딸 들어오고…… 평생 추구한 그 욕망은 대체 무엇이냐를 돌아보고 싶었다.

||| 드라마에서 시청자의 몫

〈추적자 THE CHASER〉는 구성이 눈에 띄었다. 법정에서 백홍석이 악인을 저난하는 장면으로 시작한 다음 생일 파디 장면으로 돌아가서, 어떻게 그 상황까지 오게 되었는지를 밀도 높게 그렸다.

보통 마지막 장면으로 그런 구성을 취하는데, 〈추적자 THE CHASER〉에서는 그것이 4회 장면이었다는 점이 색다른 부분이다. 서민의 아버지였던 한 남자가 커다란 음모의 희생자가 되는 것이 4부까지인데, 잡혀가다 탈출하는 것이 5부다. 이때부터 그가 어떻게 그 음모를 밝혀 나갈 것인가로 이야기는 전환된다. 후반부에 여러 가지 디테일상의 무리수가 있었지만, 백홍석에 대한 감정, 정당한 자에 대한 감정이 그것을 커버할 수 있을 거라고 봤다.

정말 일개 서민인 아버지가 재벌의 사위이자 대통령 후보인 강동윤에게 다가가기도 어려운데 어떻게 복수를 할 것인가 막막하게 여겨졌나.

우리도 작업하면서 굉장히 막막하고 힘들었다. 그런데 엄밀하게 리얼리티를 따질 때 말이 안 되는 경우라도, 시청자들이 이해하고 오케이해 주는 때가 있다. 시청자들은 4회까지 백홍석(손현주)이 딸을 잃고, 부인까지 잃는 처절한 상황에 빠진 원인이 커다란 권력에 의한 것임을 보았다. 그러면서 백홍석이 어떻게 부당한 권력에 복수를 하고, 딸의 진실을 밝히고 정의를 실현할 것인가를 가슴으로 받아들이는 것 같았다. 연출과 작가가 알면서도 방법이 없어 놓치고 가는 부분을 시청자분들이 접어주고 용서해 주더라.

제작진에게 시청자의 반응이 크게 다가온다는 얘기인데……

주인공에게 응원의 리액션이 나오면 그게 바로 시청자가 공감했다는 반응이다. 그런 점에서 〈황금의 제국〉이 대중성을 잃은 요인도 찾을 수 있다. 장태주(고수)는 응원하기 어려운 인물이다. 선한 인물이 아니다. 우리는 한국 드라마에서 그려 보지 않는 '욕망의 남자'를 그려 보고자 했다. 그런데 아직 그런 인물은 대중성을 얻기 어려운 것 같다. 재벌의 틈바구니에서 그들과 똑같은 괴물이 되어 가면서 대결을 벌이니까, "고수 이겨라"하고 응원하기가 어려운 거다.

제작진은 시청자의 응원을 받아서 그 힘으로 추진시켜 가는……?

느껴지는 거다. 우리 드라마 제작 현실이 완성된 대본으로 가는 형식이 아니기 때문에, 가다 보면 힘이 달리고 정교함도 떨어진다. 그래도 시청자들이 그것을 받아들여 준다. 어떤 드라마는 열심히 만들어도 요만한 꼬투리라도 발견되면 지적을 당하는데, 그것은 이제 응원을 못 받아서 그런 거다. 시청자는 관대할 때는 한없이 관대하다가도, 또 민감할 때는 아주 민감하다.

그런 상황을 비평에서는 '드라마가 당대 대중 정서를 읽었다, 원망을 대변했다'고 표현하는데, 제작진 입장에서는 '우리가 응원을 받고 있다, 그 힘을 받아서 가고 있다'고 느낀다는 것이 매우 흥미롭다.

비평이 제3자 입장에서 객관적으로 보고 해부를 한다면, 제작자는 느낌으로 간다. 주변에서, 촬영 현장에서의 반응으로 느낀다. 지나가시는 분이 "뭐 찍어?"라고 묻고, 〈추적자 THE CHASER〉라고 했을 때, "백홍석 파이팅" 한다든지, 손현주가 아니고 백홍석이라고 하면, '아, 공감을 얻고 있구나' 하고 알게 된다.

||| 드라마에서 대본의 몫

세부적으로 대본이 엄밀하지 못하다고 할 때의 예를 들자면 어떤 게 있을까?

가령 납골당에서 백홍석과 강동윤이 마주치는데, 현실에서라면 그 자리에서 바로 잡혔을 텐데 드라마에선 총에 맞은 채 차를 타고 도망가는 거라든지, 검찰청에서 수갑을 찬 채 탈출한다든지, 이런 것들이 리얼리티에 어긋난다는 걸 안다. 정교하게 꾸며 내지 못하는 이유는 뭐 시간적 제약도 있고…… 그런 수준의 아이디어 하나 내려면 며칠씩 들여야 한다.

〈황금의 제국〉은 계속 강펀치만 주고받는 엎치락뒤치락이었다.

패턴의 반복이라고 하는데, 끝나고 나서 그에 대해 많은 이야기를 나눴다. 처음 기획할 때는 멜로 라인이 있었다. 장태주와 최서연(이요원) 사이에, 정략결혼을 했지만 한방을 쓰면서 서로를 이해해 가는…… 그런데 도저히 그 분위기 속에서 멜로가 안 나오더라. 사랑할 수가 없으니까 서로가. 처음에는 대중성을 고려하면서 시작했지만, 그런 여러 요인들이 중첩되면서 대본이 움직여 갔고, 대중성을 잃었던 것 같다.

그게 어떤 의미에서는 리얼리티가 아닐까?

안 된다, 사랑이. 또 한정희도 더 농염하게 설정했었다. 출생의 비밀, 원수의 남자와 결혼한 여자 등 아주 강한 설정인데, 이것을 연속극 식으로 더 자극적으로 풀 수도 있었지만 그렇게 움직여지지 않았고, 그 바람에 애초의 설정을 많이 쳐낸 부분들이 있다.

박경수 작가의 필력일 텐데, 대사나 내레이션 원고가 주옥같다. "사인 하나로 수조 원의 투자가 결정되고, 말 한마디로 수천억의 현금이 오고 가고, 식탁 앞에서 백화점의 주인이 바뀌는…… 그곳은 황금의 제국!" 이 오프닝 대목 외에도 무수한 명문장들이 나오는데, 개인적으로 가장 놀란 부분은 한정희가 최서연에게 한 대사다. "안기렴!" 그 순간 "야수의 비명과 뱀의 혀"와 같다던 한정희의 27년 세월이 가슴을 찌르며 아프게 확 와 닿았다.

박경수 작가는 내 개인적으로 천재적 측면이 있다고 본다. 작업실에서 함께 작업을 하면서 보게 되는 면들이 많은데, 장고를 거쳐서 나오는 대사가 아니다. 주어진 상황과 연기자의 감정에 느낌이 오면 즉석에서 모든 작업들이 이루어진다.

드라마에서 작가의 비중은 얼마나 되나?

작가와 대본의 비중이 6, 연기의 비중이 3, 연출은 1이라고 본다. (놀람) 더 무리하게 보면 7, 2, 1이다. 그런데 여기서 7이란 연출자의 몫이 합쳐진 것이다. 대본을 최종적으로 쓰는 것은 작가지만, 드라마를 기획하고, 끊임없이 아이디어를 주고받고, 의견을 조율하고 해서 나오는 것이 대본이다. 그리고 2 또는 3으로 보는 것이 배우인데, 배우는 누가 어떻게 표현해 주느냐에 따라서 드라마가 대본보다 150%로 표현이 되기도 하고

50%로 다운되기도 한다. 연기자가 자기 연기력을 얼마나 극대화시키느냐에 따라 드라마의 진폭이 크기 때문에 배우에게 3 정도를 주고 싶다. 디렉팅은 거의 작은 몫이다. 연출은 현장의 통괄과 디렉팅 테크닉을 뜻하는데, 좋은 배우 그러니까 적역의 배우를 캐스팅하고 좋은 대사를 뽑아 놓으면 현장은 자연스럽게 간다.

드라마 대본은 소설가가 소설을 쓰는 것과는 다를 것 같다.

예를 들어 세 권짜리 장편 소설이 있다 치면, 드라마화하면 두 시간밖에 안 된다. 소설 원작을 구매한다는 것은 기본적인 테마와 주요 인물을 따온다는 것이지, 디테일은 새로 만들어야 한다. 소설은 대부분이 묘사이기 때문에 세트로 지어 놓으면 딱 한 컷이다.

(웃으며 함께) 매체가 완전히 다르다.

||| 한국 드라마는 PD 중심 체제

대본의 에피소드들 속에 PD의 아이디어도 많이 들어가 있나?

보통 함께 작업을 한다고 보면 된다. 한국은 PD가 좀 다르다. 많은 역할을 해야 한다. 미국의 경우 작가 중심성이 강하고, 여러 작가의 공동 작업으로 대본이 만들어지고 나면 디렉터가 고용되는 방식인데, 한국은 여전히 PD 중심적이다. 모든 작업에 PD가 다 관여한다고 보면 된다. 가장 중요한 PD의 역할은 어떤 작가와 만나서 어떤 기획을 하고 어떤 대본을 뽑아 내느냐라고 할 수 있다. 디렉팅은 그에 비하면 부차적이다. 바로 그런 연유로 인해 기획에 몇 달이 걸리는 거다.

그렇다면 대본이 나왔을 때 연출에게 그 대본은 생소하지 않겠다.

당연하다. 생소하면 연출을 어떻게 하나.

쪽대본의 경우에도 계속 논의를 해왔으므로 PD는 바로 디렉팅으로 구현할 수 있는 것인가?

그것은 정말 케이스 바이 케이스다. 사전에 충분히 조율이 되어 있을 수도 있고, 아주 황당한 경우도 있을 수 있다. 그렇다 하더라도 드라마는 시간에 맞춰 나가야 하고, 필요할 경우 뭐 뒤쪽 신이 들어와서 배우는 중간 맥락을 모르고 연기를 해야 하는 경우도 있다. 천차만별인 것이 방송 제작 환경이다.

편집은 누가 하나?

편집 기사가 한다. 초반에 충분한 커뮤니케이션을 통해서 연출이 원하는 편집 호흡 등을 공유하고, 편집해 놓은 것을 고치기도 한다. 그렇게 커뮤니케이션 단계가 끝나면 편집이 이루어지고, 다 끝나면 연출이 편집실에 가서 최종 파이널 커팅final cutting을 한다. 잘못 편집된 것은 고치고, 시간도 조절하고, 편집 기사와 함께 앉아서 "컷을 바꾸자," "호흡을 조금 빨리 가자" 하는 식이다.

초기 회의 때 편집자도 참여하나?

PD 스타일에 따라 다 다르다.

〈추적자 THE CHASER〉나 〈황금의 제국〉 때는 어땠나?

〈추적자 THE CHASER〉는 워낙 급하게 편성이 됐다. 한 달 반을 앞두고 편성 결정이 났고, 부랴부랴 2주 만에 캐스팅 끝내고, 방송 한 달 전에도 아직 촬영을 나가지 못했다. 기획이 끝나고 대본이 나왔다고 해서 편성이 결정되는 것은 아니다. 방송국 데스크도 있고 편성팀도 있어서 판단을 한다. 그쪽에서 볼 때 〈추적자 THE CHASER〉 기획안에 대해 부정적이었다. 첫째, 스타도 없고, 40대 중반이 주인공이고, 칙칙한 이야기에 그래서 반대가 많았다. 그러다가 드라마 본부장이 찾아와서 시간이 촉박하지만 한번 해 봐라 해서 급하게 서둘러서 했다.

그렇게 급하게 시작했는데 드라마가 잘 나왔다. 처음 기획은 그럼 누구 아이디어였나?

처음에는 작가 거였다.

법정 살인 이야기?

처음 제목이 "아버지"였다. 아버지 이야기니까. 그런데 "홈드라마 느낌이다" 뭐, 반대가 많아서 〈아버지의 전쟁〉 등 몇 번 바뀌다가 〈추적자 THE CHASER〉로 되었다. 드라마가 한 줄 요약이 잘되면 잘된다. "딸의 억울한 죽음을 밝혀내는 아버지 이야기" 수많은 드라마를 조사해 봤는데 없었다. 영화는 많지만, 드라마에서는 희한하게 없었다. 그래서 작가가 이전에 기획했던 아이템을 발전시켜서 했다.

〈황금의 제국〉 기획은 어떻게 나왔나?

보통 같이 커뮤니케이션하면서 기획이 이루어진다. '인간의 욕망에 대해서 해 보자'로 시작했는데, 우여곡절이 많았다. 한정희 중심으로 5·18로 판을 짜보기도 하고, 엄마인 줄 모르고 기업을 먹겠다고 들어갔다가 나중에 엄마임이 밝혀지고, 그런

등등 수많은 논의의 과정을 거치면서 구체화되었다.

아, 고수와 김미숙을 모자 관계로? (웃음) 인간의 욕망을 표현하기 위해 등장인물들을 한국 현대사의 여러 현장에 대입시켜 가면서 이야기 구조를 구체화해 가는…… 이제 기획 단계의 분위기를 잘 알 것 같다. 음악은 누가 정하나?

음악도 연출이 정한다. 음악 감독을 일단 선임을 한다.

〈황금의 제국〉에는 여러 배경 음악이 나오지만, 전체를 꿰뚫는 것은 요한 슈트라우스의 〈봄의 소리 왈츠〉를 단조로 변주한 것이다. 이 아이디어는 어떻게 냈나?

PD가 주문을 하는 거다. 드라마에 보면 〈황무지〉라는 시가 나오는데, 대본을 읽다가 〈봄의 소리 왈츠〉가 떠올랐고, 대중적으로 알려져 있는 곡이어서 귀에 익숙할 거라는 생각을 우선 했다. 단, 유치하지 않게 변주를 하자, 다양하게. 슬프게, 밝게, 공격적으로, 그렇게 요구가 들어가면 음악 감독이 변주를 해오는 거다. 〈추적자 THE CHASER〉도 영화 〈대부〉 음악 아니냐고 말씀들 하셨는데, 사실은 연출이 주문한 느낌에 맞춰 음악 감독이 창작한 테마를 다양하게 배리에이션한 거였다.

처음 〈봄의 소리 왈츠〉는 원곡대로 나왔다. 밝고 경쾌한 그 음악에 맞춰 나온 장면은 강제 철거라는 정반대 성격의 것이었다. 이렇게 상충된 음악과 장면을 통해 그로테스크한 분위기를 연출한 이후, 〈봄의 소리 왈츠〉는 단 한 번도 원곡 그대로 연주되지 않는다. 최민재의 정략결혼 장면이나, 한정희의 고뇌 장면 등에서 단조로 변주됨으로써 휘몰아치는 번민이나 격동을 나타내고 있었다.

관심 있는 사람 아니면 〈봄의 소리 왈츠〉인지도 몰랐을 거다.

이런 음악 사용의 감각도 연출의 주요한 몫이라고 본다.

한국 드라마 PD는 만능이어야 한다. 미국 드라마에서 연출은 전문화와 세분화된 시스템에서 디렉팅 기능을 담당하지만, 대한민국 드라마 PD는 기획해야지, 대본 만들어야지, 촬영해야지, 음악에 대해 커뮤니케이션해야지…… 그래서 파이널 커팅이 끝나면 음악 감독에게 메일로 보낸다. 그러면 작업실에서 컴퓨터로 음악을 다 넣는다. 최종적으로 반드시 가서 다 보면서 같이 수정한다. 대한민국 PD는 만능이다. 다해야 한다.

〈황금의 제국〉과 〈추적자〉의 표현에 관하여

인물에 실제 모델은 있나?

대체로 가상의 모델이 다 있다. 회장은 누구, 이요원은 누구, 정한용은 누구, 구체적으로 대상화할 중계자가 필요하다. 현실의 몇 개 이미지들을 결합시켜 모델로 삼는데, 그렇게 해야 긴 드라마 속에 캐릭터를 유지시킬 수 있다.

손현주는 현실의 모델을 지칭하기가 어렵지 않나?

그냥 아버지다. 가정적이면서 살짝 빈틈도 있고, 우리가 흔히 봐 온 힘없는 아버지.

정한용은 그 인물로는 체구가 좀 작지 않았나?

모든 배우를 놓고 봤을 때 '바로 이 사람이다!' 했다, 그 캐릭터는. 군대 특무상사에서 뭐 안기부 쪽으로 빠져서 올라온 군인 출신들을 보면 딱 이 정도 체구에 "어허허허" 하는 이런 사람이 맞다. 처음부터 아주 정한용 씨가 적역이었다. 형하고 대비도 되고, 막 터트렸다가 형이 등 한 번 두드려 주면 바로 감동해 가지고 충성하는, 군 생활했던 전형적인 스테레오타입이라고 봤다.

손현주는 〈추적자 THE CHASER〉의 아버지로서는 잘 맞지만, 재벌가를 노리는 조카로서는 양복 테도 좀 안 나고, 태도도 좀 꾸부정한 서민적인 모습을 보여서 어색한 느낌이 있었는데, 혹시 조남국의 페르소나여서 캐스팅한 것은 아닌가?

연기력을 제일 중시했다. 본인도 역할 변신의 계기가 됐고…… 외모나 느낌이 말씀하신 대로 맞다. 그런데 서자의 이미지, 저쪽 집안에 치여서 위축된 인생을 살아온 사람에게 주어진 기대, 독한 역할 이런 이미지다. 그래도 가면 갈수록 양복 스타일이 좋아지지 않나? (웃음)

〈황금의 제국〉은 회장실 신을 하이 앵글로 자주 잡았다. 의도가 있었나?

바라보고 싶은 느낌, 어차피 한자리를 놓고 자기들끼리 일 꾸며서 서로 앉으려고 하고, 거기 올라가면 좋아하고, 그런 것을 관조하는 느낌……

회장 가족들이 아침밥 먹는 장면이 자주 나온다. 그 식탁에서는 먹잇감이 오고 가고, 누군가의 소유권이 주어지거나 빼앗긴다. 이를 두고 가족주의에 대한 정면 부정이라는 해석도 있었는데, 어쩌면 그것을 재벌식 가족주의라고 할 수도 있지 않을까?

그 사람들이 생각이 다 다르기 때문에 모일 수가 없다. 유일하게 모일 수 있는 시간이 가족회의, 밥시간이다. 상징적이다. 그리고 실제 현실도 그렇다고 하지 않나. 가족회의나 식사 신이 그 전 상황을 보면 각자 다 음모를 꾸미고 있다. 그 종합편이

식당이다. 그곳에서 모든 게 결정된다. 즉흥적인 게 아니라 각자가 꾸민 음모가 식당에 모여 부딪치는 것이다.

〈황금의 제국〉은 식탁의 지옥도를 보여 주면서 묘하게 등장인물들에게서 그 상황을 관조하는 느낌을 받는다. 하이 앵글, 방백 성격의 대사, 미세한 표정 변화에 대한 집중, 순간적인 내면의 연상과 회상의 삽입 등 관조적 느낌을 형성하는 요소들이 드라마 속에 다양하게 나타난다고 보는데……

또 카메라 무빙을 극소화했다. 의도적으로 정숏 위주로 또박또박 찍었다. 그런 리듬으로 갈 수밖에 없었다. 세트 촬영을 많이 한 것도 상황을 정시한다는 의미가 있다. 아마 대한민국 미니시리즈 사상 가장 많은 분량을 세트에서 찍었을 것이다. 회장 장례식의 경우 한 회 전부를 세트에서 찍기도 했다.

그런 점이 연극적인 느낌을 주었다.

그래서 제일 아쉬운 게, 연극이라면 무대 위를 연기자들이 많이 움직이도록 신을 꾸몄을 텐데, 시간 부족 때문이기도 한데, 그런 신을 많이 만들지 못하고 인물들을 자주 앉혀 놓고 찍다 보니 감정을 더 잘 살리지 못했다.

옥에 티 같은 질문들이 몇 가지 있다. 최서윤은 어째서 외출복 그대로 잠자리에 들고, 다음날 아침 식탁에 나타나나?

그 옷 그대로 아침밥을 먹진 않았을 거다. (웃음) 멜로의 느낌이 있었다면 당연히 잠옷을 입었을 거다. 그런데 한 침실에 두 남녀가 있지만 요만큼의 멜로 감정이 없기 때문에, 잠옷 입은 장면을 넣기보다는 차라리 그냥 격식을 유지하는 쪽으로 갔다. 사실 딱히 길게 자는 장면도 없다. 불 끄고 딱 끝이지.

여동생 희주는 어디 갔나?

연기자에게 가장 죄송한 부분이다. 못 살렸다. 가장 아쉬운 게 가족을 살리지 못한 거다. 원래는 가족 베이스가 있었다. 엄마, 여동생, 여동생의 멜로, 변해 가는 오빠에 대한 환멸, 결혼한 남자가 오빠 때문에 불구가 되는 등의 설정이 있었다.

못 살린 이유는 뭔가?

대본이 집필되면서 흐름에 의해서 한 회 한 회 미뤄지다 보면 타이밍을 놓치고, 결국 그 이야기로 돌아가지 못하게 된 경우다. 그나마 첫 신과 마지막 신이 그대로 나와 주면 연출과 작가의 일관된 의지가 성공한 거라고 보게 되는 거다.

성재는 배성재인가, 최성재인가?

배성재다. 드라마에서 분명히 해 줬다. 최서윤이 보인 태도는 혈육이 아니지만 혈육보다 더, 내 동생이라는 의미다.

그런데 일부에서는 한정희가 최동성 회장의 아이를 낳았다는 죄책감에서 생긴 망상이었을 것이다, 이런 추론도 있었다.

아니다. 한정희는 굉장히 냉철한 사람이다. 그것으로 무너지는 멘탈이 아니다. 끝까지 가지 않나.

조 PD께서는 〈추적자 THE CHASER〉 이전과 이후가 달라졌나?

그렇지 않다. 드라마 해오면서 쭉 가족 관계에 대해 천착해 온 것 같다. 이유는 모르겠다. 뭔가 본능적으로……

그런데 〈황금의 제국〉을 보면 아이들이 나오지 않는다. 분명히 있는 것으로 되어 있는데, 아랫세대가 보이지 않는다.

그 세대까지 보여 주고 싶지 않았다. 설정만 미국에 있고, 뭐 어디 있고 되어 있었지만, 형제간에 감옥 보내고, 죽고 하는 그 아귀다툼 속에 (아이들을) 던져 놓고 싶지 않았다.

두 드라마는 대사도 특징적이다. 〈추적자 THE CHASER〉에서 김성령의 문장은 도치법이 많다. "생각하고 있었어. 동윤 씨는 왜 아빠한테 그런 거짓말을 했을까. 날 사랑한다고." 또 〈황금의 제국〉 인물들의 대사는 죄다 반어법이고, 그들의 대화는 대구를 이룬다.

캐릭터를 살려 주는 작가의 고유의 스타일이다. 작가의 역량이 여러 가지가 있겠지만, 연출이 터치할 수 없는 작가 고유의 영역이 대사라고 본다. 아이디어나 에피소드, 구성은 연출과 작가가 서로 커뮤니케이션을 해서 더 좋은 것을 만들어 낼 수 있지만, 대사는 작가의 몫이다.

연기자의 몫은 없나?

누가 연기하느냐에 따라 대본은 완전히 다르게 나타난다. 좋은 대본은 좋은 연기를 낳고, 좋은 연기자는 대본의 부족한 부분을 채워 준다. 연기자는 대본을 읽고 욕심나는 신을 발견하게 되면 태도가 달라진다. 설렁설렁 하던 연기자도 연기를 끌어올리기 위해서 집중한다. 연기자가 어떤 드라마에서는 아주 연기를 잘했는데, 어떤 드라마에서는 그저 그렇다, 그런 게 대본 때문일 수 있다.

||| 드라마 PD가 시청자에게 봉사하는 방법

드라마를 하며 시청자를 상정하나?

사실 안 해왔는데, 이제는 해야 하는 시대가 됐다고 본다. 케이블 생기고, 종편 생기고, 이제는 시청률이 평준화되고 있다.

앞으로는 타깃 시청자를 분명히 정해야 하는 시기가 조만간 오리라고 본다. 기획부터 타깃을 정확하게 겨냥해서 목표 시청률도 8~9%로 잡고, 짧은 미니를 만드는 시대가 곧 오지 않을까……

본인의 드라마에서 가장 기억에 남는 장면을 꼽자면?

〈황금의 제국〉 주주총회 장면이다. 드라마적이긴 하지만 현재 한국 경제를 이룩해 낸 1세대의 모습, 그 한 장면으로 한국의 개발 경제가 어떻게 이루어졌는지를 한눈에 보여 준다. 게다가 아주 중첩적인 신이다. 치매에 걸렸다고 했는데, 그 노인네가 주주총회장에 나타나서 치매 증상이 나타날 듯 나타날 듯한 순간을 탁자를 탁 치면서 이겨내는 거다. 수십 년 전의 기억을 끄집어내면서 "소풍 가자!" 하면 구름처럼 "네" 하면서 일어서는 모습이 그 시대다.

정말 한국의 어느 한 시대의 단면을 압축해서 보여 준 명장면이다. 그런데 가족 문제를 다루면서 유독 한국 사회의 정치적 경제적 상황에 대한 비판적 조망을 하는 것은 혹시 조 PD가 "1980년대산"이기 때문은 아닌가?

그런 점이 없다고 할 수는 없겠지만, 사실 드라마 PD로서 누구나 어떤 욕심이 있다. 그것이 어떤 장르이든 '제대로' 만들고 싶다는 거다. 그동안 수많은 드라마에서 정치 문제도 다뤄 봤고 경제 문제도 다뤄 봤지만 이렇게 다룬 적은 없다. 철저한 공부와 준비 없이는 그 세계를 그릴 수 없다. 이 드라마도 물론 100% 리얼리티를 구현했다고 볼 수 없지만 많이 접근했다고 본다, 현실에. 그걸 소화해 낼 수 있는 작가를 만난다는 것은 연출자로서는 쉬운 일이 아니다. 박경수 작가를 만났기 때문에 과감하게 이 작품들을 할 수 있었다. 즉 PD가 의도적으로 "나는 부패한 현실을 그리겠어," "한국 경제 현실을 그리겠어" 이렇게 접근하는 건 아니다. 그러다 보면 거짓 현실을 그리게 될 수도 있다. 드라마 PD도 개인적으로는 정치적 판단과 가치관이 있고, 지향하는 세상이 있을 것이다. 하지만 드라마 제작에서는 전문적으로 어떤 장르들에 도전하고 싶은 거다. 가령 특검 등 해 보고 싶은 영역이 있다. 그런데 이런 전문 영역의 리얼리티를 끌어낼 수 있는 작가만 있다면 누구나 해 보고 싶을 것이다. 장르물도 마찬가지고…… 또 표현도 그렇다. 〈황금의 제국〉 마지막 신, 전화 통화를 하고 바닷가를 걸어가는 장태주라는 인물의 표정, 신념도 다 버리고 욕망 하나를 좇아 살아왔는데, 이 인생, 나한테 뭐지 하는 표정, 엔딩에서 그 표정 하나를 담아내면 만족하는 거다.

만족하나?

만족한다. 장태주란 인간을 그렸구나. 욕망의 끝, 고수가 묘한 표정이 있다. 웃는 것 같은데, 죽으러 가면서 '이것이 바로 욕망의 끝이구나' 고수 스스로 느끼는, '그래 맞아' 인정하는 그 표정이 안 나왔다면 죽는 장면이 무슨 의미가 있겠는가. 재미있고 제대로 만드는 것이 드라마 PD의 몫이고, 판단은 시청자에게 맡겨야 한다고 본다.

〈추적자 THE CHASER〉와 〈황금의 제국〉에서 나타나는 사회에 대한 비판성은 드라마에서 유행처럼 사용하는 피상적 소재주의와는 차원을 달리한다. 뿐만 아니라 특정한 사안에 대한 비판적 발언에 머문 것도 아니다. 그보다 더 근본적인 메커니즘, 사회 구조적 문제, 의식의 문제 등에 가닿고 있고, 그것을 스타일리시한 화면과 연기로 구현해 냈다. 드라마 PD는 선전을 하는 사람이 아니라, 제대로 표현하고자 하는 욕심을 가진 사람이고, 그것이 바로 시청자에게 봉사하는 PD의 자세라는 조남국 PD의 말에 귀가 기울여진다.

4

경계를 가로지르며 진화하는 드라마와 작가들

고선희

고선희 성균관대학교 국어국문학과와 연세대학교 언론홍보대학원을 거쳐 성균관대학교 대학원에서 박사 학위를 받았다. 현재 서울예술대학교 문예학부 극작 전공 교수다. 한국방송작가협회 이사, 작가교육원 교수 등을 지냈다. 방송 작가로도 활동했으며, 대표작으로는 〈인간시대〉, 〈76인의 포로〉, 〈어미새의 사랑〉 등이 있다. 책으로는 《비드라마 어떻게 쓸 것인가》, 《김래성 연구》(공저), 《한국의 텔레비전 드라마》(공저) 등이 있으며, 논문으로는 〈한국 텔레비전 초기(1962~1972) 가족 드라마 연구〉, 〈근대화 추진기 텔레비전 드라마의 젠더 기획〉 등이 있다.

영화가 감독의 예술이라면 드라마는 작가의 예술이라는 말이 있다. 드라마가 예술인가, 예술이 대체 무엇인가 등 논란의 여지도 있겠으나, 드라마에서 작가·대본이 그만큼 중요하다는 사실을 부인할 사람은 없을 것이다. 좋은 대본으로는 좋은 드라마가 만들어질 수도 있고 그렇지 못할 수도 있지만, 나쁜 대본으론 결코 좋은 드라마를 만들 수 없기 때문이다.

최근 한국 TV 드라마 장에서는 그런 의미에서 보다 주목되는 일군의 작가들이 존재한다. 내용과 형식 모두에서 이제까지의 드라마와는 다른 다양한 시도를 통해 대중의 호응을 얻어 내고 있는 작가들. 그들 가운데에는 정성주, 노희경, 김영현, 박경수처럼 적지 않은 세월 드라마 작가로 활동해 온 경우도 있고, 송재정, 이우정, 박지은, 박혜련과 같이 타 장르에서 내공을 다져 온 작가도 있으며, 유보라, 정현민 등 신인 작가도 있다.

한국의 TV 드라마사가 오랜 기간 '김수현의 시대'였다고 할 수 있다면, 지금 이 시대의 드라마는 결코 한두 작가의 작품들로만 설명될 수 없는 다양한 양상으로 존재한다. 신선한 소재와 탄탄한 구성, 다양한 장르적 실험으로 우리 드라마에 긍정적 변화를 불러일으키고 있는 작가들이 부상하기 시작한 덕분이다. 물론 한편에선 여전히 큰 영향력을 발휘하고 있는 기성 작가들도 존재한다. 2013년 한 해만 보더라도 〈무자식 상팔자〉(jtbc)의 김수현, 〈왕가네 식구들〉(KBS2)의 문영남, 〈왕관을 쓰려는 자, 그 무게를 견뎌라 — 상속자들〉(SBS)의 김은숙 등 기성 작가들이 건재함을 과시했다. 특히 2010년 〈인생은 아름다워〉(SBS)에서 동성애 소재를 직접적이면서도 설득력 있게 다룬 바 있는 김수현은, 〈무자식 상팔자〉를 통해 미혼모 재현에 있어서도 진일보된 양상을 보여 주는 데 성공했다. 그럼에도 불구하고 이들의 드라마에는 '기성'의 요소가 보다 더 지배적이었으며 무엇보다 작가 자신의 전작들을 넘어서는 것은 아니었다.

반면 박경수, 이우정, 정성주, 박지은, 송재정, 박혜련 등은 새롭고 다양한 드라마로 의미 있는 성과를 거두었다는 점에서 좀 더 주목되어야 할 것이다. 출신 성분도 작품 스타일도 각기 다르지만 이들은 어떤 면에서든 기존 드라마와는 다른 새로운 시도를 하고 있다는 점, 그리고 질적으로도 일정한 완성도를 갖춘 드라마로 대중의 호응을 얻어내고 있다는 점에서 가히 우리 시대의 작가들이라 불릴 만하다.

이들 드라마의 새로움과 다양성은 '경계 횡단'을 통해 구현되고 있다는 점에서 더욱 주목된다. 이들은 기성의 틀 안에 안주하기보다는 TV 드라마에 대한 상식과 통념의 장벽을 허물고, 다양한 측면에서의 경계를 가로지르며 의미 있는 성과를 거두고 있다. 소재의 장벽과 표현의 한계에 도전하고, 장르의 경계를 넘나드는가 하면, 리얼리티와 판타지의 세계를 가로지르며 기존 드라마와는 부분적으로나마 다른 무언가를 보여 준다.

TV 드라마가 시대의 거울이면 드라마 작가는 시대의 이야기꾼이다. 그렇기 때문에 최근 우리 드라마에 새로운 변화를 이끌어 내고 있는 이러한 작가들이 다수 출현하고 있다는 사실은 반갑고 고마운 일이 아닐 수 없다. 새롭고 다양한 드라마를 볼 수 있다는 즐거움은 물론, 그러한 드라마를 통해 우리는 인간과 세상, 개인과 사회에 대한 보다 많은 이해와 공감을 나눌 수 있을 것이다.

이 장에서는 최근 3년간 한국 TV 드라마에 새롭고 다양한 변화를 일으키고 있는 작가들, 그 가운데서도 보다 의미 있는 '경계 횡단'을 실천하였다고 판단되는 작가들의 활동을 조명해 보고자 한다. 상식과 통념을 허물고 경계를 넘나드는 작가와 그들의 드라마는, 그 어떤 기성의 것들보다 많은 관심과 격려를 필요로 할 것이기 때문이다.

예술과 통속의 경계를 유희하는 정성주

"세상에서 이건 불륜이고 너한테 해로운 일이고 죄악이지. 지혜롭게 잘 숨고 너 자신을 지켜. 더러운 건 내가 상대해. 그게 내 전공이거든."

〈밀회〉(jtbc, 2014)의 여주인공 혜원은 스무 살 연하의 연인 선재에게 이렇게 말한다. 그것은 이 드라마에 대한 세상의 우려와도 중첩되는 것이었다. 사실 이 드라마가 제작되고 있다는 입소문이 돌고 예고편 영상이 방송되던 시점까지, 방송가에서조차 과연 이 드라마가 무사히 방송을 마칠 수 있을지 우려하는 사람이 적지 않았다. 〈밀회〉는 지금까지 한국 멜로드라마에서 다뤄온 '불륜' 설정 가운데서도 가장 파격적이었기 때문이다. 2002년 노희경 작가의 〈고독〉에서도 40대 여성과 20대 남성의 사랑이 그려지긴 했지만 〈밀회〉만큼 과감하고 치명적인 것은 아니었다.

하지만 작가 정성주는 결코 우회하지 않았다. 그는 자신이 가장 잘해 왔던 방식대로, 멜로드라마와 사회 풍자적인 메시지를 절묘하게 얽어 냈다. 중년의 전문직 여성 혜원과 피아노 연주에 천재적 재능을 지닌 청년 선재, 두 사람은 20년의 나이 차이에도 불구하고 서로에게 강렬히 빠져든다. 상대를 사랑할수록 예술적 열정도 고조됐고, 선재의 연주 실력이 향상되어 감과 함께 두 사람의 관계도 무르익어 갔으며 사랑의 장애 요소들은 갈수록 복잡하게 얽혀 두 사람을 옭죄어 갔다. 그와 함께, 세상에서 가장 고상하고 품격 높은 영역으로 인식되어 온 클래식 음악계의 추악하고 치졸한 이면이 속수무책으로 드러났다. 기존의 통념대로라면 명백한 불륜 드라마다. 그러나 동시에 강한 풍자성을 지닌 사회 드라마이기도 했으며, 피아노 연주 장면만으로 십여 분을 방송하는 등 색다른 드라마 미학을 구사한 예술 드라마이기도 했다.

작가 정성주는 대학 시절부터 희곡 작가로 활동했고 방송가로 옮겨와서도 라디오와 텔레비전 교양 다큐멘터리 작가로 활동한 전력이 있다. 본격적으로 드라마를 집필한 것은 1990년대 중반부터였으며 〈장미와 콩나물〉(MBC, 1999)과 〈아줌마〉(MBC, 2000)로 입지를 굳혔다. 특히, 대학 교수인 남편으로부터 사사건건 무시당하던 고졸 전업 주부가 주체적 삶을 찾아 독립을 선언하기까지의 과정을 그린 주말극 〈아줌마〉에서는, 지식인의 허위 의식을 코믹하면서도 세련되게 풍자하여 세간의 이목이 작가에게 집중된 바 있다.

작가주의 영화 이론가 앤드루 새리스Andrew Sarris가 제시한바 작가의 세 가지 요건, '탁월한 기술,' '현저한 개성,' '심오한 내적 의미'를 고루 갖춘 작가를 방송가에서 찾는다면 아마도 〈밀회〉의 정성주가 가장 근접한 예가 될 것이다. 그는 TV 드라마의 정석이라 할 가족극과 멜로극의 계보를 잇는 한편, 거기에 사회 문화적 이슈와 작가적 문제의식을 과감히 결합시켜 보다 새롭고 가치 있는 드라마를 완성해 낸다. 〈밀회〉의 경우, 기혼 남녀의 불륜 서사를 중심에 놓고 있으면서도 이른바 '강남 교육열'을 적나라하게 풍자한 작가의 전작 〈아내의 자격〉(jtbc, 2012)과 유사하면서도, 멜로 라인은 보다 격렬해졌고 사회 풍자성이 강화된 동시에 극적 완성도는 고조되었다. 가족극과 사회극, 사회극과 멜로극이 거의 천의무봉의 솜씨로 절합돼 있는 양상이다.

그는 사회 구조적 문제를 결코 직설적으로 언급하진 않는다. 그의 관심은 어디까지나 인간 그 자체에 있다. 개인적 차이는 있으나 그의 드라마 속 등장인물들은 모두 별다를 것 없는 세속적 욕망의 소유자들이다. 그들은 우왕좌왕 합종연횡을 거듭하며 나름대로 열심히 살아간다. 작가는 다만, 그들의 모습을 조금만 각도를 달리해 본다면 얼마나 희극적이고 가련하기까지 한지 보여 주고 있을 뿐이다. 겉보기엔 그럴 듯한 지식인이나 번지르르한 권력자도 알고 보면 얼마나 유치하고 졸렬하기까지 한 비루한 속내를 지니고 있는지, 그는 결코 심각하지 않은 방식으로 다소 시니컬하게 조명한다. 일례로 〈아줌마〉에서, 아내 오삼숙이 마침내 독립을 선언하고 주위 사람들까지 모두 그녀 편에 서게 됐을 때의 남편 장진구의 반응을 떠올려 보자. 대학 교수인 그는 마치 아이가 보채다 폭발할 때처럼 짜증 섞인 소리로 이렇게 외친다, "아, 이 절대 고독!"…… 그 자신은 철학자인 양 토해 낸 말이지만 보는 이에겐 코미디나 다름없는 장면이었다. 남 보기엔 근사한 음대 교수지만 아내인 혜원에겐 속물 떼쟁이에 불과한 〈밀회〉의 남편 강준형은, 〈아줌마〉의 바로 그 장진구와 같은 계보를 잇는 인물이다.

주인공이라고 해도 예외는 아니다. 〈밀회〉의 오혜원은 부와 명예를 위해 쇼윈도 부부 생활을 유지하며 재벌가의 하녀 노릇을 자처해 왔다. 모 예술재단의 기획실장인 그녀는 공연 기획자로서의 전문 업무는 물론이고, 탈세 실무와 회장님 채홍사 노릇까지 깔끔히 수행해 낸다. TV 멜로드라마의 여주인공이 그처럼 추악한 일들을 그토록 우아한 모습으로, 더구나 자발적으로 수행한 경우는 지금껏 없었다. 그럼에도 불구하고 오혜원은 기존 드라마의 어떤 여주인공도 하지 못했던 파격적인 사랑을 성취해 내며 스스로 변화하고 성장해 간다. 그녀에게 선재와의 사랑은 이성에의 본능적 이끌림인 동시에, 자신이 포기할 수밖에 없었던 피아니스트로서의 열정, 그리고 한 인간으로서의 온전한 삶을 회복하기 위한 필연적 선택이었다. 중년이며 이미 너무 많은 것을 가지고 있는 그녀로선 그것이 마지막 기회였으며, 따라서 선재를 선택하는 순간 그녀는 자신의 모든 것을 걸 수밖에 없었다.

"어둡고 위험해요. 조심하세요."

자신의 집에 이르는 어둡고 좁은 철제 계단 앞에서 선재는 혜원에게 이렇게 말한다, 〈밀회〉의 본격적 밀회가 시작되던 날이었다. 어둡고 가파른 그 계단은 혜원이 속한 세계와 선재가 속한 세상을 잇는 통로인 동시에 그 둘을 구분지어 주는 '경계'이기도 했다. 혜원이 그 계단을 올라 선재의 방으로 간다는 건, 그 경계를 넘어서는 일이며 곧 세상이 말하는 '불륜'의 금기를 위반하는 행위다. 혜원은 그러나 기꺼이 계단을 오른다.

어둡고 위험한 그 계단을 오르내리며 스무 살 어린 청년과의 밀회를 즐기는 중년 여성 혜원의 모습은, 불륜 등 대중적 소재와 사회 문화적 문제의식을 절묘하게 엮어 내온 작가 정성주의 작업들과도 겹쳐지는 것이었다. 주지하다시피 우리 사회는 TV 드라마에 엄격한 도덕성(윤리성)을 요구하는 한편 예술성(완성도)을 잣대로 자주 드라마를 폄하해 왔다. 그런데 〈밀회〉는 치명적인 불륜을 소재로 하고 있으면서도 클래식 음악의 영상화와 서사적 완성도 등에서 높은 수준의 예술적 성취를 이뤄 냈다. 그렇다고 해서, 이 드라마를 '예술 드라마'로 치켜세우며 TV 드라마를 '통속'의 늪으로부터 구제해 냈다는 식의 평가에는 동의하기 어렵다.

그와 반대로 〈밀회〉가 세련된 기술들로 위장하는 데 성공했을 뿐인 불륜 드라마였다고 하는 일부 주장에도 동의하지 않는다. 양자 모두 TV 드라마에 대한 편견에 기인한 평가일 가능성이 크기 때문이다.

〈밀회〉는 예술과 통속, 드라마와 드라마답지 않은 것 등 모든 경계 짓기 자체를 무의미하게 만드는 드라마다. 일반적으로 TV 드라마에 요구되는 도덕성과 대중성에 얽매이지 않았으며, 예술성 면에서도 고급과 저급의 경계 구분 자체를 무력화하는 데 일정 부분 성공한 드라마였다.

빈부와 세대를 초월하고 상식과 통념을 넘어 보다 나은 삶과 사랑을 찾아가는 혜원의 이야기 〈밀회〉는, 우리를 가둬 두고 있는 욕망과 금기를 다시 돌아보게 만든다. 이런 드라마를 놓고 우리가 다시 예술과 통속, 고급과 하위 문화를 구분 지으려 한다면, 그것 또한 우스운 일이다. 극 중 혜원은 클래식 음악계의 구조적 비리에 신물을 내며 이런 말을 했다.

"다 까불지 말라 그래. 음악이 갑이야!"

경계를 가로지르며 경계 자체를 우습게 만들어 버리는 그 지점에, 정성주 드라마의 재미와 의미가 존재한다. 조금 다른 것처럼 보이게 했을 뿐 결국 불륜 드라마에 불과한 것 아니냐는 비판과 놀라운 수준의 예술 드라마였다는 극찬까지, 드라마 〈밀회〉에 대한 평가의 진폭은 매우 크지만, 아마도 작가에게 이에 대한 소회를 묻는다면 그는 이렇게 대답하지 않을까, "다 까불지 말라 그래. 드라마가 갑이야!"라고.

||| 비드라마적 장면과 대사로 정면 돌파하는 박경수

작가 박경수는 1990년대에 데뷔했으나 2000년대 후반까지도 기성 작가와의 공동 집필 경험이 있을 뿐인 '중고 신인'이었다. 그러나 2012년 〈추적자 THE CHASER〉(SBS)에 이어 이듬해 〈황금의 제국〉(SBS)까지 히트하면서 그는 우리 시대를 대표하는 작가 중 한 명이 됐다. 그의 드라마는 보편적인 한국 TV 드라마들과 달리 멜로 서사에 결코 의존하지 않으며, 정치 경제적 문제를 과감하고도 치밀하게 다루어 대중의 호응을 얻어 냈다는 점에서 새롭고 가치 있는 것으로 평가되고 있다.

한국 TV 드라마에서 정치 소재 드라마가 주목받기 시작한 때는 1980년대의 "공화국" 시리즈가 출현하면서부터였다. 그러나 당시엔 정치 드라마를 방송한다는 것 자체만으로 화제가 되었을 뿐, 소재 선정부터 표현 방식에 있어서까지 많은 정치적 제약과 한계가 존재했었다. 현대사의 민감한 영역까지도 드라마의 소재로 다루어지기 시작한 것은 문민정부 시대의 개막 이후로, 그때부터 제대로 된 정치 드라마가 나오기 시작했다고 봐야 할 것이다. 1990년대 중반 이후 〈모래시계〉(SBS, 1995)와 〈야망의 전설〉(KBS, 1998)은 결코 하루아침에 나온 것이 아니었다는 얘기다.

작가 박경수의 드라마는 그런 의미에서 1990년대 송지나와 최완규류를 계승하는 것이기도 하다. 그럼에도 불구하고 2012년 〈추적자 THE CHASER〉와 2013년 〈황금의 제국〉이 우리에게 신선한 충격으로 다가올 수 있었던 이유는 무엇일까?

박경수의 드라마는 〈모래시계〉 같은 블록버스터급 영상미도 〈야망의 전설〉만큼의 휴먼 멜로 서사도 장착하고 있지 않다. 뿐만 아니라 상대적으로 더 어렵고 진지하다. 특히 기존의 정치 드라마에서도 결코 포기하지 못했던 남녀 간 러브 스토리를 과감히 생략하고 있다는 점에서, 시청률 확보는 상당히 어려울 것으로 예상되었다. 그런데 그의 드라마는 소재와 주제의 정치적 올바름 외에도, 연극적 장면화와 대사 의존적 스토리 전개로 남다른 주목을 받았으며 기대 이상의 호응을 얻어 냈다. 딸의 죽음 뒤에 은폐돼 있는 정경유착의 추악한 비리를 목숨 걸고 파헤치는 전직 형사의 복수극 〈추적자 THE CHASER〉, 건실한 사법 고시생이 거대 재벌의 탐욕에 희생된 아버지의 죽음을 계기로 스스로 괴물이 되어 그들의 세계에 뛰어들어 행하는 처절한 복수의 과정을 그린 〈황금의 제국〉. 두 드라마에서 가장 두드러진 것은 촌철살인의 대사였다. 특히 〈황금의 제국〉에서의 사건과 갈등은 실내 공간

내에서 벌이는 인물 간의 치열한 말싸움으로 거의 다 채워지고 있었다. 이 드라마는 '거대한 밀실극'이라는 별칭을 얻었을 정도로, 대부분의 장면이 거실과 식탁, 사무실 등 한정된 실내에서 전개되었다.

TV 드라마가 대중 서사를 시청각 기호로 전달하는 영상 매체라는 사실을 상기할 때, 연극적 장면 구성과 대사 의존적 스토리 전개는 TV 드라마의 보편적 매체 미학을 다분히 배반하는 방식이었다. 그런데도 이 드라마는 대중으로부터 외면받기는커녕 오히려 그로 인해 보다 주목을 받았다.

> "그들이 같은 식탁에 앉는 건 가족이라서가 아닙니다. 먹잇감이 식탁에서 오가기 때문이죠."

주인공 태주가 한 이 대사는 연극적 장면 구성과 대사 의존적 스토리 전개가 작가 박경수의 의도된 스토리텔링 전략일 수도 있음을 시사한다. 자본주의적 욕망에 포획돼 있는 지금 우리 사회를, 그는 '먹잇감을 노리고 모여든 재벌가의 식탁'으로 압축해 보여 준 것이다.

물론 그러한 시도에 대해 긍정적 반응만 있었던 것은 아니다. TV 드라마는 영상 매체인데 연극처럼 한정된 공간 내에서 배우의 대사들로 대부분의 스토리를 전개시켜 가는 것이 과연 적절한가 하는 지적도 없지 않았다. 〈황금의 제국〉의 대사들은 너무 직설적이어서 드라마틱하지 않으며, 시청자와의 이른바 '밀당을 허용하지 않는' 대사들이어서 문제적이라는 평도 있었다.

반면 박경수 작가 특유의 함축적 대사에 매료되었으며, 말만으로 많은 것을 구현해 내는 이른바 '대사발'에 점차 빠져들게 됐다는 반응이 쏟아지며 TV 미니시리즈로선 이례적으로 방송 초반보다 중후반에 더 높은 시청률을 기록하는 이변을 낳았다. 결말에 가까워질 무렵엔, 너무 함축적인 대사가 반복되어 "질린다"는 반응도 없진 않았으나, 어쨌든 박경수 드라마의 화제의 중심은 늘 '대사'였으며, 작가는 최종회까지 결코 그러한 논란을 빗겨가지 않았다.

"설득은 말로 하는 게 아니다. 힘으로 하는 것이나."

극 중 재벌 후계자 서윤이 남주인공 태주에게 했던 이 말은, 이 드라마가 취한 대사 의존적 전개 방식을 떠올려 볼 때 더욱 흥미로운 대사다. '말'로 하는 게 아니라면서, 작가 자신은 끝까지 시청자 대중 앞에 말의 성찬을 차려 내었다. 대사로 거의 모든 상황을 정면 돌파해 내는 스토리텔링 방식을 고수한 것이다.

이렇게 많은 대사를 쏟아 내며 인물과 인물이 팽팽히 맞서는 장면들은 김영현·박상연 작가의 〈뿌리 깊은 나무〉(SBS, 2012)에서도 볼 수 있는 것이었다. 세종 이도와 정기준이 정치에 대해 논쟁하는 장면이 그랬고, 강채윤과 이도가 백성에 대해 논할 때도 그러했다. TV 드라마의 한 장면으로선 지나치게 긴 시간을 다분히 관념적인 대사들로 채워 낸 그러한 장면들은 드라마 〈뿌리 깊은 나무〉의 주제, 즉 작가들이 이 드라마를 통해 세상에 던지고자 한 물음을 가장 직접적으로 토해 놓는 장면들이기도 했다. 그런데 그것은 TV 드라마의 스토리텔링 전략으로선 그다지 효과적이지 않은 방식으로 알려져 온 것이었다. TV는 시청각 매체이며 드라마는 가장 대중적인 서사 양식 중 하나이므로, 대사로 모두 풀어내기보다는 인물의 행동과 영상적 장면들로 구현해 낼 때

보다 더 효과적이기 때문이다. 그럼에도 불구하고 〈뿌리 깊은 나무〉의 일부 장면에서는 다분히 직설적이거나 혹은 관념적인 언어로 인물의 내면을 드러내고 스토리를 진전시키는 스토리텔링을 구사했다. 그들은 정치란 무엇인지, 국가란 무엇인지 직접적으로 묻고 답했으며, 이 드라마에 대한 대중의 호응은 상당히 긍정적이었다.

박경수 작가의 시도는 그런 점에서 김영현·박상연의 경우를 계승한 것이었다고도 볼 수 있다. 그러나 앞선 두 작가는 드라마의 일부 몇 장면에서 그러한 시도를 했으며, 그에 대한 대중의 호응 또한 해당 드라마 전체에 대한 긍정적 반응과 명확히 구분해 내기 어려운 것이었다는 점에서, 새로운 드라마 스토리텔링 방식의 승리였다고 보기는 어려웠다. 반면 박경수는 드라마 전체에 그러한 스토리텔링 전략을 구사해 일정한 호응을 얻어 내는 데 성공했다. 전작인 〈추적자 THE CHASER〉에서보다 〈황금의 제국〉에서 대사 의존적이며 연극적인 장면 구성법이 더욱 강화된 것으로 보아, 그러한 스토리텔링 전략은 작가의 의도된 선택이었다고 봐야 할 것이다. 즉 박경수는 이제까지의 TV 드라마가 보편적으로 추구해 온바 영상 매체에 적합한 스토리텔링 전략과는 완전히 상반된 방식으로, 자신만의 드라마 제국을 구현해 낸 것이다.

결코 TV 드라마적이지 않은 방식으로 자신의 드라마 세계를 구축하고 있다는 점에서, 박경수의 그러한 작업은 또 다른 경계 허물기의 긍정적 사례가 될 수 있을 것이다. 그는 정치 사회적 소재의 한계뿐 아니라 표현 방식에 있어서도 "TV 드라마는 이래야 한다"는 기존의 상식과 통념을 넘어섰다.

페이스북 비평 그룹 "드라마의 모든 것"에서는 2013년의 작가로 박경수를 선정하는 데 크게 주저하지 않았다. 〈나인: 아홉 번의 시간 여행〉의 송재정은 기욤 뮈소의 소설에서 영감을 얻은 작품으로 표절 시비로부터 완전히 자유롭지는 못했다는 점에서, 〈응답하라 1994〉의 이우정 작가는 여러 작가들과의 집단 창작이었다는 점에서 〈황금의 제국〉의 박경수에게 밀렸다. 박경수 작가는 TV 드라마에서 시도하기 어려운 새로운 스토리텔링 전략으로 대중의 호응을 얻어 냈다는 점에서 보다 많은 지지를 얻었다. 연극적 공간 설정과 대사 의존적 스토리 전개 등 박경수 드라마의 스토리텔링 전략에 대한 논란은 여전히 이어질 것이다. 그러나 그가 기존의 상식과 통념에 얽매이지 않은 도전으로 TV 드라마의 외연을 확장시키는 데 성공했다는 사실 또한 누구도 부인할 수 없을 것이다.

||| 일상과 비일상, 보편과 파격을 넘나드는 박지은

TV 드라마는 일상적이며 보편적인 이야기를 다루는 대표적 대중 서사물이다. 최근 들어 팩션과 판타지 등 비일상적인 소재나 양식을 취하는 드라마가 증가하고 있지만, 여전히 더 많은 수의 드라마는 '지금 여기'의 보편적 일상을 극화하고 있다. 특히 중장년층을 대상으로 보통 3개월에서 6개월까지 스토리를 길게 이어 가야 하는 주말극이나 일일극에서는 여전히 일상을 소재로 한 가족 멜로드라마가 지배적이다.

그런데 드라마란 일상 그 자체만으로 구성될 수 없는 것이기도 하다. 일상을 이야기하기 위해선 일상의 평온을 깨는 비일상적 상황이 발생해야 하며, 일상의 안녕을 위협하는 파격의 사건을 통해 드라마는 비로소 '드라마틱'한 드라마가 된다. 하지만 비일상적이며 파격적인 사건을 개연성 없이 마구 동원하게 되면 이른바 '막장드라마'가 되고 만다. 따라서 드라마 작가의 능력은 일상과 비일상, 보편과 파격 사이를 얼마나 요령 있게 오가며 TV 드라마 특유의 길고 긴 서사를 설득력 있게 이어 가느냐에 달려 있다 해도 과언이 아닐 것이다.

작가 박지은이 주목되는 이유는 바로 여기에 있다. 그는 2012년 50부작 주말연속극 〈넝쿨째 굴러온 당신〉(KBS)에서 주말 드라마의 보편적 스타일인 가족 멜로 양식을 계승하면서도 새로운 세대의 가치관을 적절히 제시하는 데 성공했으며, 자극적 설정 없는 건강하고 유쾌한 가족 서사를 완성해 냈다는 점에서 특히 주목되었다. 그러나 그는 이미 2009년 〈내조의 여왕〉(MBC)과 2010~2011년 〈역전의 여왕〉(MBC)으로 대중성과 사회성을 적절히 결합시키는 데 성공한 작가였으므로 〈넝쿨째 굴러온 당신〉의 성공은 전혀 뜻밖은 아니었다.

그런데 2013년 말 〈별에서 온 그대〉는 전혀 다른 모습으로 우리를 놀라게 했다. 외계인에 시간 여행까지, 일상과는 거리가 아주 멀어 보이는 판타지 로맨스였기 때문이다. 대개의 작가들은 가족, 멜로, 트렌디 드라마 중 어느 한 장르에서만 특별한 재능을 발휘하는 데 반해, 그는 몇 해 안 되는 짧은 기간 동안 서로 다른 형식과 장르의 드라마를 모두 성공시킨 별종이다. 우리 드라마사를 통틀어도 작가 박지은처럼 여러 장르를 넘나들며 모두 성공시킨 작가를 찾기는 쉽지 않다. 전 세대의 정서와 가치관을 고르게 대변하며 무리 없이 담아내야 하는 주말 연속극과, 내용과 형식 면에서 보다 트렌디한 감각을 발휘해야 하는 미니시리즈를 한 명의 작가가 연이어 성공시킨다는 건 결코 흔한 일이 아니다.

박지은은 각 장르에서 요구하는 디테일을 모두 잘 살려 내는 동시에, 기존 드라마의 상투성을 살짝 뛰어넘는 새로움으로 대중을 사로잡는 데 성공했다는 점에서 더욱 주목되는 작가다. 물론 외계인과 시간여행이라는 설정은 더 이상 새롭지 않은 것일 뿐 아니라 오히려 극의 개연성을 해칠 수도 있는 요소였다. 그럼에도 불구하고 이 드라마가 대중의 공감을 얻어 내는 데 성공한 것은 배우들의 뛰어난 연기와 감각적 연출력의 도움도 컸지만, 무엇보다 새롭고 매력적인 이야기의 힘 때문이었다고 판단된다. 〈별에서 온 그대〉는 장르적으로는 로맨틱 코미디에 가깝지만 유머와 로맨스, 미스터리와 판타지, 그리고 범죄 수사물을 연상시키는 선악 대립의 서스펜스까지 적절히 결합하고 있다. 또한 프롤로그와 에필로그 장면을 새롭게 활용해, 수백 년을 살아온 주인공 도민준의 과거사는 물론 극 중에선 드러나지 않은 그의 내면을 적절히 보여 주기도 했다. 이러한 방식은 부분적으로는 분명히, 이제까지의 보편적 드라마 스토리텔링 기법과는 다른 새로운 시도였다.

〈별에서 온 그대〉가 상대적으로 더 새롭게 느껴지는 이유는, 이 드라마가 가볍게 즐기며 볼 수 있는 트렌디풍 드라마임에도 불구하고 시간과 공간과 인간 존재에 대해 문득 문득 생각하게 만드는 순간들도 포함한 드라마였기 때문일 것이다. 우리에게 TV 드라마는 흔히 두 가지로 나뉜다, 가볍게 소비하는 드라마와 인간과 세상에 대해 성찰하게 하는 드라마. 물론 TV 매체의 오락과 위안의 기능을 폄하할 수 없으며, 따라서 즐겁게 소비되는 드라마의 가치도 소중한 것이지만, 그와 동시에 이 드라마가 인간과 세상에 대한 성찰의 시간도 함께 제공해 준다면 얼마나 고마운 일인가. 〈별에서 온 그대〉는 그런 의미에서 더 반가운 드라마였을 수 있다.

"인생은 인간이 철들 만큼 그렇게 긴 시간이 아니었습니다."

도민준은 첫 회에서 이런 독백을 했고, 마지막 회에선 다음과 같은 말로 마무리한다.

"한 발 떨어져서 본 지구인의 삶은 한심하고…… 허무했어. 그런데 죽음을 생각하고 나서 깨달았어. 죽기 위해 사는 사람은 없어. 살아가는 그 순간이 중요한 거였어."

낯선 별에서 온 그의 눈을 빌어, 작가는 결국 지금 여기에서의 삶과 인간관계가 얼마나 소중한지 말하고 있었다. 외계인이 등장하고 시공간 이동과 같은 판타지적 설정을 동원하고 있는 드라마임에도 불구하고 이 드라마의 새로움이나 재미 못지않게 상투성에 대한 논의도 심심치 않게 제기되었던 이유가, 바로 이러한 작가 의도와 관련되어 있는 것이라고 판단된다. 작가가 이 드라마를 통해 말하고자 하는 바는 상투적이리만큼 보편적인 일상의 소중함이었던 것이다.

특히 마지막 회의 엔딩 신, 사라졌던 도민준이 천송이의 침대 옆에 불쑥 나타나 마치 잠시 외출하고 돌아온 사람처럼 "나 다녀왔어"라고 하던 그 장면에 대해서는, 해피엔딩이어서 만족한다는 의견 못지않게 너무 상투적인 결말이었다는 지적이 적지 않았다. 그러나 드라마를 통해 지속적으로 일상의 소중함을 이야기해 온 박지은 작가로선, 그런 결말이 가장 그다운 결말이었을 수 있다.

일상의 소중함, 함께 살아간다는 것의 가치를 무엇보다 강조하고 있다는 점에서 〈별에서 온 그대〉와 〈넝쿨째 굴러온 당신〉은 크게 다르지 않다. 물론 〈별에서 온 그대〉의 외계인이나 시간 여행 같은 판타지적 설정과 〈넝쿨째 굴러온 당신〉의 이른바 '시월드'가 보여 주는 일상적 에피소드 사이에는 엄청난 거리가 존재한다. 그런데 그게 바로 작가 박지은 드라마의 특징이다. 그는 마치 시공을 넘나드는 도민준처럼 일상과 비일상, 보편과 파격 사이를 오가며 결국 자신이 하고자 하는 이야기를 완성해 내고 있다.

그러다 보니 박지은의 드라마는 늘 전체가 아닌, 부분만 새롭다. 기존 드라마의 클리셰를 기반으로 하면서 거기에 새로운 설정을 더해 현대적 가치를 설득력 있게 전달한다. 반복과 변형은 드라마와 같은 대중 서사물의 핵심적 미학인데, 박지은의 드라마 스토리텔링이 그것을 가장 적극적으로 구현하고 있다.

〈넝쿨째 굴러온 당신〉의 윤희라는 인물을 예로 보자. 시댁 식구들과 얽히기 싫어 고아와의 결혼을 택한 그녀는 지금 우리 사회의 젊은 여성의 입장과 바람을 적나라하게 드러낸다. 그럼에도 불구하고 하루아침에 시부모와 시동생들이 줄줄이 달린 '시월드'에 입성하게 되며, 우여곡절 끝에 그녀도 진정한 가족의 일원이 된다. 결과적으로, 극 초반 여주인공의 파격적이리만치 진보적인 가치관은 가족 관계의 소중함을 상조하기 위한 이데올로기적 전략에 농원된 것이었다고도 말할 수 있다. 하지만 진짜 드라마는 시작과 끝이 아니라 그 가운데 과정에 존재한다. 새로운 가족들과의 크고 작은 부딪힘을 해결해 가는 과정에서 윤희는 가부장적 가족 이데올로기에 끊임없이 균열을 낸다. 가족 내 위계에 대한 의문을 제기하고, 젠더 해방적 대안을 나름대로 제시하기도 한다. 그녀로 인해 제일 먼저 변하는 것은 남편 귀남이었다. "아내인 윤희가 동생들에게 존댓말을 하니 저도 처남에게 존댓말을 해야 할 것 같아요"라던 귀남의 대사는, 오랜 세월 당연한 듯 지켜온 한국의 가족 질서에 사소하지만 근원적인 물음을 던지는 것이기도 했다.

하지만 박지은은 결코 혁명적인 변화를 시도하진 않는다. 한 발 한 발 이상을 향해 나아가고 있을 뿐이다. 〈별에서 온 그대〉가 보다 개인적이며 파격적인 서사로 일상적 공간과 시간과 그 속에서의 삶을 다시 바라보게 했다면, 〈넝쿨째 굴러온 당신〉은 주말 드라마답게 다양한 세대의 눈높이에서 인간관계와 삶을 성찰케 하고 있었다.

어릴 때 잃었던 아들 귀남을 찾게 된 이후, 어머니 청애는 왠지 아들이 어렵게 느껴진다. 어머니인 자신보다 아내인 며느리와 더 가까운 것처럼 보이는 아들에 대해 섭섭한 마음이 든다며, 그녀는 시어머니에게 하소연을 한다. 그때 귀남의 할머니인 시어머니는 "조금씩 일상을 함께하며 가까워지는 게 좋다"면서 다음과 같이 말한다.

> "니 아들이고 내 손주이긴 하지만 같이 있어 본 시간이 적으니 어쩌겠어. 그냥 이렇게라도 천천히 사귀어 가야지…… 너 친구 사귈 때 어떡하니? 그저 될 수 있으면 많이 만나고, 또 밥도 같이 먹고. 웃을 일 있으면 같이 웃고. 성낼 일 있으면 성내고, 속도 터놓고 그러잖니? 귀남이든 새애기든 그렇게 천천히 다가가면서 친해져야지."

〈별에서 온 그대〉의 파격을 대표하는 외계인이자 시간 여행자 도민준도, 박지은 월드에서는 소소한 일상의 소중함을 추구하는 인물로 변화해 간다. 천송이를 사랑하게 된 그는 "수백 년간 한 번도 남들과 같은 일상을 살아 보지 못했던" 자신의 삶을 처음으로 후회하며, 이런 독백을 하고 있었다.

"소소한 아침과 저녁을 누군가와 함께 나누고
어떤 사람이 기다리는 집으로 돌아가고
한 사람을 좋아하는 마음을 진심으로 표현해 보고 그런 것……
백 년도 못 사는 인간들은 다 하고 사는
그래서 사소하다고 비웃었던 그런 것들……
그 작고 따뜻하고 아름다운 일상의 모든 것들이
이제 와 하고 싶어졌습니다."

－〈별에서 온 그대〉 9회

아마추어 시인이 쓴 듯 상투적인 감상문이다. 그러나 이곳 지구에 불시착해 수백 년을 살아온 외계인 도민준의 독백이기 때문에 새로울 수 있다. 그의 눈과 마음을 통해 작가는 우리에게 삶과 사랑을 새삼 소중하게 바라보도록 한 것이다.

박지은의 드라마는 이렇듯 묘하게 상투적이면서도 새롭고, 새로운 듯하면서도 보편적이다. 일상과 비일상, 보편과 파격을 누구보다 자연스럽게 오가는 방식으로 그는, TV 드라마의 보편적 미학을 계승하는 동시에 새로우며 더러는 진보적인 우리 시대의 서사를 구축해 내고 있다. 현역 작가들 중 앞으로도 꾸준히 TV 드라마를 쓸 것이며 계속해서 일정 수준 이상의 드라마를 써 줄 것 같은 작가로, 중견 작가들 다수는 박지은 작가를 지목하고 있다. 지금 한국의 드라마 장은 내적으로는 물론 외적으로도 급속히 변화해 가고 있지만, 그럼에도 불구하고 TV 드라마는 다른 어떤 콘텐츠보다 보편적이며 일상적인 이야기를 담아내는 대중적 텍스트로 존재할 것이 분명하기 때문이다.

||| 장르 경계를 횡단하는 낭만적 리얼리스트 이우정

2012년 〈응답하라 1997〉(tvN)의 성공은 여러모로 신선한 충격이었다. 복고적 소재에 젊은 시청층이 열광했으며 당시로선 드문 케이블 드라마의 성공이란 점에서, 그리고 예능 프로그램 작가와 연출자로 이미 알려져 있는 제작진이 처음 시도한 드라마라는 사실도 화제가 됐다. 그들이 〈1박 2일〉, 〈남자의 자격〉 등 지상파의 대표적 예능 프로그램을 제작해 온 팀이라는 사실은 이 드라마에 대한 대중의 친근감을 더해 줬고, 2013년 〈응답하라 1994〉(tvN)가 속편은 성공하기 어렵다는 징크스를 깨며 전작보다 더 높은 시청률을 보이자 이 시리즈의 작가팀에 대한 관심은 더욱 증폭되었다.

이우정 작가를 대표로 하는 5명의 예능 작가들. 이들은 이미 방송된 두 시즌의 드라마를 통해 한국 드라마 장에 적지 않은 변화를 불러일으켰다. 흔히 '메인'과 '서브' 그리고 '자료 조사' 혹은 '보조 작가'라 불리는 예능 프로그램의 작가팀이, 드라마만 써 온 인기 기성 작가의 작품보다 더 재미있고 작품성도 있는 드라마를 선보였다는 사실에 대중은 환호했다.

방송 제작 현장에서 드라마와 예능 프로그램 간에는 분명한 경계가 존재해 왔었다. 〈응답하라 1997〉의 연출자 신원호 PD도 지상파를 떠나 케이블 채널로 옮겨와서야 비로소 예전부터 해보고 싶었던 드라마 제작을 시도할 수 있었다고 밝혔을 정도로, 현장 종사자들이 느끼는 장르 간 장벽은 상당히 견고하게 유지돼 왔다. 대중 역시 드라마와 예능을 다르게 인식해 왔으며 따라서 프로그램의 수용과 해석에 있어서도 적지 않은 차이가 존재했다. 그러나 "응답하라" 시리즈는 시트콤

같기도 하고 예능 리얼리티 쇼의 장면들도 닮아 있으면서, 우리가 흔히 TV 드라마에서 기대하는 낭만적 로맨스도 충족시켜 주는 새로운 드라마로 대중의 이목을 사로잡았다.

한 명 이상의 작가가 드라마를 함께 집필한 것은 물론 이우정 팀이 처음은 아니다. 송지나의 〈달팽이〉(SBS, 1997)와 〈카이스트〉(SBS, 1999~2000)처럼 보조 작가들을 공동 집필 수준으로 적극 참여시킨 예도 있고, 〈히트〉(MBC, 2007)에서부터 〈선덕여왕〉(MBC, 2009) 〈뿌리 깊은 나무〉(SBS, 2012)를 계속 공동 집필한 김영현과 박상연도 있다. 이선미·김기호나 장영철·정경순과 같은 부부 작가와 홍진아·홍자람, 홍정은·홍미란 등 자매 작가도 존재한다. 1990년대 이후론 다양한 형태의 공동 집필이 시도되어 왔으며 최근 급속히 증가하고 있어 공동 집필이 더 이상 특수한 것으로 받아들여지지도 않게 되었다. 하지만 이우정 팀은 〈1박 2일〉과 〈남자의 자격〉 등 예능 프로그램으로 호흡을 맞춰 온 5명의 작가가, 예능 프로그램 제작 당시와 같은 방식의 집단 창작 시스템을 드라마에도 그대로 적용했다는 점에서, 이제까지의 드라마 공동 창작과는 또 다른 시도였다.

새로운 집필 시스템의 수행 그 자체만이 아니라, "응답하라" 시리즈는 그러한 차이들이 빚어 낸 드라마의 새로움과 다양성 때문에 더욱 우리의 주목을 끌고 있다. 드라마 텍스트 내적으로도 "응답하라" 시리즈는 한국 TV 미니시리즈의 보편적 형태와는 다른 구조를 지니고 있는데, 이는 예능 팀 특유의 공동 집필 방식과 밀접한 관련이 있다고 판단되기 때문이다. 기획회의에서부터 자료 조사, 캐릭터 설정과 에피소드 구성 등 전 과정을 여럿이 함께 논의하며 말 그대로 집단 창작을 실천한 결과, "응답하라" 시리즈의 등장 인물 캐릭터는 보편적 드라마 캐릭터보다 다소 과장된 예능 시트콤의 인물들과 유사해졌다. 또한 극 중 에피소드는 여러 작가의 자료 조사와 경험담을 통해 일반적인 드라마 서사에서보다 훨씬 구체적이며 다양한 것으로 구성되었다. 1990년대의 아이돌 팬덤과 IMF 경제 위기, 그리고 대학가 하숙촌의 공동체적 일상 등 복고적인 소재들을 자료에 근거한 구체적 에피소드들로 채워 드라마의 리얼리티를 확보하는 한편, 첫사랑 판타지를 극대화한 감성 서사로 메인 플롯을 구축해 기성세대와 젊은 세대 모두에 소구하는 복고적 감성 드라마를 완성해 냈다.

한편으론 "응답하라" 시리즈도 기존의 한국 드라마가 보편적으로 추구해 온 '첫사랑 신화'를 계승하고 있다는 점에서, 그리 새로울 것은 없지 않느냐는 반론도 존재한다. 리얼리티 면에서 기성 드라마의 단점을 상당 부분 보완하고 있으며 예능 시트콤 서사의 장점을 드라마에 적절히 활용해 대중을 사로잡았지만, 서사의 핵은 역시 보편적 드라마와 다름없는 멜로 라인으로 채워져 있으며 첫사랑 판타지를 극대화하고 있다는 얘기다. 어디서 본 듯한 익숙한 경구들과 설명적인 내레이션도 이 드라마에 쏟아진 '새로움'과 '도전'이라는 찬사와는 다소 거리가 있어 보인다.

"로맨스가 지나면 생활이 온다."

"산다는 건 선택이다."

"칠십억 지구에서 내가 좋아하는 사람이 나를 좋아해 줄 확률이란 얼마나 될까. 지금 내게 어쩌면 기적이 일어날지도 모르겠다."

"무언가 이루는 데 걸리는 시간은 약 1만 시간이라고 한다. 사랑도, 일도 마찬가지다. 지금이 때가 아니면, 기다려야지. 끝날 때까지는 끝난 게 아니다."

"청춘이 힘겨운 건 모르는 것들 투성이이기 때문이다. 도무지 뭘로 채워야 할지 모르는 빈칸들이 눈앞에 수두룩한 시험 시간 같다고나 할까. 돌아보면 그 빈칸들에 정답은 없었다."

하지만 우리가 TV 드라마를 보는 이유가 결국 삶과 사랑, 세상과 인간에 대한 보다 많은 이해와 교감이라고 보면, 익숙함은 곧 친밀감으로 다가온다. 이른바 '막장'이라 불리는 드라마들에서 즐겨 다루는 폭력적이고 파괴적인 극적 요소들과 비교해 볼 때, "응답하라" 시리즈의 첫사랑에의 집착은 오히려 장점으로 해석될 수 있다. 사람과 사람 간의 순수한 교감은 자주 첫사랑과 같은 순수한 사랑의 형태로 묘사된다. 우리가 드라마에서의 첫사랑이 이루어지길 바라고 그 사랑이 영원히 지켜지길 바라는 것도 극 중 사랑이 그런 상징적 의미를 지니고 있음을 알고 있기 때문이다. 이우정 팀이 그리는 드라마 속 첫사랑도 그런 의미의 사랑으로 받아들여졌다. 1990년대 중반 전국 각지에서 청운의 꿈을 안고 모여든 신촌 하숙집 사람들이 보여 준 관계는 이제는 찾아보기 힘든 순수한 공동체를 재현한 것이며, 그들의 우정과 사랑의 여정은 첫사랑에 대한 우리의 기대와 바람을 닮아 있는 것이었다. "응답하라" 시리즈가 거듭해 온 첫사랑에의 집착은 이런 의미에서, 진부한 것으로 치부되기보다는 클리셰의 성공적 활용 사례로 평가되어야 할 것이다.

요컨대 "응답하라" 시리즈는 1990년대의 디테일한 일상 문화를 적극 동원함으로써 극적 리얼리티를 성공적으로 확보해 내는 동시에, 첫사랑 신화를 적극 동원하여 TV 드라마에 대한 대중의 판타지를 충족시킨 성공적 사례라 할 수 있다.

작가 이우정 팀은 지극히 낭만적인 리얼리스트들이다. 지난 시절을 소재로 하고 있지만 팩션 드라마처럼 과거로부터 엄청난 역사적 의미를 길어 내는 것도 아니고, 시공을 넘나드는 판타지 드라마의 작가들처럼 거창한 공상도 하지 않는다. 가슴엔 여전히 순수한 첫사랑과 같은 보편적 감정을 지닌 상태로, 우리가 어디서 온 어떤 사람들인지, 사랑한다는 것과 산다는 것은 무엇인지 얘기해 준다.

아울러 드라마로 넘어 가 성공을 거둔 뒤에도 예능과 드라마 장을 오가며 창작 활동을 이어 가고 있는 이 작가팀의 행보는 대중에게 보다 큰 즐거움을 선사하고 있다. 〈응답하라 1997〉 이후엔 〈꽃보다 할배〉로, 〈응답하라 1994〉 이후엔 다시 〈꽃보다 누나〉로, 장르 간 경계를 넘나들며 우리 TV 드라마사에 전례 없는 성과를 기록해 내고 있다. 물론 이들이 예능과 드라마를 번갈아 집필 제작할 수 있었던 데엔, 양쪽 모두에서 기대 이상의 시청률을 얻었기 때문이고 또 최근 한국 예능 프로그램이 국내외에서 높은 인기를 끄는 이른바 '예능 한류' 현상 덕분이기도 했다. 그러나 모두가 이우정 팀처럼 도전과 성공을 이뤄내진 못했다. 그런 의미에서 이우정 작가팀의 최근 몇 해간의 활약상은 경계 허물기의 바람직한 사례가 아닐 수 없다.

"응답하라" 시리즈는 '대중과의 소통'에 있어 일반적인 예능 프로그램이나 TV 드라마와는 다른 적극성을 띠고 있다는 점에서 더욱 의미가 있다. 이른바 '관객과의 밀당'은 이 드라마 시리즈만의 특징적인 스토리텔링 방식이었다고 해도 과언이 아니다. 〈응답하라 1997〉에서, 두 형제가 한 여성을 사랑한다는 설정 자체는 기존의 무수한 드라마에서와 다를 것 없었다. 그러나 과연 둘 중 누가 그녀의 남편이 될 것인가를 놓고 대사 한 마디 소품 한 점을 통한 복선과, 카메라 앵글을 통한 절묘한 감추기 혹은 드러내기 등으로, 제작진과 시청자가 마치 보물찾기를 하듯이 혹은 스무고개 수수께끼 놀이를 하듯이 이른바 '밀당(밀고 당기기)'의 서사를 이어갔다. 사실에 근거한 것이어야 한다는 리얼리티 쇼 구성의 기본 원칙과, 매 순간 어떤 의미로든 재미있어야 넘어갈 수 있다는 예능 프로그램 제작진으로서의 본능적 '끼'가, 대중과 보다 적극적으로 소통하고자 하는 그러한 내러티브 전략을 구성해냈다고 판단된다. 〈응답하라 1994〉에서도 마찬가지로 여주인공 나정의 남편감을 둘러싼 '시청자와의 밀당'이 이어졌다. 심지어 〈응답하라 1994〉에선 방송 기간 중 연출자가 언론과의 인터뷰를 통해 "시청자 반응을 봐가며 나정의 남편을 최종 결정하겠다"고까지 밝혀, 드라마에 대한 대중의 참여와 몰입도를 상승시켰다. 극중 나정의 첫사랑 '쓰레기'를 지지하는 시청자와 나정을 짝사랑하는 '칠봉이'를 지지하는 시청자로 시청자 그룹이 두 파로 나뉘기도 했다.

이러한 스토리텔링 전략은, 이우정 작가가 창작자로서의 고유한 아우라 창조보다는, 공동 집필자들과의 소통과 나아가 시청자 대중과의 공감에 보다 큰 가치를 두고 있음을 입증한다. 그런 작가 의도가 전달되어서일까, 이 드라마에 대해서는 여주인공 남편감을 놓고 지나치게 이야기를 늘이거나 반복하고 있다는 비판이 제기되지 않았다. 시청률에 따라 드라마의 횟수를 늘이거나 줄이고 애초의 구상과는 다른 쪽으로 스토리를 변경하는 경우가, 이제까지 우리 드라마에 가해진 가장 흔한 비판 요소였음 상기할 때, "응답하라" 시리즈에 대한 대중의 이러한 반응은 확실히 새롭고 의미 있는 변화가 아닐 수 없다. 이우정 작가팀은 기존의 드라마에서와는 다른 스토리텔링 전략과 장르 경계를 넘나드는 문화 실천을 통해 대중과의 소통에 성공한 것이다.

||| 도전하는 작가들, 진화하는 드라마

한국의 TV 드라마는 최근 몇 년 새 급격히 변화하고 있다. 그간 주로 가족극과 멜로극에 치중해 왔다면 최근에는 추리, 수사, 의학 등 전문직 드라마와 정치 사회적 소재의 사회파 드라마, 역사 팩션과 판타지 등 장르의 다양화가 활발히 전개되고 있다. 또한 거의 모든 장르에 존재했던 멜로 라인에의 의존도도 눈에 띄게 약화되고 있다. 이러한 변화는 매체 환경과 사회 문화적 여러 조건들에 의한 것이기도 할 것이다. 그러나 이 글에서는 드라마의 내용과 형식을 보다 직접적으로 결정하는 작가의 활동에 주목해, 최근 3년간 그들이 우리 드라마에 일으킨 변화의 양상과 의미를 살펴보았다.

예술과 통속의 경계를 유희하는 정성주, 비드라마적 장면과 대사로 정면 돌파하는 박경수, 일상과 비일상, 보편과 파격을 오가는 박지은, 장르 경계를 가로지르는 이우정 등…… 그들은 각기 다른 의미에서 기존의 상식과 통념을 깨는 '경계 횡단'적 창작 활동을 통해 우리 드라마에 변화를 불러일으키고 있었다. 여기서 미처 다 언급하지 못한 작가들 가운데도 〈나인: 아홉 번의 시간 여행〉(tvN, 2013)으로 판타지 드라마의 성공적 전형을 구축했다고 평가되는 송재정과, 고전의 원형 서사에 청춘 트렌디와 판타지를 솜씨 있게 버무린 〈구가의 서〉(MBC, 2013)의 강은경, 로맨스와 범죄 스릴러 등이 융합된 〈너의 목소리가 들려〉(SBS, 2013)로 복합장르 드라마의 가능성을 보여 준 박혜련, 로맨틱 코미디와 휴먼 드라마에 스릴러를 융합하고 '미드'식 옴니버스 구성을 더한 〈주군의 태양〉(SBS, 2013)의 홍자매(홍정은 홍미란) 등 일군의 작가들이, 장르 융합과 장르 경계 횡단을 통해 우리 드라마에 새로움과 다양성을 더해 주었다.

현재 방송작가협회에 소속돼 있는 드라마 작가는 500여 명이며, 한 해 평균 50편 이상의 TV 드라마가 방송되고 있으니, 여기서 언급한 몇몇 작가의 도전은 극히 일부의 현상일 수도 있다. 그러나 최근 드라마 장에 새로운 변화를 일으키고 있는 이들이야말로 진정한 우리 시대의 작가라 불릴 만하다.

그들은 우리 드라마에 새로움과 다양성을 불러오고 있다. 최근 우리 TV에서도 본격 장르 드라마의 시대가 개막되기 시작했으며, 러브스토리에 의존하는 경향이 과거에 비해 상대적으로 감소한 반면 정치 사회적 이슈를 보다 드라마틱하게 다루어 완성도를 높인 '사회파 드라마'도 증가하고 있다. 과거에는 심각한 사회적 문제를 다룬 드라마나 복잡한 추리 구조로 이루어진 장르 드라마가 대중의 외면을 받았고, 그런 드라마는 편성되기 어려웠기 때문에 작가로선 기획조차 해보기 힘들었다. 그러나 최근 몇 년 사이 장르 드라마와 정치적 사회적 사건을 소재로 한 사회파 드라마도 적지 않은 시청률을 확보하는 시대가 되었고, 질적 완성도 면에서도 높은 평가를 받고 있다. 2014년 상반기에도 〈갑동이〉(tvN), 〈신의 퀴즈 4〉(tvN), 〈신의 선물—14일〉(SBS) 등 다양한 장르물이 선전하고 있으며, 〈쓰리 데이즈〉(SBS), 〈골든 크로스〉(KBS2), 〈개과천선〉(MBC) 등 사회적 메시지를 강화한 드라마 다수가 대중의 주목을 받았다.

어떤 드라마는 즐거움과 위안을 주며 가볍게 소비되고, 어떤 드라마는 인간과 세상과 삶에 대해 보다 진지한 성찰을 이끌어 내기도 한다. 즐거움과 위안을 주고 곧 잊혀지는 드라마도 TV 드라마로서 나름의 의무를 한 것으로 평가될 수 있다. 그런 의미에서 지나치게 작가주의에 경도된 드라마 평가엔 동의하기 어렵다. 그럼에도 불구하고 우리가 최근 새롭게 부상하고 있는 장르 드라마와 사회파 드라마에 대해 좀 더 주목하게 되는 까닭은, 그것이 이제까지 정치 사회적 제약 때문에 시도되지 못하였거나 낮은 시청률 때문에 제작진 스스로 도전을 꺼렸던 것들이기 때문이다. 또한 그 드라마들은 우리에게 즐거움과 위안을 주는 데 그치지 않고 인간과 세상을 성찰케 해주기 때문일 것이다.

그런 의미에서 우리는 새로운 도전을 두려워하지 않는 작가들의 활동에 앞으로도 더 주목해야 할 것이다. 기존 드라마의 문법이나 장르 관습 등 기존의 상식과 통념에 갇혀 있지 않고 제작 관행의 장벽도 넘어서, 경계를 가로지르는 작가들의 도전과 그들 드라마에 대한 대중의 호응이 더해질 때 우리 드라마는 좀 더 진화해 나갈 수 있을 것이다.

5

드라마 속 남자 배우

2012~2014 드라마와 대세남

김지연

김지연　　순천향대학교 신문방송학과를 졸업하였고, 고려대학교 대학원(언론학)에서 석사 학위를 받았다. 현재 팬엔터테인먼트 드라마사업본부 제작팀 프로듀서다. 참여한 작품으로는 〈무신〉, 〈원더풀 마마〉, 〈사랑만 할래〉, 〈결혼 계약〉 등이 있다.

드라마 촬영 현장은 하루하루가 전투를 치르는 것처럼 치열하다. '1시간'이 순식간에 몇 천만 원 단위의 돈으로 환산되고 방송 시간이라는 '마감'에 쫓기며 130분가량의 드라마를 만들어 내야 하기 때문이다. 그렇게 촉박하게 돌아가는 촬영 현장에서 팬들이 보내오는 단비 같은 선물을 받을 때면 '남자 배우'의 영향력을 실감한다. 드라마 촬영 중 식당이나 거리에서 만나는 아주머니들이 남자 배우들에게 여느 소녀 못지않게 열광하는 것부터, 드라마 배우들과 스태프를 위해 밥차 '조공'•을 하는 팬들 역시 단연코 여자 배우보다는 남자 배우의 팬인 경우가 많다.

비단 현장에서뿐만 아니라 드라마를 채널에 편성할 때나 해외에 판매할 때도 남자 배우의 영향력은 상당하다. 드라마의 주 시청자인

• '조공'의 사전적 의미는 종속국이 종주국에 때를 맞추어 예물을 바치던 일 또는 그 예물을 뜻한다. 하지만 팬클럽 문화에서는 이를 팬클럽이 연예인의 생일, 작품 출연 및 콘서트, 성년의 날 등에 맞춰 선물을 주는 것을 의미하는 말로 사용되었다(이사야, 2013).

여성에게 인기가 많으면서 해외에서도 인지도가 높은 '한류 스타'인 남자 배우가 캐스팅된 작품은 편성이나 제작비 투자를 받기 쉽고, 해외에 높은 가격으로 판매된다. 그러다 보니 시청률에 민감한 방송사와 해외 판매로 제작비를 수급하는 제작사 모두 국내 인지도는 물론 해외 시장에서도 인지도 높은 남자 배우를 캐스팅하기 위해 노력한다.

시청률을 주도하는 40~60대 여성들의 지지를 얻으면서 동시에 젊은 시청자(20~49세대)•의 관심까지 끌어들이면 드라마는 말 그대로 폭발적인 인기를 누린다. 그 인기를 주도하는 중요한 요인에 항상 '남자 배우'가 있다. 드라마의 성공에는 남자 주인공을 어떤 배우가 맡느냐가 중요하다. 이는 간단하게 〈방송영상산업백서〉의 시청률 자료를 통해서도 파악할 수 있다.

2013년 가구 시청률과 개인 시청률을 기준으로 상위 20위의 프로그램을 살펴보면 상위권에 진입한 프로그램의 차이를 알 수 있다. 개인 시청률 순위에는 가구 시청률에서는 찾아볼 수 없었던 〈주군의 태양〉

• 최근 방송사의 목표 시청자는 2049세대다. 시청 플랫폼이 다양해지며 시청률이 더 이상 작품을 평가하는 절대적 기준이 되지 못하는 가운데, 20~40대의 시청률이 프로그램의 인지도 및 영향력을 좌우하는 중요한 요인이 된 것이다. 그래서 2014년에 편성된 드라마들은 이 세대에 인기가 많은 로맨스, 판타지 소재를 다룬 것들이 많다. 광고주 또한 2049 시청자를 주로 공략하려 하면서 드라마의 타깃 시청자층에 따라 광고 판매 성적도 차이를 보였다. 〈괜찮아, 사랑이야〉(SBS, 2014)는 동시간대 시청률에서는 3위를 했지만 2049 시청률에서는 1위를 하며 광고가 완판된 반면, 50~60대가 주 시청자였던 〈빠꾸기 둥지〉(KBS2, 2014), 〈고양이는 있다〉(KBS1, 2014)는 20%가 넘는 시청률에 비해 광고 판매율은 저조했다(배진아 외, 2014).

표 1. 2013년 가구 시청률/개인 시청률 20위권 프로그램

순위	가구 시청률		개인 시청률	
1	주말 연속극 〈내 딸 서영이〉	40.69	주말 연속극 〈내 딸 서영이〉	19.61
2	일일 연속극 〈힘내요 미스터 김〉	28.47	주말 연속극 〈왕가네 식구들〉	11.78
3	주말 연속극 〈왕가네 식구들〉	27.48	주말 연속극 〈최고다 이순신〉	11.39
4	주말 연속극 〈최고다 이순신〉	25.78	일일 연속극 〈힘내요 미스터 김〉	10.52
5	일일 연속극 〈사랑은 노래를 타고〉	23.04	〈개그콘서트〉	9.61
6	주말 특별 기획 〈백년의 유산〉	22.19	드라마 스페셜 〈주군의 태양〉	9.14
7	일일 연속극 〈지성이면 감천〉	21.36	주말 특별 기획 〈백년의 유산〉	9.09
8	창사 특별 기획 〈마의〉	19.30	드라마 스페셜 〈너의 목소리가 들려〉	8.79
9	〈KBS 9시 뉴스〉	18.87	〈정글의 법칙 IN 아마존〉	8.56
10	드라마 스페셜 〈너의 목소리가 들려〉	18.76	월화 드라마 〈굿 닥터〉	8.55
11	월화 드라마 〈굿 닥터〉	17.95	창사 특별 기획 〈마의〉	8.09
12	〈정글의 법칙 IN 아마존〉	17.90	〈일밤〉	7.91
13	〈개그콘서트〉	17.38	월화 드라마 〈학교 2013〉	7.71
14	드라마 스페셜 〈주군의 태양〉	17.19	일일 연속극 〈사랑은 노래를 타고〉	7.68
15	주말 드라마 〈금나와라 뚝딱〉	16.32	〈정글의 법칙 IN 갈라파고스〉	7.67
16	월화 드라마 〈야왕〉	16.27	〈정글의 법칙 IN 캐리비언〉	7.47
17	TV 소설 〈사랑아 사랑아〉	16.24	〈정글의 법칙 IN 뉴질랜드〉	7.46
18	월화 특별 기획 〈구가의 서〉	16.10	특별 기획 〈청담동 앨리스〉	7.44
19	〈일밤〉	15.80	〈무한도전〉	7.27
20	〈정글의 법칙 IN 갈라파고스〉	15.75	일일 연속극 〈지성이면 감천〉	7.22

(SBS, 2013), 〈너의 목소리가 들려〉(SBS, 2013), 〈학교 2013〉(KBS, 2013) 등의 드라마들이 포진해 있다. 가구 시청률에서는 드러나지 않는 연령과 성별의 영향이 개인 시청률에 반영되었기 때문이다(〈방송영상산업백서〉,

표 2. 2013년 개인 시청률 상위 20위 드라마 출연 배우

순위	프로그램	남자 배우	여자 배우	가구 시청률 비교
1	〈내 딸 서영이〉	이상윤, 박해진	이보영	
2	〈왕가네 식구들〉	조성하, 오만석, 한주완	오현경, 이태란, 이윤지	
3	〈최고다 이순신〉	조정석, 정우	아이유, 유인나	1순위 상승(25.78)
4	〈힘내요 미스터 김〉	김동완	왕지혜	
5	〈주군의 태양〉	소지섭	공효진	8순위 상승(17.19)
6	〈백년의 유산〉	이정진	유진	
7	〈너의 목소리가 들려〉	이종석, 윤상현	이보영	2순위 상승(18.76)
8	〈굿 닥터〉	주원	문채원	1순위 상승(17.95)
9	〈마의〉	조승우	이요원	
10	〈학교 2013〉	최다니엘, 이종석, 김우빈	장나라, 박세영	새롭게 진입(15.0)
11	〈사랑은 노래를 타고〉	백성현	다솜(씨스타)	
12	〈청담동 앨리스〉	박시후	문근영	
13	〈지성이면 감천〉	유건	박세영	

2013). 새롭게 순위권에 진입한 작품들은 주로 젊은 층 시청자와 여성 개인 시청률에서 높은 순위를 기록한 드라마였다.

여기에 2013년 개인 시청률 상위 20위권 드라마의 출연 배우를 살펴보면(표 2), 이런 차이를 만드는 중요 요인이 바로 '대세남'임을 알 수 있다. 높은 시청률을 얻으면서 다양한 플랫폼으로 드라마를 즐기는 젊은 시청층의 지지를 얻게 되면, 그 드라마는 사회 문화적으로 큰 영향력을 가지게 된다. 이른바 '신드롬'이나 '앓이' 등의 표현을 통해 더욱

확장된 범위의 콘텐츠 파워•를 가지게 된다. 범위를 넓혀 2012~2014년 방영된 드라마••를 살펴봐도, 마찬가지로 여성 시청자에게 인기가 많은 남자 배우의 출연이 드라마의 시청률에 많은 영향을 미쳤다. 이 드라마들은 대체적으로 트렌디한 러브스토리를 중심으로 하고, 남자 주인공으로 이른바 '대세남'이 등장한다는 공통점을 가진다(〈코카포커스〉, 2013). 그렇다면 대세남은 어떻게 만들어지는 것일까? 대세남에게 필요한 조건은 무엇일까?

이 장에서는 남자 배우에 대한 계보적 이해와 이를 대표하는 배우들의 활동을 살펴볼 것이다. 이를 통해 남자 배우가 '대세남'으로 혹은 '스타'라는 위치로 올라서기 위해 갖춰야 할 요소가 무엇인지 알아보고자 한다. 이 작업은 두 가지 중요한 이유를 가지고 있다. 남자 배우에 대한 계보적 이해를 통해서 '한국 드라마의 발전사 속에서 배우에게 요구하는 점이 어떻게 바뀌었는지'와 '사회적인 남성상 및 트렌드가 어

• 이를 파악하기 위한 시도로 '콘텐츠 파워 지수'라는 측정 방식이 고안되었다. CJ E&M과 닐슨코리아가 공동 개발한 이 지수는 스마트 미디어 기기를 통한 소비 행동을 측정해 미디어 환경 변화를 반영하는 것이 목적이다. 지수는 3가지 항목으로 측정되는데, 프로그램 관련 뉴스 구독자 수를 조사한 이슈 순위, 프로그램을 직접 포털 사이트에서 검색한 사람들을 측정한 검색 순위, 소셜 미디어를 통해 특정 프로그램에 대해 제공한 버즈 순위 등이다.

•• 2014년 지상파 개인 시청률 상위 20위 중 2위 〈별에서 온 그대〉, 3위 〈가족끼리 왜 이래〉, 4위 〈기황후〉, 5위 〈참 좋은 시절〉이 차지했다. 이 외에도 유료 방송인 tvN 금토 드라마가 인기를 끌기 시작하면서 〈응답하라 1994〉, 〈미생〉, 〈응급남녀〉, 〈연애 말고 결혼〉 등이 높은 시청률을 기록하면서 유료 방송 개인 시청률 상위권에 올랐다(방송영상산업백서, 2014).

떻게 변화하였는지'를 살펴볼 수 있다.

||| 잘생김의 미학

그렇다면 우리는 어떤 기준으로 남자 배우를 선택하며, 그에 대한 기대감이나 환상을 가지는 것일까? 남자 배우에게 '잘생겼다'는 수식어를 붙이곤 하는데, '잘생김'이라는 표현에 담긴 공통의 '기준'이 있다면 과연 무엇일까? 그리고 남자 배우의 '잘생김'은 드라마에 어떻게 반영되고 어떤 영향을 미치는 걸까?

시청자가 '남자 배우'를 바라보는 시선은 마치 미켈란젤로의 조각상 〈다비드〉를 감상하는 것과 유사하다. 시청자는 정교하게 만들어진 남성의 이미지를 감상하고 그를 둘러싼 사회적인 남성상 혹은 여성이 원하는 남성상을 만들어 대중 매체를 통해 공유한다. 공유된 남성상과 부합하는 이미지가 바로 '잘생김'의 기준이 되는 것이다. 그런 까닭에 여기서는 텔레비전의 예술적인 측면을 주목했다. 그것이 보여 주는 이미지와 이미지를 극대화하는 요소들을 살펴보기 위해서다. 텔레비전은 기본적으로 상업성과 예술성의 집합체이다. 텔레비전의 예술적 측면에는 질적으로 내포해야 하는 요소들이 존재한다. 이 요소들은 우리의 시청각과 감정에 호소하는 요소들이라고 할 수 있다. 존 엘리스John Ellis는 이를 이미지, 사운드, 내러티브로 설명한다(Ellis, 1982).

이미지는 시각적인 욕구를 충족시켜 준다. 텔레비전은 영화 이미지보다 해상도는 낮지만 좀더 또렷해 보이며 스크린보다는 상대적으로 화면 크기가 작다. 하지만 기술이 발달하면서 화면의 크기는 점점 더 커지고 해상도 역시 더욱 선명해졌다. 본래 텔레비전 이미지는 상세함보다는 움직임이었다. 텔레비전이 가지는 다양성과 흥미는 이미지 내에서의 풍부함보다는 이미지의 빠른 변화에 의한 것이었다(Ellis, 1982). 넓은 화면과 선명해진 화질은 텔레비전 역시도 이미지 안에서 섬세함과 풍부함을 가지도록 만들었다.

일부에서는 텔레비전 영상 비율이 16 : 9로 변하면 텔레비전 드라마는 넓은 화면을 이용한 숏을 많이 쓸 것이라 예측했다. 하지만 실제 제작 과정에서는 넓은 화면보다는 타이트한 화면으로 섬세함을 더했다.● 드라마는 인물 위주로 내용을 전개하고, 영화 화면의 느낌을 내는 카메라나 렌즈를 사용하는 경우가 많아지면서 배우의 미세한 표정을 잡는 타이트한 화면이 더 자주 등장했다(전홍배, 2012). 배우에게는 얼굴 전면을 잡는 화면, 그리고 선명한 화질 때문에 외모적인 요소가 더 중요해졌다.

또한 남자 배우의 외모 선호의 변화는 여자 배우보다 빠르게 드라마의 트렌드를 좇아간다. 〈아들과 딸〉(MBC, 1992), 〈서울의 달〉(MBC, 1994)과 같은 생활 밀착형 드라마에서 〈미스터 Q〉(SBS, 1998), 〈토마토〉(SBS, 1999) 등의 트렌디 드라마●●로 변화했을 때도, 최근 들어 〈별에서

● HDTV의 도입으로 인한 화면 크기의 변화가 넓은 화면 사이즈로 변화되지 않는 것은 16 : 9로 변화된 화면 비율을 고려하여 제작하는 것보다는 기존에 제작을 해오던 연출자의 연출 성향과 의도가 더 크게 작용한 것으로 본다(김도윤, 2009, 황수영, 2006; 전홍배, 2012 재인용).

●● 트렌디 드라마란 "주인공의 인생관 및 생활 양식이 OL(office lady)을 중심으로 한 젊은이의 사고 및 패션, 나아가 소비 방법에까지 영향을 미친 연속 텔레비전 드라마"로 정의된다(이와오 수미코, 2004).

온 그대〉(SBS, 2013), 〈너의 목소리가 들려〉(SBS, 2013) 등의 판타지적 요소가 가미된 드라마가 유행할 때도, 남자 배우의 '잘생김'의 기준은 스토리에 맞춰서 변화했다. 이에 대해 장근영(2014)은 잘생김의 기준이 드라마의 변화에 따라 "눈빛이 먹어 주는 배우"에서 "흰 피부와 얼굴선이 돋보이는 외모"로 바뀌었다고 분석했다.

사운드는 영상 미학에서 중요한 위치에 있다. 특히 텔레비전 이미지는 극장의 이미지보다 더 많이 소리에 의존한다(Ellis, 1982). 이는 텔레비전이 놓인 위치적인 특성 때문이기도 하다. 텔레비전을 볼 때 영화처럼 닫힌 공간을 활용한다거나 화면에 집중하기 위해 강제적으로 조명을 끄지 않는다. 때문에 텔레비전이 시청자를 최대한 집중시키기 위해서는 사운드의 힘이 필요하다.

텔레비전 드라마의 OST나 배우의 발성이 중요한 것은 텔레비전 사운드의 특성에서 기인한다. 텔레비전 사운드는 기본적으로 분절된 이미지를 연결해 주며, 우리가 텔레비전 속에서 느끼는 흐름과 현재 있는 공간의 흐름 사이의 관계를 매개하는 역할을 한다(Altman, 1986). 사운드가 시청자를 끌어들이는 요소로 작용하는 만큼 대사를 읽는 배우의 목소리는 드라마에서 매우 중요하다. 연극적으로도 캐릭터의 페르소나를 창조하는 데 배우의 목소리는 중요하고, 캐릭터를 완성하는 결정적인 요소가 된다.

목소리는 여자 배우보다 남자 배우에게 중요하다. 일반적으로 여성이 남성에 비해 청각과 후각이 더 발달하여 민감하게 반응하는데, 여성 시청자들이 몰입하는 대상은 여자 배우보다 남자 배우이기 때문이다. SBS의 김영섭 드라마국장은 "좋은 목소리를 멜로의 조건"으로 꼽으며(안진용, 〈스포츠한국〉, 2014. 2. 18), "여성 시청자들은 드라마 속 여자

주인공에 감정을 이입하는 만큼 남자 배우의 목소리와 말투에 민감히 반응한다"고 설명했다. 실례로 〈착한 남자〉(KBS, 2012), 〈왕관을 쓰려는 자, 그 무게를 견뎌라 — 상속자들〉, 〈별에서 온 그대〉 등의 인기 드라마를 보면 작품에 몰입하고 집중할 수 있도록 남자 주인공의 내레이션을 드라마의 장치로서 적극 활용한다. 때문에 남자 배우가 주인공 혹은 드라마에서 주요한 캐릭터에 배치될 때 '좋은 목소리'와 '정확한 발성'은 플러스 요인이 된다. 여전히 드라마에서는 여자 배우에 비해 남자 배우의 캐릭터가 더 다양하고, 무게감 있는 역할이 많아 통념상 '괜찮은 목소리'를 요구하기 때문이다. 물론 성별에 따른 불평등한 캐릭터의 문제도 있지만 남자 배우의 목소리 운용 폭은 넓을 수밖에 없고, 목소리의 중요성도 더해진다(신윤동욱 · 김서영, 〈한겨레21〉, 2009. 7. 17).

내러티브는 앞서 설명한 두 요소인 이미지와 사운드를 총체적으로 포괄한다. 우리 삶에 이야기가 없는 곳은 없다. 이야기는 '우리의 현재'를 이해하는 주요한 수단이다(Thornton & Purvis, 2005). 텔레비전은 우리의 삶과 가장 많이 닮아 있으며, 가장 비슷하게 재현한다. 이는 텔레비전과 현실의 경계를 최소화하며 우리가 텔레비전과 비슷한 라이프스타일을 추구하게 한다. 드라마의 캐릭터와 배우의 실제 이미지 비교가 끊임없이 콘텐츠 주변을 맴돌고, 등장인물이 마시는 커피 브랜드나 입고 나오는 패션 등에 주목하게 된다. 뿐만 아니라 내러티브의 속성 안에는 시대적 욕망이 재현되어 있다. 이에 대해 김환표(2012)는 "드라마는 한국인이 관심을 기울이는 가치와 정서를 변주하고 재현하며 당대 한국의 현실과 시대정신 그리고 한국인의 욕망을 담아낸다"고 분석했다.

그렇다면 드라마는 '남자'에 대한 내러티브를 어떻게 만들어 가고 있을까? 최근 인기를 끌었던 〈시크릿 가든〉(SBS, 2010), 〈너의 목소리가 들려〉, 〈왕관을 쓰려는 자, 그 무게를 견뎌라 — 상속자들〉, 〈별에서 온 그대〉 등은 현실의 남성을 재현하기보다는 여성 시청자가 꿈꾸는 남성상을 보여 준다. 공통적으로 등장하는 '재벌남,' '연하남' 등의 키워드는 남자 캐릭터가 갖춰야 할 필수적인 요소로 자리매김했다. 다시 말하면 지금 텔레비전 속의 남자 주인공은 시대적인 충족과 드라마 안의 이야기 구조 속에서 나타난 욕망의 '재현'인 것이다.

남자 배우들이 대세남으로 성장하기 위해서는 위에서 살펴본 세 가지 요소를 충족시켜야 한다. 배우가 아무리 잘생기고 목소리가 좋아도 시대적 욕망을 투영하여 표현할 수 있는 캐릭터를 만나지 못한다면 '대세남'이 되기 위한 발판을 마련하기 어렵다.

||| 대세남의 계보를 잇다

2012년에서 2014년 사이의 드라마에서는 새로운 주연급 스타들이 연이어 등장했다. 가장 대표적인 인물로는 시청률 40%에 육박한 〈해를 품은 달〉(MBC, 2012)의 김수현이 있었고, 송중기, 이종석, 김우빈, 주원 등 젊은 남자 배우들이 그 뒤를 이었다.

이런 대세남의 계보를 쉽게 파악하기 위해 세 가지 단계의 분류 기준을 만들었다. 첫째, 미학적 요소 중 시각적 요소인 '이미지'와 '내러티브' 중 무엇을 중점적으로 부각시켰는가? 둘째, 배우로 시작하기 전 어느 분야(모델, 아이돌, 뮤지컬·연극배우, 아역 배우)에 속해 있었는가? 셋째, 어느 세대(2010년 기준)에 속하는가다.

표 3. 남자 배우의 계보

시작 시기	이미지		캐릭터	
이전 활동 영역	모델	아이돌 가수	뮤지컬·연극배우	아역 배우
2000년대	소지섭, 조인성, 정우성, 강동원, 이정재, 송승헌	윤계상, 에릭, 김현중, 박유천	엄기준, 오만석, 강지환, 지현우	이민우, 정태우, 홍경인, 양동근
2010년대	이종석(〈학교 2013〉, 〈너의 목소리가 들려〉, 〈닥터 이방인〉) 김우빈(〈학교 2013〉, 〈상속자들〉) 최진혁(〈구가의 서〉, 〈응급남녀〉, 〈상속자들〉, 〈오만과 편견〉)	임시완(〈해를 품은 달〉, 〈미생〉) 박형식(〈나인〉, 〈상속자들〉) 바로(〈응답하라 1994〉, 〈신의 선물—14일〉)	주원(〈각시탈〉, 〈굿 닥터〉, 〈내일도 칸타빌레〉) 조정석(〈더킹 투하츠〉, 〈최고다 이순신〉) 강하늘(〈상속자들〉, 〈미생〉)	김수현(〈드림 하이〉, 〈해를 품은 달〉, 〈별에서 온 그대〉) 여진구(〈해를 품은 달〉, 〈보고 싶다〉) 유승호(〈공부의 신〉, 〈아랑사또전〉, 〈보고싶다〉)

텔레비전 기술의 발달과 드라마 스토리 패턴의 변화는 남자 배우에게 더더욱 이상적인 외모를 요구한다. 인기 순정 만화나 로맨스 소설을 원작으로 하는 로맨틱 코미디나 청춘물이 인기를 끌기 시작하면서 드라마에는 잘생긴 이미지를 강조하는 모델 출신의 배우들이 대거 등장했다. 드라마 〈느낌〉(KBS, 1994)의 이정재를 시작으로 정우성(〈구미호〉, 박헌수, 1994), 소지섭(〈모델〉, SBS, 1997), 송승헌(〈남자 셋 여자 셋〉, MBC, 1997) 등 모델 출신의 연기자가 등장했고, 이후 조인성(〈뉴 논스톱〉, MBC, 2001), 강동원(〈1%의 어떤 것〉, MBC, 2003) 등 인기 모델들이 연기자로 진출했다. 이들은 모델에서 배우로 전환했을 당시의 연기력 논란을 딛고 지금은 명실상부 톱스타의 자리에 올랐고, 영화나 해외 시장으로 활동 영역을 넓히며 드라마에는 자주 출연하지 않게 되었다.

그러자 드라마에서는 후발 주자들이 대거 등장했는데, 그 주인공들이 바로 이종석, 김우빈, 최진혁 등이다. 이들은 1세대와는 달리 연기력 논란도 크지 않았고, 인지도를 얻고 배우로서의 입지를 굳히는 데도 1세대보다 오래 걸리지 않았다. 모델 출신들의 빠른 성장에는 잘생긴 남자 배우의 기준이 '눈빛'에서 '턱선'으로 변화하고, 또한 얼굴 자체가 아닌 '신체 비율'로 변화한 것을 요인으로 볼 수 있다(장근영, 2014). 이전 경력에 대한 저항이 줄어든 것은 비단 모델 출신 배우들에게만 해당되는 것은 아니다. 케이블과 종편의 등장으로 드라마 제작 편수가 많아지면서 아이돌을 캐스팅하는 경우가 늘고 있는데,● 이들은 '연기돌'이라는 용어가 나올 만큼 이전 세대에 비해 자신들의 입지를 확고히 넓혀 가고 있다.●●

남자 배우를 분류하는 또 다른 기준은 '캐릭터'다. 이 기준에 속하는 배우들은 드라마의 내러티브적인 속성 때문에 선택되는 경우가 많다. 연극, 뮤지컬 분야에서 활동하면서 연기력이 검증되고 인지도가 쌓인 배우, 또는 아역 배우 출신을 캐스팅한다.

● 평균 제작 편수의 급증은 주조연급 연기자들의 부족 현상으로 이어졌다. 특히 조연급이면서 어린 연기자의 경우, 국내 인지도뿐만 아니라 해외 판매에 유리할 수 있는 아이돌을 우선해 캐스팅하는 경우가 많아지고 있다.

●● 최근 아이돌은 1세대 아이돌에 비해 분야의 이동이 잦은 편인데, 이는 연기자와 아이돌을 겸업하는 일본의 아이돌 시스템이 차용된 것이다. 배우를 꿈꾸는 신인들도 연기자로 출발하기보다는 아이돌로 데뷔해 이름을 알린 뒤 연기자로 전업하는 경우가 많아졌다. 때문에 아이돌 그룹 활동에서는 크게 눈에 띄지 않아도 각종 드라마나 영화에서 단역이나 조연을 맡으면서 '연기돌'로 성장하고, 인지도와 연기력을 바탕으로 주연을 맡고 있다.

2000년대 중반부터 뮤지컬에서 주로 활동하던 배우들이 브라운관으로 진출하기 시작했다. 〈올드미스 다이어리〉(KBS, 2004)의 지현우, 〈굳세어라 금순아〉(MBC, 2005)의 강지환 등 당시 TV로 진출한 연기자들은 대부분 뮤지컬 〈그리스〉에 출연한 훤칠한 키와 젠틀한 이미지를 가진 배우들이었다. 이들이 이미지에 영향을 받은 세대라면 최근 브라운관으로 진출한 배우들은 이미지보다는 확고한 캐릭터로 자리를 잡았다. 자폐아 연기를 통해서 연기력을 인정받은 〈굿 닥터〉(KBS, 2013)의 주원, 엘리트 인턴사원으로 복잡한 감정 연기를 잘 표현한 〈미생〉(tvN, 2014)의 강하늘이 여기에 속한다. 이외에도 오만석, 이희준, 조정석 등 자신만의 색깔을 가진 뮤지컬 배우들이 브라운관과 스크린을 종횡무진하고 있다. 이들은 무대에서 쌓아온 연기력을 기반으로 다양한 연기 스펙트럼을 보여 주며 장르성 짙은 드라마가 제작되고 있는 흐름과 맞물려 성장하고 있다.

'이미지'보다는 '캐릭터' 성향이 강한 아역 배우 역시 점차 변화하고 있다. 이전 세대의 아역 배우들이 성인으로 성장하면서 주연보다는 조연에 머물렀다면, 최근 아역 배우들은 자신의 인지도를 그대로 유지하며 성인 연기자로서 성공적인 변신을 꾀했다. 이제는 억대급 한류 스타가 된 김수현 역시 〈크리스마스엔 눈이 올까요?〉(SBS, 2009)에서 고수의 아역을 했으며, 유승호, 여진구, 이현우도 어릴 때부터 누구의 아들로 혹은 누군가의 아역으로 연기 경력을 쌓아온 배우들이다. 이들은 드라마 제작 환경에 맞춰진 연기력과 인지도를 바탕으로 점차 자신의 영역을 확장하고 있다.

앞서 살펴본 계보를 바탕으로 2012~2014년에 방영된 드라마에서 뚜렷한 변화와 성장을 보인 3명의 배우를 선택해 미학적 기제들이 어떻게 활용되고 있는지를 알아보고자 한다. 이를 통해 남자 배우들이 자신만의 미학적 기제들을 어떻게 변화시키고 성장했는지, 배우로서 어떻게 자신의 영역을 넓혀 가는지를 분석한다.

||| 미소년에서 남자로 진화하다: 이종석

2011년 폭발적인 인기를 끌었던 〈시크릿 가든〉에서 눈에 띄는 배우가 있었다. 붉은색 머리를 하고 나타난 소년의 이름은 '썬'. 하얀 피부에 유난히 붉은 입술, 마치 BL(Boys love) 소설에서 불쑥 튀어나온 듯한 늘씬한 몸매를 가진 미소년이었다. 그는 이 드라마에서 자신의 음악성을 인정해 주는 오스카(윤상현)를 짝사랑하는 게이였다.

이종석은 이렇게 〈시크릿 가든〉의 썬 역을 통해서 자신의 존재를 알렸다. 그의 데뷔작은 2010년에 방영된 〈검사 프린세스〉(SBS, 2010)였지만 캐릭터가 드러나는 역할이 아니어서 눈에 띄지 않는다. 본래 모델 출신이었던 그는 16세에 디자이너 장광효의 눈에 띄어 서울컬렉션 최연소 남자 모델로 데뷔했다. 하얀 피부와 여자보다도 예쁜 외모는 그의 트레이드마크였다. 그래서인지 이를 제대로 부각시킨 〈시크릿 가든〉을 통해 그의 존재감이 드러난 것이다.

이종석의 연기는 이미지를 통한 캐릭터화에서 시작된다. 외모에서 풍겨지는 여리고, 상처받은 듯한 처연한 이미지는 그가 맡아온 캐릭터들을 대변한다. 〈학교 2013〉에서부터 〈피노키오〉(SBS, 2014)까지 재벌남 캐릭터가 넘쳐나는 한국 드라마에서 그는 단 한 번도 재벌남인 적이 없었다. 또한 이종석이 두드러지기 시작한 2010년 즈음에는 10대에서 20대를 아우르는 젊은 남자 배우가 많지 않았던 점도 그에게 플러스 요인으로 작용했다. 1999년부터 시작되었던 "학교" 시리즈나 대학가 이야기를 중심으로 펼쳐졌던 시트콤들의 부재가 새로운 청춘 배우의 유입을 더디게 했기 때문이다. 그가 가진 특유의 "때 묻지 않은 소년과 청년이 공존하는 경계의 이미지"(양성희, 2015. 1. 7)는 조인성, 강동원 등으로 대표되는 2000년대 청춘스타에서 2010년대 청춘스타의 계보를 잇는 시발점이 되었다.

〈학교 2013〉에서 이종석은 삐딱하게 행동하지만 왠지 모르게 정인재 선생(장나라)의 편을 드는 '고남순'으로 등장한다. 이 드라마에서 그의 매력을 보여 준 부분은 2화에 등장한다. 억울한 사연으로 전학을 가게 된 친구를 향해 무덤덤하게 시 한 구절을 내뱉는 장면이다.

> "자세히 보아야 예쁘다. 오래 보아야 사랑스럽다. 너도 그렇다."
>
> –〈학교 2013〉 2화

캐릭터의 상처가 부각됨과 동시에 그가 가진 중저음의 목소리가 극대화되는 장면이다. 드라마 내내 몇 번씩 들려오는 고남순의 내레이션은 그의 매력과 드라마의 진중함을 배가시켰다. 〈학교 2013〉에서 그의 연기는 설익은 상태였지만 "학교" 시리즈에 신인이 많이 캐스팅되기 때문인지• 드라마 내내 다른 배우들의 어색한 연기에 비해 그의 연

• 〈학교 2〉에서는 김래원, 하지원, 이요원, 김민희 등이 있고, 〈학교 3〉에는 조인성, 〈학교 4〉에는 임수정, 이유리 등 많은 청춘스타들의 데뷔작이거나 출연작으로 유명했다.

기가 좀 더 돋보였다. 〈학교 2013〉에서 그가 가진 이미지를 극대화시켜 주는 또 하나의 스토리가 존재했다. 연애 이야기가 없는 이 드라마에는 고남순과 박흥수(김우빈)의 절절한 우정 이야기가 등장한다. 여기서 사람들이 흥미롭게 느낀 것은 이 드라마의 독특한 성의식이다. 전반적으로 이성애가 없는 드라마로 학교 폭력, 스펙 경쟁, 치맛바람 등의 이야기가 모두 등장하지만 10대의 연애가 없는 흥미로운 드라마라는 것이다. 남녀 간의 로맨스 대신 주인공인 고남순과 박흥수를 통해 표현된 '묘한 분위기'가 극을 이끌어 갔다. 최근 드라마에는 노골적인 동성 간의 러브 스토리는 아니지만 그에 준하는 스토리가 자주 등장한다. 특히 남자들 간의 우정 스토리는 브로맨스•로 불리며 팬픽과 BL 소설에 익숙한 2030세대의 여성 시청자를 공략한다. 이런 트렌드를 적절히 반영한 〈학교 2013〉의 브로맨스 커플인 이종석과 김우빈은 최근까지도 '남남 케미'••의 최강으로 불리며 드라마 팬들에게 깊은 인상을 주었다. 여전히 상처받고 어린, 방황하는 19세 소년, 뜨거운 우정을 품은 열정적인 남자 '고남순'이라는 캐릭터는 이종석에게 맞춤옷과 같았다. 이종석이 자신이 가진 이미지만으로 캐릭터를 극대화할 수 있었던 드라마인 것이다.

• 형제를 뜻하는 브라더brother와 로맨스romance를 조합한 신조어로 미국에서 사용되기 시작했다. 남자와 남자 간의 애정인데, 우정에 가까운 사랑을 의미한다. 단순히 진한 우정에서부터 깊게는 로맨틱한 분위기가 가미되기도 하지만 성적인 관계를 맺지 않는다는 것이 특징이다. 주 소비자층인 여성을 타깃으로 국내외 영화와 드라마에서 자주 묘사된다.

•• 케미는 극중 두 사람의 연기 호흡이 잘 맞을 때 사용하는 신조어로, 화학 반응을 의미하는 'chemistry'의 줄임말이다.

이종석은 다음 작품인 〈너의 목소리가 들려〉를 통해 이미지화된 캐릭터의 성장을 꾀하였다. 여전히 미소년 이미지를 유지했지만 타인의 마음을 듣게 되는 초능력을 가진 독특한 캐릭터를 연기할 수 있게 된 것이다. 이종석에게 이 역할은 또 한 번의 기회였다. 이 작품에서는 '마음을 듣는다'는 설정 때문에 내레이션으로 연기해야 하는 부분이 많았고, 그만큼 대사 없이 표정을 통해 감정을 담아내는 연기를 해야 했다. 목소리의 톤과 화면의 이미지가 불협화음을 내어 드라마의 몰입도를 떨어트렸다면 연기력 논란으로 이어질 수도 있었다. 이 드라마에서 이종석은 이 모든 우려를 씻어 내고 투명한 소년의 모습 안에 진중함을 담아내는 내레이션 연기를 선보였다.

> "나의 세상에는 두 가지 소리가 존재한다.
> 하나는 남들에게 들리는 소리고 또 하나는 나에게만 들리는 소리.
> 나의 세상은 다른 사람들의 세상보다 좀 더 시끄럽다."
>
> –〈너의 목소리가 들려〉 1화

또한 〈시크릿 가든〉과 〈학교 2013〉에서 유지해 왔던 시니컬한 이미지를 걷어 내면서 캐릭터를 더욱 선명하게 만들었다. '마음의 소리'를 들으며 그는 주변의 인물들에 반응하는 열정적이고 움직이는 캐릭터가 되었고 자신의 이미지와 목소리를 통해 그 시너지를 넓혀 갔다. 그는 〈너의 목소리가 들려〉를 통해 소년에서 남자로의 성장을 보여 줌으로써 자신이 가진 캐릭터의 선을 더욱 굵게 다져 간다. 만화책에서 갓 튀어나온 듯한 순수한 소년의 이미지, 그리고 누나들의 마음을 설레게 할 미소를 탑재한 연하의 남자로 그는 자신의 이미지로부터 성장하며 명실상부 '대세남'의 반열에 들어선다.

이종석은 〈학교 2013〉과 〈너의 목소리가 들려〉 두 편으로 시청자가 기대하는 이미지를 극대화시키며 성장했다. 이후 〈닥터 이방인〉(SBS, 2014)과 〈피노키오〉(SBS, 2014)를 통해서는 미소년의 이미지를 확실히 넘어선다. 〈피노키오〉 종영 후 있었던 인터뷰에서 이종석은 〈닥터 이방인〉 이후 슬럼프를 겪었다고 다음과 같이 고백했다.

> "〈닥터 이방인〉이 끝나고 마음이 피폐해져서 슬럼프가 왔어요. 연기하기가 무서웠어요. 혼자서 작품을 끌고 가는 게 참 힘들더라고요. (……) 저는 '나만 잘하면 되겠다'고 생각했는데 주인공은 전체를 아울러야 하더라구요. 전 그게 부족했어요"(유지윤, 2015. 1. 26).

아이러니하게도 그가 겪는 성장통은 드라마와 일맥상통했던 것 같다. 이종석은 〈닥터 이방인〉에서 미소년이라는 꼬리표를 떼고 '천재'가 진정한 '의사'로 성장하는 과정을 보여 줬다. 〈닥터 이방인〉에서 그와 함께 일한 스태프들의 술회를 들으며 나는 이종석이 배우로서의 또 다른 과제를 넘어섰다고 생각했다. 이 드라마에는 박훈(이종석)이 환자의 병을 진단하고 수술을 시뮬레이션하는 장면이 자주 등장하는데, 많은 스태프들이 고난도 촬영이 필요한 장면이라며 고개를 내저을 정도였다. CG 후반 작업 전에는 어떤 장면인지 짐작도 하기 힘든 빈 공간에서 그가 얼마나 많은 고민과 노력을 하고 집중해 연기했을지 짐작이 간다.

〈닥터 이방인〉의 진통 이후, 이종석은 〈너의 목소리가 들려〉팀이 다시 뭉친 〈피노키오〉에 '최달포' 역으로 합류했다. 박신혜와의 호흡으로 원톱이라는 무게감은 조금 덜어 냈지만 겉으로는 가벼운 듯하면서도 한편으로는 더욱 무거운 캐릭터로 돌아와야 했다. 그는 이 드라마에서 〈닥터 이방인〉의 '박훈'을 잘 지워 내고 온전히 '최달포'로 돌아왔다. 양성희(2015. 1. 7)는 "이종석은 곱상한 외모 때문에 오히려 연기력이 저평가된 대표 배우"라며 "정극, 장르물, 트렌디, 코미디를 자연스럽게 넘나들며 묘한 진정성으로 연이은 안타를 치고 있다. 소년과 청년 사이에 있지만 불안하지 않고 상큼한 것도 매력"이라고 평했다.

〈피노키오〉 종영 이후, 이종석은 중국에서도 2010년대의 한류를 이끄는 '신한류 4대 천황'으로 불리고 있다. 2015년에는 '2014년 그리메상'•에서 최우수 연기상을 받았다. 어느새 그는 '믿고 보는 배우'가 되었다. 지난 2년간 연달아 출연한 4편의 드라마가 모두 높은 시청률을 기록하며 '대세 배우'임을 입증했다. 그는 짧은 시간 동안 출연한 작품 모두에서 자신이 할 수 있는 최고의 기량을 선보였다. 때론 조금 서툴고 때론 투박함이 연기에 드러나기도 하지만, 시청자들이 그에게 이리 열렬히 반응하는 건 이종석이라는 배우의 성장을 시청자도 함께 하고 있기 때문이 아닐까?

• 한국방송촬영감독연합회(KTPA)에서 1993년 제정한 상으로서 연기자 부문은 지난 1년 동안 활동한 연기자 중 가장 뛰어난 연기력과 좋은 이미지를 가진 연기자를 촬영 감독들의 투표로 선정하는 상이다. 이종석은 그리메상 사상 최연소 남자 최우수상 수상자다. 그동안 조재현, 이성민, 차승원 등 굵직한 연기를 해온 중견 연기자들이 주로 수상했다.

||| 아이돌이 평범함을 고집하다: 임시완

인기 로맨스 소설을 원작으로 한 〈해를 품은 달〉은 방영 전부터 원작 소설 팬들의 주목을 받았다. 〈해를 품은 달〉에는 주인공인 왕 이훤 외에도 이들이 기대하는 또 다른 캐릭터가 있었다. 바로 여자 주인공인 허연우의 오빠 '허염'으로, 소설 속 허염은 아름다운 외모에 선비의 풍모를 갖춘 인재 중에 인재로 묘사된다. 그의 아름다운 외모 덕(?)에 극의 모든 비극이 시작되었기 때문에 원작 팬들에게 '허염'의 존재는 중요했고, 그래서 캐스팅에 대한 우려도 많았다. 하지만 이런 우려와는 달리 드라마에서 임시완은 마치 책을 뚫고 나온 듯한 허염을 보여 준다. 곱상한 외모, 반듯한 이미지, 차분한 목소리를 가진 그는 컴퓨터 그래픽으로 후광 효과를 넣지 않아도 빛나는 외모였다.

임시완은 그룹 '제국의 아이들'에 소속된 아이돌 출신 연기자다. 지금은 영화계의 주목을 받는 차세대 기대주로 인정받고 있지만 그의 첫걸음은 아이돌이 연기자로 전환하는 방식을 그대로 따르고 있다. 그가 평소 가진 '꽃미남'의 이미지를 그대로 수용한 것이다. 다수의 아이돌이 예능이나 가요 프로그램에서 보인 이미지를 드라마에서 그대로 활용하는 경우가 많았다. 하지만 임시완의 경우는 〈해를 품은 달〉의 출연 당시 인지도가 너무 낮아 오히려 그 이미지 그대로 배우로 자리매김할 수 있었다. '아이돌 임시완'보다는 '배우 임시완'으로서의 인지도를 높일 기회를 가지게 된 것이다. 그는 〈해를 품은 달〉에서 원작과의 놀라운 싱크로율을 보이며 '허염앓이' 신드롬을 일으켰다. 화제가 된 외모에 비해 연기는 어색했지만 여진구(이훤), 이민호(양명)와 같은 아역 출신 배우들 덕분에 드라마에 무난하게 묻어날 수 있었다. 그리고 이

무난함은 차차 작품을 거치면서 오히려 그의 강점이 된다.

감독의 눈에 띄어 우연히 출연하게 된 〈해를 품은 달〉은 그렇게 '아이돌 임시완'이 아닌 '배우 임시완'에게 많은 기회를 가져다주었다. 임시완은 다음 작품으로 〈적도의 남자〉(KBS, 2012)를 선택한다. 개인의 욕망을 위해 친구를 배신하는 이장일의 어린 시절을 연기한 그는 이전 드라마에서와는 다른 이미지로의 변화를 모색했다. 또한 그는 액션 연기와 더불어 착하고 선하게만 보이는 자신의 외모가 다르게 변형될 수 있음을 증명해 낸다. 특별히 뛰어난 연기를 선보인 것은 아니었지만 그의 무심한 표정과 숨겨진 야누스와 같은 얼굴이 조금씩 드러났던 작품이었다. 이장일이라는 역할이 그에게 어색한 옷이라는 느낌은 들었지만 성장의 가능성을 보여 준 것이다. 이 가능성은 1000만 관객을 모은 영화 〈변호인〉(양우석, 2013)으로 이어진다.

> "송강호, 곽도원, 이성민 등 대선배들과의 호흡에서도 전혀 밀리지 않는 담대함(영화사 하늘 대표 김광현)과 젊은 아이돌답지 않은 진중함 또한 영화인들이 그의 가능성을 높이 평가하는 이유다(고석희 외, 2014. 11. 18).

곱상한 이미지와 작은 키는 그에게 플러스 요인이 아니었다. 하지만 임시완은 자신이 가진 '이미지'에 굴하지 않았다. 대신 자신이 표현할 수 있는 배역을 선택함으로써 배우로서의 존재감을 더욱 드러내기 시작했다. 그의 매력은 곱상한 얼굴 속에 녹아 있는 차가움 혹은 무심함과 같은 회색 빛깔의 내면이다. 맑은 눈은 순수하지만 왠지 모를 쓸쓸함을 함께 보여 주고, 축 처진 어깨와 초점을 잃은 눈은 오늘날의 20대를 그대로 보여 주는 것 같다. 그리고 여기에 극에 맞는 캐릭터를 덧

입혀 표현함으로써 점차 배우로 성장해 나간다. 그와 함께 연기했던 한 선배 배우는 "임시완은 마치 하얀 도화지 같고, 연기에 어떤 쿠세• 도 없기 때문에 어떤 역을 맡아서 변화하게 될지 자연스레 기대하게 된다"고 평가하며 배우로서의 성장을 기대했다.

임시완의 빠른 성장과 변화의 원동력은 어디에 있는 것일까? 그는 단순히 캐릭터를 만드는 것이 아니라 '메시지'가 있는 캐릭터를 추구하며(노정연·하경연, 2015. 2), 매사 진중하게 행동한다. 그의 출연작을 살펴보면 〈해를 품은 달〉처럼 그의 이미지에 온전히 기대는 연기를 더 이상은 볼 수 없다. 연기에 대한 고민, 메시지에 대한 고민이 배우 임시완을 점차 성장하게 만든 것이다.

> "명예를 지키는데 나이가 무슨 상관입니까! 왜 이렇게 순진하세요……
> 돈이 명예고 돈이 자존심이고 돈이 전부입니다.
> 그 나이 먹도록 그걸 모르니까 순진하다고 하는 거예요."
>
> –〈트라이앵글〉 12화

• 쿠세란 버릇을 뜻하는 일본어로 현장에서 은어처럼 사용된다. 일반적으로 연기가 인위적이고 어색하거나 꾸민 듯한 말투를 뜻한다. 배우 김명민은 이를 통해 "배우란 버릇을 가진 사람이 아니라 버릇을 만들어 내는 사람"이라 표현했고, 유지태 역시 "캐릭터만의 특정한 버릇 같은 게 '감'으로 온다"고 말할 정도로 연기에 주요한 요소이기도 하다. 하지만 이것이 그 배우의 특정 버릇이 되거나 할 때, 캐릭터의 버릇이 아니라 연기하는 인위적인 느낌이 들 때 문제가 된다. 대체로 이를 '쿠세'라고 표현한다(주성철, 2012).

그렇게 선택한 작품이 바로 〈트라이앵글〉(MBC, 2014)이었다. 〈올인〉(SBS, 2003)의 최완규 작가와 유철용 감독이 다시 손을 잡은 이 작품은 그가 영화를 통해서 다져온 연기를 펼치기 좋은 드라마였다. 그는 카지노 그룹의 후계자로 입양돼 키워지며 비정하고 냉철한 윤양하를 연기한다. 개인적으로는 〈트라이앵글〉이 가진 드라마적 무게감에 아쉬움이 있지만 임시완이 연기한 윤양하는 그의 또 다른 얼굴을 발견하기에 좋은 드라마다. 악역을 연기하는 그의 눈빛이 비묘하게 바뀌는 순간마다 드라마가 움직이기 때문이다.

임시완은 이 드라마를 통해서 그동안 배워온 미묘한 감정 변화를 모두 쏟아 내는 듯했다. 차갑고 냉정하지만 한편으로는 안정제를 먹어야 할 정도로 여린 속내를 지니기도 한 캐릭터를 표현하는 과정에서 그가 가진 장점들이 모두 쏟아져 나왔다. 극 안에서 좀 더 감정의 기복이 있고 역동적이었으면 하는 아쉬움은 있었지만, 그의 몫을 넘치게 해낸 점은 부인할 수 없다. 시청률이 저조했던 드라마에서 '남는 건 임시완뿐'이라는 언론의 평가가 남을 정도였다. 임시완의 차분한 연기는 차기작인 〈미생〉을 만나며 더 큰 시너지를 내기 시작했다.

〈미생〉은 임시완의 완전판이었다. 어수룩하고 축 처진 어깨와 작은 체구는 더 이상 그의 약점이 아니었다. 심지어 드라마 상당 부분에 삽입된 '장그래'의 내레이션은 그가 가진 연기에 더욱 힘을 실어 주었다. 〈트라이앵글〉에 비해서 더욱 깊어진 호흡과 그에게 잘 맞아떨어진 캐릭터가 빛을 발하기 시작한 것이다.

〈미생〉 10화에는 장그래가 조치훈 9단의 말을 인용한 대사가 있다. 임시완은 이 대사를 무덤덤한 듯 혹은 달관한 듯 내뱉다가 마지막 대사에 힘을 준다.

"왜 이렇게 처절하게, 치열하게 바둑을 두십니까? 바둑일 뿐인데……
그래도 바둑이니까…… 내 바둑이니까."

–〈미생〉 10화

이 대사는 〈미생〉의 전체를 관통하는 메시지였고, 임시완은 그 의도를 정확히 전달했다. 〈미생〉은 강소라, 강하늘, 오민석 등의 뛰어난 연기를 펼친 조연들, 장그래와 함께 움직였던 이성민, 김대명 등의 연기파 배우들의 활약 덕분에 웰메이드 드라마로 좋은 평을 받을 수 있었다. 그러나 드라마의 성패는 결국 주연인 임시완이 드라마를 어떻게 이끌어 가느냐에 달려 있다. 그가 주변 캐릭터와 좋은 호흡을 가진다는 것은 〈변호인〉에서도 보여 줬지만, 그것은 송강호와 같은 대선배들의 리드에 어느 정도 기댄 것이기도 했다. 반면 〈미생〉은 강하늘, 변요한 등 또래의 배우들과도 시너지를 내며 함께 발전해 나갈 수 있다는 것을 보여 준 것이다. 〈해를 품은 달〉에서 시작된 그의 연기 경력은 〈미생〉에 이르면서 '연기자 임시완'을 넘어 '대세 배우 임시완'이 되었다. 출연하는 작품마다 주변 캐릭터들과의 시너지가 높아 드라마에서는 시청률 40%를 넘긴 배우가 되었고, 영화 〈변호인〉을 통해 1000만 배우 타이틀을 얻었다. 그리고 〈미생〉은 그에게 연기력을 갖춘 아이돌 배우라는 수식어를 더해 줬다.

"한때는 굳이 연예계에서 생활해야 하는지 의문을 갖기도 했고요. 장그래는 저와 흡사한 면이 굉장히 많은 친구였어요. 아이돌 그룹 연습생을 하면서 느꼈던 부분과 맞닿은 지점이 많았거든요. 드라마를 찍으면서 '내가 장그래 그 자체가 아닐까' 하고 생각했을 정도로요. 그래서 완벽한 공감을 얻을 수 있겠다, 싶었죠. 그런데 장그래에게 저보다 더 큰 의미를 부여하는 시청자를 만나게 된 거예요. 제가 장그래를 연기해서 공감을 얻은 게 아니라, 시청자들이 스스로 장그래를 본인에게 이입했다는 걸 깨달았어요. 그 이후부터는 어디 가서 '제가 장그랩니다'라고 말하기가 조심스러워졌어요"(노정연·하경연, 2015. 2).

임시완은 자신의 부족함을 알고 성장을 꾀하는 '연기 욕심이 있는 배우'다. 그의 성실함과 차분함이 스스로를 성장시키는 좋은 재료들이다. 〈해를 품은 달〉에서부터 〈미생〉까지 임시완이 연기한 캐릭터를 보면 일관성이 없다. 올곧은 선비, 친구를 배신하는 우등생, 핏줄을 모른 채 자란 비운의 재벌 2세, 운동권 학생, 평범한 직장인까지. 그가 연기한 캐릭터를 나열하는 것만으로도 다이내믹한 그의 선택을 알 수 있다.

> "연기돌의 쉬운 길인 멜로 대신 〈미생〉 같은 생활형 드라마를 택한 건, 캐릭터와 함께 연기가 성장할 수 있는 배역이 필요하다는 판단 때문인 것 같다. (……) 아직 연기의 깊이와 경험치가 부족한 임시완이 장그래라는, 자신에게 딱 맞는 캐릭터를 고른 건 영민한 선택이었다."
>
> — 영화사 집 대표 이유진(고석희 외, 2014. 11. 18에서 편집 인용).

드라마보다 더한 드라마는 '뉴스'라는 말이 있듯이 평범함과 보통은 어느새 우리에게 판타지가 되었다. 그래서 임시완이라는 배우가 가진 일상적이고 평범한 이미지는 '공감'과 '판타지'를 동시에 가진다. 그렇기 때문에 앞으로 그가 재벌남이나 연하남의 전형적인 남자 주인공을 연기한다 해도 '임시완'표 연기를 선보일 것이라는 기대가 생긴다.

아이돌 출신이라는 꼬리표 덕분에 임시완에 대한 기대가 높지 않았던 것이 지금까지는 그에게 오히려 더 좋게 작용했다. 〈미생〉은 그가 연기력을 인정받고 최고의 정점을 찍은 작품이기도 하지만 새로운 전환점이기도 하다. 그렇기 때문에 더더욱 앞으로의 임시완이 중요하다. 기대가 큰 만큼 부담감도 더 커질 수 있고, 이목이 집중된 만큼 더 냉철한 평가를 받을 게 분명하기 때문이다.

||| 자신의 스타일로 캐릭터를 변주하다: 조정석

첫사랑의 향수를 불러일으켰던 영화 〈건축학개론〉에는 엄태웅, 한가인, 이제훈, 수지까지 쟁쟁한 배우들이 등장한다. 그런데 이 영화는 국민 첫사랑이 된 수지보다도 더 화제의 중심에 선 인물이 있었다. 바로 납뜩이 '조정석'이다. 그는 이 영화에서 1990년대를 완벽히 재현한 패션과 "어떡하지? 너"라는 명대사를 남기는 신스틸러로 등장한다. 그의 능청스러운 연기는 그를 무대에서 스크린으로 이끌어주는 견인차가 되었다.

〈건축학개론〉의 납뜩이로 한창 주가가 오르는 동안 조정석은 또 다른 모습으로 시청자를 만났다. 드라마 〈더킹 투하츠〉(MBC, 2012)의 근위대장 '은시경'이었다. 영화와는 판이하게 다른 그의 모습 때문에 한동안 사람들은 납뜩이와 은시경이 동일 인물이라고 생각하지 못했다. 5 대 5의 가르마에 힙합 바지를 입은 납뜩이와 군복을 입고 무표정으로 절도 있게 행동하는 은시경은 다시 봐도 한사람이 연기했다고 보기 어려울 정도로 판이한 캐릭터였다. 그만큼 그는 역할에 철저히 몰입하고 자신의 변형을 두려워하지 않았다. 이것은 조정석이 본연의 이미지보다는 캐릭터의 '내러티브'적인 요소를 연기에 적극 활용하고 구사한 결과였다.

그가 무대에서 브라운관과 스크린으로 활동 영역을 넓혀 가는 모습을 통해 최근 몇 년간 남자 배우들이 주조연급으로 성장하는 과정을 알 수 있다. 주로 영화에서는 '신스틸러'로서 활약하고, 드라마에서는 '서브남주'●로 등장해 인지도를 높이는 것이다. 이런 과정을 밟은 배우들 대부분은 기본적으로 무대나 무명 생활을 통해 연기를 다져왔다. 영화에서는 류승룡, 이성민, 조진웅 등이 신스틸러에서 주연급 배우로 급부상했으며, 드라마에서는 김우빈(〈왕관을 쓰려는 자, 그 무게를 견뎌라 — 상속자들〉), 서하준(〈오로라 공주〉, MBC, 2013), 유연석(〈응답하라 1994〉, tvN, 2013), 지창욱(〈기황후〉, MBC, 2013) 등이 서브남주 캐릭터를 통해서 인지도를 높였다.

조정석 또한 이런 트렌드에 힘입어 영화에서는 신스틸러로, 드라마에서는 순정적이고 우직한 서브남주로 '대세남' 반열에 들어섰다. 〈건축학개론〉의 유행어는 각종 개그 프로그램에서 패러디되었고, 드라마를 통해 연기력을 입증하며 영화와 드라마 두 마리의 토끼를 잡았다.

조정석은 〈건축학개론〉과 〈더킹 투하츠〉로 주목받기 전 출연한 드라마가 있었다. 한국판 〈글리〉(FOX, 2009~2015), 〈카이스트〉(SBS, 1999)

● 드라마 내의 여주인공과의 삼각관계에서 늘 필연적으로 희생양이 되었던 남자 캐릭터로 남자 주인공과 대립각을 이루는 역할이다. 최근 남자 주인공에 비해 다양한 캐릭터를 구사할 수 있어 이를 통해 연기자가 많은 매력을 발산할 수 있다.

의 뮤지컬 버전이라 소개되었던 〈왓츠업〉(MBN, 2011)이다. 뮤지컬계의 '아이돌' 조정석을 브라운관으로 진출시킨 사람은 드라마 작가 송지나였다. 2009년 뮤지컬 〈스프링 어웨이크닝〉을 관람한 송지나 작가의 눈에 띈 조정석은 그해 〈왓츠업〉에 김병건 역으로 캐스팅됐다. 하지만 안타깝게도 이 드라마는 그의 역량을 끌어내기엔 조금은 부족했다.

〈왓츠업〉은 대학교 뮤지컬학과에 선우영(오만석)이라는 교수가 부임하면서 벌어지는 이야기를 총 20회에 걸쳐 보여 준다. 하지만 드라마는 학생들의 사연을 열거하는 것만으로도 시간이 부족했다. 그러다 보니 시청자가 각각의 캐릭터들과 함께 고민하고 즐길 만한 여유를 주지 않았고, 직설적인 스토리텔링 속에서 캐릭터들은 과도하게 자신의 성격을 드러냈다. 조정석이 연기한 '김병건' 또한 캐릭터의 중심을 잡지 못했다.

병건은 때로는 과시적이며, 장난스럽지만 한편으론 무대 공포증이 있어서 사람들 앞에서는 노래도 잘 못한다. 이 캐릭터는 조정석이 앞서 연기한 〈스프링 어웨이크닝〉의 '모리츠'를 묘하게 닮아 있다. 이제 막 브라운관으로 넘어온 조정석의 연기는 무대 연기처럼 과잉되어 있어서 어색했고, 그러다 보니 그의 장기인 노래도 매력적으로 들리지 않았다. 그러나 회차를 거듭하면서 그의 연기는 변해 간다. 7년간 다져진 무대 경험과 캐릭터에 대한 이해가 드라마 시스템에 적응하면서 빛을 내기 시작한 것이다.

"진짜 장난한 게 아닌데…… 내가 원래 조금…… 떨려서 그런 건데……"

–〈왓츠업〉 3화

특히 조정석의 눈빛 연기는 압권이었다. 그의 두 눈에 서린 깊이 모를 슬픔은 그가 연기했던 '모리츠,' '헤드윅'처럼 무언가 결함을 가진 채 외로움과 시련을 겪는 병건을 진하게 표현해 냈다. 어두운 체육관에서 혼자 울먹이면서 뮤지컬 〈그리스〉의 "Those Magic Change"를 부르는 모습을 연기한 조정석의 불안한 눈빛은 고스란히 시청자에게 연민과 공감의 감정으로 이어졌다. 조정석은 결국 이를 눈여겨 본 한 감독에 의해서 다음 작품에 캐스팅된다. 바로 〈다모〉(MBC, 2003)를 연출한 이재규 감독의 〈더킹 투하츠〉였다. 이재규 감독은 〈왓츠업〉의 초반 편집 작업에 참여하며 조정석을 눈여겨보고 캐스팅했다. 기존 작품에서 여러 배우를 새로운 이미지로 변화시키고 안정적으로 연기하게 한 이재규 감독의 연출은 조정석에게도 적용됐다. 능글맞고 직격탄을 날리던 '납뜩이'는 사라졌다. 그는 냉철한 근위대장 '은시경'으로 지상파 드라마의 문을 두드렸다.

조정석은 은시경이 되기 위해 몸무게를 감량하고 날카로워진 이미지에 묵직한 캐릭터를 덧입혔다. 그의 트레이드마크인 큰 눈은 감정을 고스란히 담아내는 기폭제 역할을 했다. 조정석은 〈더킹 투하츠〉에서 허리를 곧게 편 자세와 일자로 굳어진 입매로 은시경의 곧은 품성을 표현했고, 투박하지만 순수한 사랑은 특유의 눈빛과 말투로 담아냈다. 이렇게 '납뜩이'이로 포문을 연 그의 인기는 '은시경'으로 점차 확대되어 갔다.

"전 썩은 과자는 안 먹습니다."

–〈더킹 투하츠〉 14화

〈더킹 투하츠〉 방영 이후 조정석의 인기는 '은시경앓이'라는 표현이 나올 정도였다. 납뜩이 때와 달랐다. 은시경은 '납뜩이'의 코믹 이미지를 단번에 벗어나게 하면서 '남자 주인공'으로서의 가능성을 보여주었다. 그럼에도 불구하고 조정석의 코믹한 캐릭터는 여전히 '납뜩이'와 비교되며 좀처럼 캐릭터의 한계를 벗어나지 못하는 것처럼 보였다.

> "전 앞으로 어떤 역할을 해야 할까요? (웃음) 언제, 어딜 가나 전작에 관한 질문을 많이 받는 것 같아요. 은시경일 때는 납뜩이, 신준호(〈최고다 이순신〉)일 때는 은시경을 떠올리는 분들이 많았죠. 필모그래피를 쌓아나갈수록 전작에 대한 이미지가 조금씩 미세하게 비치는 건 어쩔 수가 없나 봐요. 납뜩이는 아마 배우 생활하면서 평생 짊어지고 가야 할 것 같아요. 다음에 제가 젓가락 들고 심각한 표정으로 밥 먹고 있으면 살수가 떠오른다는 사람이 있을지도 모르고요. 그런데 그게 싫지는 않아요"(현화영, 2014. 5. 26).

이러한 우려에 대해서 조정석은 예상외의 해결책을 찾는다. 자신에게 남아 있는 캐릭터의 잔상을 걷어 내지 않고 흡수하거나 정면 돌파하는 것이다. 그래서 평면적이고 변화 없는 캐릭터보다 성장하며 뚜렷한 성격을 드러내는 캐릭터를 택했다. 조정석이 〈더킹 투하츠〉를 통해 강한 캐릭터를 세웠기 때문에 평범하고 굴곡이 덜한 〈최고다 이순신〉의 '신준호'는 매력이 다소 떨어졌다. 하지만 조정석은 신준호를 통해 50부작 드라마 작업에 필요한 긴 호흡, 그리고 주변 캐릭터와 조화롭게 연기하는 법을 배웠다.

〈블러드 브라더스〉로 연극 무대에 복귀한 조정석에 대해 오래된 그의 팬은 "여전히 반짝이고, 여전히 슬픔을 채워 주는 배우"라고 표현했다. 일곱 살부터 서른 살이 넘는 '미키'의 일생을 연기하는 그를 보며, 오래전 그의 무대를 보며 느꼈던 '슬픔의 공명共鳴'을 다시 느꼈다. 이 공명이야말로 조정석이라는 배우가 가진 캐릭터의 힘이다. 캐릭터가 코믹하든, 진중하든 그는 캐릭터 내면의 깊이를 표현하는 데 그 공명을 꼭 드러낸다.

> "전혀 다른 사람의 모습을 끄집어내는 것이 아니라, 자신이 가진 여러 가지 모습 중 가장 닮은 부분을 찾아내 보여 주는 것이 연기라고 생각해요. 뮤지컬을 보면 같은 배역이라도 누가 연기하느냐에 따라 인물의 매력이 달라지는 듯이 말이죠. 그런 면에서 매번 변화무쌍한 모습을 보이면서도, 익숙하고 친근한 배우가 되고 싶습니다"(최수진, 2012. 4. 4).

조정석이 가진 공명이 큰 울림을 가지는 것은 그가 배역을 체화하는 데 있어 자신 스스로를 재료로 삼기 때문이다. 그는 익숙할 법한 캐릭터에도 조금씩 변주를 시도해 가며 그만의 방식으로 연기하려 한다. 그래서 조정석의 성장은 매우 느릴지언정 자신만의 분명한 색깔을 가진다.

> "진짜 코미디를 할 줄 아는 배우더라. 저 혼자 따로 웃기는 게 아니라 전체의 리듬을 알고, 관객과 호흡을 맞추는 연기를 보여 주더라. 그길로 "〈넘버 3〉 때 선배와 비슷한 배우가 나왔어요"라고 송강호에게 알렸고, 그 역시 조정석이 팽현으로 합류하는 데 이견이 없었다."
>
> – 〈관상〉의 한재림 감독(이화정, 2013. 7. 8)

한 영화계 관계자는 조정석을 "영화 속에서 캐릭터의 미장센을 살려 주는 배우"라고 말한다. 작품의 흐름과 리듬을 고려해 자신의 캐릭터를 배치하고 주변의 캐릭터와 섞일 줄 아는 배우라는 의미다. 〈더킹 투하츠〉의 은시경과 이재신(이윤지), 〈건축학개론〉의 납뜩이와 승민(이제훈), 〈관상〉에서의 팽헌과 내경(송강호)의 호흡은 우연히 만들어 낸 결과물이 아니었다. 점차 작품 속에서 캐릭터의 무게감을 잡아 가고 있었고, 영화 〈역린〉에서는 을수로서 주인공 정조(현빈)보다 더 이야기의 중심에 있는 것처럼 보였다.

조정석이 출연한 영화가 연달아 개봉되고 그의 연기는 꾸준히 호평을 받고 있다. 그에 비해 한동안 드라마 출연이 뜸했던 그는 2015년 〈오 나의 귀신님〉(tvN, 2015)으로 돌아왔다. 조정석은 '잘난 척 빼면 할 게 없는 허세남'이라는 다소 전형적인 캐릭터를 자신만의 스타일로 소화해 내면서 주인공으로서의 존재감을 증명해 보였다. 그의 영리한 캐릭터 해석과 자연스러운 연기는 여주인공인 박보영의 연기와 시너지를 내며 높은 시청률을 기록했고, 다시 한 번 '대세남'으로 자리매김할 수 있었다.

지난 몇 년간 그가 연기한 캐릭터들을 살펴보면, 영화에 비해 드라마에서는 〈더킹 투하츠〉 이후 전형적인 로맨틱 코미디 장르의 남자 주인공을 주로 연기해 왔다. 하지만 전형적이라고 여겨졌던 캐릭터들은 조정석을 만나 그만의 스타일로 새롭게 변주되었다. 그리고 아직 조정석이 연주하는 변주곡은 끝나지 않았다.

드라마와 남자 배우

최근 3년간 남자 배우들이 표현한 남성상은 과거의 가부장적 혹은 성공 지향적이거나 완벽함을 갖춘 캐릭터에서 순정적이고 여성을 통해 성장하는 캐릭터로, 즉 여성이 지향하는 이상향적인 남성상에 가깝게 진화하고 있음을 알 수 있다. 각 배우의 활동을 분석하는 과정에서 이 이상향이 어떻게 배우에 투영되는지, 배우들 역시 연기를 통해 이를 어떻게 극대화시키는지를 확인할 수 있다.

앞서 살펴본 세 명의 배우는 몇 년간 꾸준한 성장을 거쳐 주연급으로 자리매김한 이들이다. 이들은 남자 배우들이 미학적으로 갖추어야 할 세 가지 요소인 '이미지,' '사운드,' '내러티브'가 어떻게 작용하는지를 보여 주고 있다. 배우에게 이 세 가지 요소는 극의 중심에 서기 위해서는 필수불가결한 요소임을 증명한다. 선천적으로 타고난 요소도 있지만, 자신이 갖추지 못한 요소는 어떻게 체화하고 활용하느냐에 따라 '배우'로서 성장할 수 있게 된다. 그 가능성을 가장 넓게 보여 준 세 명의 배우를 분석함으로써 남자 배우가 미학적으로 작품에 미치는 영향력을 파악하고, 배우가 가진 예술적 기재를 활용해 어떻게 연기자로서 성장하는지 엿볼 수 있었다.

이 글은 2년이라는 짧은 기간 내의 배우들의 연기 활동에 집중했다는 점에서 한계가 있다. 또한 세 명의 배우 외에도 더 많은 배우들에 대한 이야기를 풀어내지 못한 것이 아쉬움으로 남는다. 그러나 이 글을 통해서 앞으로의 남자 배우에 대한 분석이 텍스트 분석적인 접근을 넘어 좀 더 깊은 관찰을 통해 남자 배우가 '캐릭터'가 아닌 '배우'로서 시대적인 기류 그리고 드라마사와 어떻게 조우하는지 살펴볼 수 있게 되길 바란다. 특히 배우의 '미학적 요소'가 기초적인 계보와 틀에 활용되길 바라며, 이후에는 '남자 배우'에 대한 정체성과 참여 관찰적인 연구로 발전되었으면 한다.

참고 문헌

고석희 · 윤지원 · 정현목 (2014. 11. 18). "영화인 45명이 뽑았다…… 차세대 최고의 연기돌," 〈중앙일보〉.

김환표 (2012). 《드라마, 한국을 말하다》. 인물과사상사.

노정연 · 하경헌 (2015. 2). "임시완, 배우의 날개를 펴다," 〈레이디경향〉.

배진아 외 (2014). "드라마 편성, 제작 그리고 내용 분석," 한국콘텐츠진흥원 연구보고서.

신윤동욱 · 김미영 (2009. 7. 17). "당신은 그의 목소리에 반했다," 〈한겨레21〉.

안진용 (2014. 2. 18). "[목소리가 대세다 ①] 명품 배우의 조건? '소리'가 달라!," 〈스포츠한국〉.

양성희 (2015. 1. 7). "순수와 성숙 사이 여심 훔친 '신비남' 이종석," 〈중앙일보〉.

유지윤 (2015. 1. 26). "[이슈인터뷰] 이종석 "연기가 무서웠던 때, '피노키오' 만나 힐링"," 〈헤럴드경제〉.

이사야 (2013. 3. 1). "빗나간 '연예인 조공 문화'…… 억대 음향 시스템, 8000만 원대 선물 등 팬들 경쟁적," 〈쿠키뉴스〉.

이양환 (2013). "시청률로 보는 한국 TV 드라마 트렌드: 지상파방송/종합편성방송 2013년 1월~9월 방영 드라마 분석," 한국콘텐츠진흥원, 〈코카포커스〉, 2013. 7호.

이와오 수미코 (2004). 《TV 드라마의 메시지》. 커뮤니케이션북스.

이화정 (2013. 7. 8). "한재림 감독, 〈관상〉의 여섯 배우 관상을 읽다," 〈씨네21〉.

장근영 (2014. 6). "모델 출신 남자 배우가 대세라고?," 〈아레나〉.

전홍배 (2013). 〈초고화질 카메라의 도입이 TV 드라마 제작에 미치는 영향에 관한 연구〉. 연세대학교 언론홍보대학원 석사 학위 논문.

주성철 (2012. 12). "나쁜 버릇: 배우가 연기할 때 보이는 습관은 어디까지 용납할 수 있을까? 그런데 그것이 나쁜 것일까?," 〈GQ〉.
최수진 (2012. 4. 4). "〈더킹투하츠〉 조정석 인터뷰," 〈주간MBC〉.
한국콘텐츠진흥원 (2014). 〈2013 방송영상산업백서〉.
한국콘텐츠진흥원 (2015). 〈2014 방송영상 산업백서〉.
〈헬스조선〉 (2012. 10. 28). "이병헌과 송중기의 매력적인 목소리에는 비밀이 있다?" http://health.chosun.com/site/data/html_dir/2012/10/26/2012102602091.html
현화영 (2014. 5. 26). "배우 조정석이 캐릭터와 만나는 자세," 〈세계일보〉.
황진미 (2014. 1. 17). "'별그대' 전지현, 김수현 이러니 대박날 수밖에," 〈엔터미디어〉.

Altman, Rick (1986). "Television/Sound" in Tania Modleski (ed.) *Studies in Entertainment*, Bloomington: Indiana University Press.
Ellis, John (1982). *Visible Fictions*. London: Routledge
Thornham, S. & T. Purvis (2005). *Television Drama: Theories And Identities*, [김소은 & 황정녀 옮김 (2008). 《텔레비전 드라마: 이론, 본질, 정체성 그리고 연구 방법론》. 동문선.]

6

반복과 변형의 미학, 리메이크 드라마

김주옥 김일중

김주옥　서울대학교 국어교육과를 졸업하고, 같은 학교 언론정보대학원에서 석사, 뉴욕시립대학교에서 텔레비전 제작 석사, 템플대학교에서 박사 학위를 받았다. 현재 텍사스 A&M 국제대학교 언론심리학과 조교수다. KBS 특집 다큐멘터리팀 방송 작가로 활동했으며, 〈팬덤 연구 *Journal of Fandom Studies*〉, 〈중국 미디어 연구*China Media Research*〉, 〈프로그램/텍스트〉에 연구 논문을 발표한 바 있다.

김일중　단국대학교 경영학과, 경희대학교 경영대학원을 졸업했다. 현재 한국콘텐츠진흥원 해외사업단 차장으로 한국콘텐츠진흥원 미국사무소 소장을 지냈다. JTV 전주방송, KBS 사내 기업 굿모닝코리아, KBS 플러스에서 프로듀서로 일하며 〈전북만화경〉, 〈국악한마당〉, 〈싱싱일요일〉, 〈KBS 일요스페셜〉 등의 TV 프로그램을 연출했다. 방송위원회 '이달의 좋은 프로그램'상, AIBD Award '최우수 다큐멘터리상'을 수상했고, 2008년부터 한국콘텐츠진흥원에서 '문화콘텐츠 기획창작아카데미,' '대한민국 스토리공모대전' 등의 사업을 맡아왔다. 프로듀서 30여 명과 함께 《PD, Who & How》를 공동 집필한 바 있다.

리메이크는 영상 산업 분야에서 이뤄지는 재해석을 통칭하며, 원작의 줄거리, 특정 장면, 혹은 촬영 기법에 새로운 해석을 가미하는 것을 뜻한다(Braudy, 1998). 이러한 관점에서, 미디어 연구자 앤드루 호튼과 스튜어트 맥두걸은 리메이크 작품을 영상 텍스트인 동시에 특정 시기, 특정 사회에서 형성된 문화 담론과 이데올로기의 구성물로 정의한 바 있다(Horton & McDougal, 1998). 이 장에서는 한국 리메이크 드라마의 제작 양식과 흐름을 살펴봄으로써, 장르 간 모방과 재창조, 스토리와 캐릭터의 반복과 변형에 대해 살펴보고자 한다.

한국 드라마 산업에서 리메이크가 진행되는 방식은 크게 세 가지로 분류된다. 첫째, 타 언어권 드라마의 판권을 구입해 문화적으로 캐릭터와 에피소드를 재해석하는 것으로, KBS의 〈직장의 신〉, 〈여왕의 교실〉, 〈수상한 가정부〉가 그 예다. 둘째, 소설, 웹툰, 만화 등 타 매체 예술 작품을 각색하는 것으로, tvN의 〈미생〉, KBS의 〈예쁜 남자〉 등이 이에 속한다. 셋째, 과거에 방영된 한국 드라마를 현대적으로 재해석하는 방식으로, KBS의 〈후아유-학교 2015〉가 여기 포함된다.

최근 리메이크 드라마 제작이 증가하는 현상에 대해 한국 드라마 소재가 고갈된 것에 대해 우려하거나, 방송사 간 과도한 경쟁으로 인해 필요 이상의 드라마가 제작 방영되고 있음을 지적하는 목소리가 있다. 지상파 방송사가 주말 저녁 시간대에 두 편의 드라마를 연속 편성하고 있고, 케이블 및 종편 방송사들도 드라마 제작에 가세하면서, 드라마 제작진들이 참신한 소재를 찾아 해외 드라마나 다른 장르의 창작물에 높은 관심을 보인 결과일 것이다. 새로운 드라마 한 편을 기획하는 데 소요되는 시간과 비용, 시청률 확보와 제작비 감축이라는 현실적인 문제들을 감안하면, 드라마 제작진들이 자발적으로 실험적인 작품을 기획하고, 제작하기란 쉽지 않은 일이다. 드라마 제작사들이 외국 드라마 포맷을 현지화하거나, 다른 장르의 창작물을 방송 콘텐츠로 제작하는 데 관심을 갖는 것도 이와 무관하지 않다.

그러나 리메이크 드라마가 증가하는 현상을 부정적으로만 평가할 일은 아니다. 영상 산업이 발달한 국가일수록 리메이크 드라마 제작이 활성화되어 있다. 미국의 경우가 대표적인데, 우리나라에서도 다수의 시청자를 확보하고 있는 〈어글리 베티〉(ABC, 2006), 〈니키타〉(CW, 2010), 〈CSI 마이애미〉(CBS, 2002)와 같은 드라마들이 이에 해당한다. 그러므로 대중을 대상으로 검증된 스토리를 재활용하는 작품이 늘어나고 있는 것 자체는 우려할 일은 아니다. 다만, 최근 한국에서 제작, 방영된 리메이크 드라마들의 독창성이나 완결성 여부는 비판적으로 검토될 필요가 있다. 새로운 시장, 장르, 그리고 소비자의 특색을 파악하고 이에 적극적으로 대응하거나 원작을 각색하고 연출하는 과정에서 리메이크 드라마의 독창성을 추구하는 풍토를 조성하는 것은 드라마 제작 산업 발전을 위해서 중요하기 때문이다. 따라서 시청자와 언론, 그리고 비평 집단에서 지속적인 관심과 논의를 통해 리메이크 드라마의 독창성에 대해 리메이크 드라마의 질적 향상과 한국 드라마 산업 발전을 도모하는 데 필요한 작업일 것이다.

||| 일본 드라마의 한국판 리메이크

최근 몇 년간 국내 지상파 방송사들은 일본 드라마 원작을 구매해 한국 사회의 실정에 맞게 각색한 작품들을 잇달아 선보였다. 연간 미니시리즈 편성 및 제작을 기획하는 과정에서 다양한 전략을 구사한다는 것을 고려하면, 일본 리메이크 드라마의 증가는 지상파 방송사들이 안정성을 보다 중시한다는 것을 보여 준다. 리메이크 드라마의 경우, 이미 검증된 원작을 재활용하되, 한국 정서에 맞게 재맥락화하는 과정이 드라마의 성공 여부를 결정짓는다.

2013년에 방영된 대표적인 일본 드라마 리메이크작인 〈직장의 신〉과 〈여왕의 교실〉은 유사점이 많다. 첫째, 두 작품 모두 일본에서 방영 당시 큰 반향을 일으켰고, 국내 일본 드라마 팬에게도 상당히 알려져 있다. 둘째, 고현정과 김혜수라는 베테랑 연기자들이 휴식기를 거친 후에 복귀작으로 선택했다는 점이다. 셋째, 극 중의 주인공들이 흰 셔츠에 검은 정장 차림으로 등장하며, 만화적인 캐릭터를 연기한다. 마지막으로, 차가워 보이지만, 속 깊은 캐릭터, 현실에서 찾기 힘든 캐릭터가 일상적으로 일어나는 다양한 사회 문제들을 해결하면서 정의를 구현한다는 허구적 상황도 닮아 있다. 이 두 드라마는 절망적인 현실 속에서도 희망을 버리지 않는 소시민의 모습을 다루고 있는데, 이는 오랜 경제 침체를 겪고 있는 일본인들의 사회 문화적 욕구를 투영하고 있다는 의견이 있다. 일본 사회의 경제적, 문화적 맥락에서 탄생한 이야기와 캐릭터이기 때문에, 여러 지점에서 한국 사회와 괴리된 부분이 존재한다.

드라마 리메이크 판권을 구매할 경우, 제작사는 원작과 동일하게 재연해야 하는 캐릭터, 에피소드, 장면에 관한 요구 사항들을 충실하게 이행해야 한다. 이에 따라, 리메이크 드라마의 경우 현지 실정에 맞게 각색하기란 쉽지 않다. KBS가 2013년 봄에 방영한 〈직장의 신〉(KBS2)은 일본 드라마 〈파견의 품격〉(NTV, 2007) 스토리와 캐릭터를 한국 사회에 맞게 재창조함으로써, 리메이크 드라마의 독창성을 상당 부분 확보한 사례로 평가받는다.

원작 〈파견의 품격〉과 비교해 보면 〈직장의 신〉의 경우 주연 남배우로 분한 오지호의 헤어스타일, 드라마의 주요 무대인 사무실의 소품 배치까지 원작을 충실히 재현하고 있다. 설정, 배경, 캐릭터 묘사에 있어 원작을 반영해야 하는 리메이크 계약 조건은 국내 제작진들이 드라마를 창의적으로 재해석하고 새로운 스토리를 첨가하는 데 제약이 되기도 한다. 이로 인해 기존 리메이크 드라마들의 경우 재연 드라마와 유사한 수준의 실망스런 결과물을 내놓기도 했다.

그러나 〈직장의 신〉은 일본 원작을 수정 보완하는 노력, 만듦새와 독창성에 있어 의미 있는 성과를 거두었다는 평가를 받았다. 배우 김혜수가 그간 작품을 통해 구축한 이미지와 '미스 김'이라는 캐릭터가 만나면서 효과를 극대화했기 때문이다. 원작이 던지는 메시지 자체도 소구력이 강하지만, 자유와 공정함이 보장된다면, 능력만으로 평가받을 수 있는 자발적 계약직을 선택하고 싶을 만큼 직장인들의 공감을 끌어내는 것은 김혜수라는 배우의 힘이라는 평가를 받았다. 배우 김혜수의 '미스 김' 캐릭터가 한국판 리메이크 드라마의 핵심 동력이긴 하지만, 그녀가 구사하는 북한식 말투는 캐릭터의 리얼리티를 떨어뜨리고, 드라마의 리듬감을 훼손한다는 지적도 있다.

미스 김 캐릭터는 회사 내에서 비정규직으로 일하고 있지만 탁월한 상황 판단력, 순발력, 체력을 갖추고 있기 때문에, 스스로 원하기만 하면 엘리트 코스를 밟을 수 있는 것으로 묘사된다. 이러한 비현실적인 캐릭터는 시청자들로 하여금 자신들이 처한 현실과 달라 좌절감을 느끼게 한다. 만화적 설정은 리메이크 드라마 전반에 나타나고 있는데, 기존의 팩션이나 타임슬립물 드라마들이 만화 같은 설정하에서 극중의 현실감을 높이는 것과 달리 〈직장의 신〉은 현실에 있을 법한 설정을 바탕에 두고 만화적 연출과 캐릭터, 그리고 스토리를 얹는 방식을 택하고 있다.

〈직장의 신〉은 한국 드라마의 전통적인 특장점인 러브라인을 첨가하면서 일본 원작과 거리를 두고 있기도 하다. 사내 관계망 속에서 다양한 러브스토리를 다룸으로써, 국내외 한국 드라마 시청자들의 기대 심리에 적절히 부응한다. 또한 사회성 있는 이슈를 안전하게 코믹과 만화적 설정으로 버무려, 미니시리즈이지만 단막 시트콤 형식을 얹어 마니아보다는 일반 시청자를 붙드는 드라마로 리메이크 작품의 자체 경쟁력을 확보했다는 평가를 받았다. 물론, 한국판에서 첨가된 로맨스 코드가 일본 원작에 일관되게 드러나는 사회 비판적 메시지를 흐트러뜨린다는 비판도 받았다.

이에 반해, 한국판 리메이크 〈여왕의 교실〉(MBC, 2013)은 원작의 설정과 캐릭터를 재맥락화하는 과정에서 부족함을 드러낸 사례다. 장면별scene by scene 재연을 요구하는 리메이크 드라마의 경우 제작 과정에서 한국의 방송 제작진들이 창의적으로 개입할 여지가 많지 않다. 그러나 소품, 배경, 얼굴 표정까지 그대로 모사하는 방식이라면, 리메이크인지 재연인지 구분이 모호해진다는 비판을 면하기 어렵다. 특히, 사회적으로 민감한 초등 교육 현장을 다루고 있고, 한국 문화와 정서상 받아들이기 힘든 부분이 존재하기 때문에 더욱 세심한 재해석이 필요했다.

〈여왕의 교실〉의 일본 원작과 한국 리메이크의 가장 큰 차이점은 선악 구도를 구축하는 장치에 있다. 원작 〈여왕의 교실〉(NTV, 2005)은 부당한 현실을 상징하는 냉정한 선생님과 억압받지만 휴머니즘과 공동체적 가치를 추구하며 대항하는 아이들의 대립 구도를 섬세하게 묘사해 일본에서 방영 당시 큰 반향을 불러일으켰다. 원작은 극중 공간인 초등학교 교실 내에서 학생들 간의 반목, 질투, 갈등을 넘어, 선생님에게 항거하기 위해 자발적으로 연대를 결성하는 과정을 다룬다. 또한 다양한 장치를 통해 시청자들로 하여금 아이들의 편에서 사건의 전개 과정을 따라가게끔 만들고, 선악의 캐릭터를 명확하게 구분을 할 수 있도록 돕는다.

원작의 도입부에 등장하는 "이 드라마는 악마적 교사에게 학생들이 1년 간 맞선 이야기"라는 내레이션은 시청자들로 하여금 교실이라는 공간에 극단적이고 작위적인 상황을 연출했는지 이해를 돕는 중요한 장면이다. 이야기가 전개되기 전에 시청자들은 교사는 악이고, 아이들은 선이라는 이분법 프레임을 받아들이게 만들기 때문이라는 의견이 있다. 도입 부분의 자막은 시청자들로 하여금, 아이들의 시선에서 드라마의 전개를 이해하고, 아이들이 교사의 폭압에 맞서 어떻게 싸우고 성장해 나갈 것인가를 기대하게 한다는 것이다.

원작 드라마의 에필로그는 카메라가 꺼진 다음 선생님 역을 맡은 아마미 유키가 블라우스의 단추를 풀고 활짝 웃으면서 제작진들과 인사를 나눈 다음 다른 배우들과 운동장에서 경쾌한 군무를 추는 장면을 사용했다. 원작 드라마의 제작진들은 아마미 유키가 극 중 캐릭터에서 배우 자신의 모습으로 돌아오는 과정을 보여 줌으로써, 악랄한 교사라는 비현실적인 캐릭터가 극적 장치임을 명확히 하고, 시청자들이 극중 에피소드들을 일본 교육 현실과 연결시키지 않도록 돕는다.

한국 리메이크 드라마의 경우 앞서 언급한 원작의 핵심 장치들을 누락시킴으로써 누구의 시점을 따라가면서 이야기를 봐야 하는지 혼란스럽게 하고 있다. 이로 인해, 아동 학대에 가까운 대사를 하는 교사 캐릭터를 지켜보는 시청자들 스스로 잠재적 가해자로 느끼게 만들기도 한다. 선생님 역을 맡은 배우 고현정이 아이들의 대화를 멀리서 지켜보거나 선한 표정과 미소로 참교육자의 모습을 드러내는 장면들도 시청자의 혼란을 가중시킨다. 일본 드라마가 현실과의 경계를 명확히 구분하는 우화적 분위기를 바탕으로 한다면, 한국판 리메이크는 입체감과 현실감 있는 주인공 캐릭터를 구축하면서 오히려 시청자들을 불편하고 혼란스럽게 하는 결과를 낳은 셈이다.

한국판 리메이크의 에필로그는 주인공 교사가 아니라 극 중 아이들과 드라마 삽입곡을 부른 아이돌 그룹 샤이니 멤버들이 실내 체육관에서 춤을 추는 장면들이 사용되었다. 이 장면은 일본 원작에서처럼 선생님으로 분한 배우가 현실로 돌아오는 과정으로 작동하기보다는 드라마 배경 음악의 홍보 영상에 가깝다. 극단적인 설정에 바탕을 둔 드라마이기에, 주요 장치의 누락은 시청자들로 하여금 우화적 해석을 하기 어렵게 만들고, 몰입을 떨어트린다.

여러 면에서 원작의 재해석에 아쉬운 점을 드러냈지만, 〈여왕의 교실〉 리메이크는 그간 필모그래피를 통해 자신만의 이미지를 구축해 온 배우들을 적재적소에 캐스팅함으로써 해외 드라마를 현지화할 때 캐스팅의 중요성을 상기시키기도 했다. 극중 육성회장 역할을 맡은 배우 변정수는 치맛바람으로 대변되는 학부모의 전형을 실감나게 그려냈다. 전작인 〈그녀들의 완벽한 하루〉(KBS2, 2013)에서도 강남 8학군 엄마의 전형성을 그려낸 바 있는 그녀는 〈여왕의 교실〉을 통해 이 분야에서 독보적인 설득력을 갖는 배우로 자리매김했다. 변정수를 통해 구현되는 캐릭터가 갖는 문화적 공감대는 원작에서 찾아보기 힘든, 리메이크 드라마 속에 녹아든 한국 사회만의 감성을 잘 보여 준다.

일본 원작의 리메이크가 한국 미니시리즈 제작 편성에 있어 중요한 전략적 대안의 하나가 되었음에도 불구하고, 리메이크 드라마의 독창성에 대한 논의는 상대적으로 부족하다. 리메이크를 검증된 기존의 작품에 대한 안정적 투자로 바라보기 때문에 캐릭터나 스토리의 재해석에 대한 기대 심리가 크지 않다. 게다가 디지털 시대 문화 교류가 활발하게 이뤄짐에 따라 일본의 만화적 표현, 캐릭터, 상황 설정에 대한 우리 시청자의 수용도가 높아져서 적극적인 지역화가 요구되지 않는 것이 아닌가 하는 의견도 존재한다.

한일 대중 문화 교류가 늘어나고 상호간의 이해도가 높아질수록 리메이크 드라마를 제작할 때 현지화에 대한 심도 깊은 고민이 요구된다. 이미 다양한 경로를 통해 원작을 접했거나 상당한 정보를 습득하고 있는 시청자들 입장에서 원작과의 비교는 드라마를 소비하는 하나의 중요한 방식이 되고 있기 때문이다. 일본 드라마 〈사랑 따윈 필요 없어, 여름〉(TBS, 2002)을 원작으로 하는 〈그 겨울, 바람이 분다〉(SBS,

2013)의 조인성은 일본 배우 와타베 아츠로와 끊임없이 비교됐고, 일본 원작 특유의 냉소주의나 리얼함을 제대로 살리지 못했다는 비판을 받기도 했다. 〈사랑 따윈 필요 없어, 여름〉이 삶과 행복에 대한 관조에 가까운 영상 처리에 집중한 반면, 한국의 리메이크 작품은 주연 배우들에 집중하는 광고적 연출로 원작 팬들의 비판을 받기도 했다. 이처럼 새로운 미디어 환경에서 시청자들의 원작에 대한 접근성이 높아졌음을 감안해, 리메이크 드라마 제작자들은 스토리와 캐릭터의 반복과 변형 과정에서 보다 세밀한 논의와 분석이 요구된다.

||| 매체와 장르 넘나들기

웹툰은 국내 프로듀서들이 지속적으로 드라마화를 모색해 온 장르 중 하나다. 일찍이 웹툰의 2차 저작물 제작에 관심을 둔 것은 영화 제작사들이었다. 2006년 웹툰 작가 강풀의 〈아파트〉(안병기, 2006)를 기점으로, 〈바보〉(김정권, 2008), 〈순정만화〉(류장하, 2008)와 같은 작품들을 선보였으나 평단이나 대중의 주목을 받지 못했다. 그러나 윤태호의 〈이끼〉(강우석, 2010)와 심훈의 〈은밀하게 위대하게〉(장철수, 2013)가 상업적 성공을 거두자 웹툰의 영화화가 꾸준히 이어졌다. 지상파 방송사들도 웹툰 드라마를 제작하기 시작했는데, 천계영의 〈예쁜 남자〉(KBS2, 2013)와 같은 작품들은 평단이나 대중들의 주목을 받지 못했다. 이러한 작품들은 인기 웹툰이라는 검증된 콘텐츠를 활용하더라도, 매체 간 차이를 잘 이해하고 세심한 변주를 모색하지 않는다면, 리메이크 드라마의 성공을 보장하지 않는다는 것을 잘 보여 준다.

최근 들어 케이블 방송사들이 적극적으로 웹툰 드라마를 제작해 왔는데, 2014년 tvN이 제작 방영한 윤태호 원작의 〈미생〉은 사회적으로 큰 반향을 불러일으키며 웹툰 드라마의 선례로 남았다. 미생은 원작의 미덕을 훼손하지 않으면서 드라마라는 장르 특성에 맞게 적절한 각색이 이뤄진 것으로 평가받는다. 철학적인 메시지나 바둑의 전략에 관한 원작의 내용들을 선별적으로 다룸으로써 시청자들의 몰입도를 떨어뜨리지 않았다는 것이다. 주요 등장인물의 캐릭터와 사내 인물들의 관계를 묘사하기 위해 더해진 에피소드들로 인해 드라마만의 독창성도 갖추었다는 평가를 받았다. 다시 말해, 원작과 각색 작품 사이의 적절한 교차 지점을 찾으면서 원작에 열광했던 시청자들의 기대 심리를 크게 반하지 않은 셈이다.

웹툰 드라마 〈미생〉 성공의 또 다른 이유는 캐릭터나 에피소드의 현실 정합성에서 찾을 만하다. 바둑을 소재로 청년 실업, 계약직 노동자, 그리고 샐러리맨 삶의 애환을 세밀하게 재현해 냈던 웹툰 원작의 주요 얼개를 드라마로 담아내, 보다 폭넓은 시청자들로부터 큰 공감대를 이뤄 냈다. 무역상사의 사무실을 그대로 옮겨온 듯한 소품이나 배경 장치들도 에피소드의 사실감을 증폭시켰다.

웹툰 캐릭터들이 배우들에 의해 재탄생되는 과정도 웹툰과 다른 드라마만의 매력이자, 시청자들을 끌어들인 요소다. 아이돌 그룹 제국의 아이들 멤버이자 영화 〈변호인〉에서 조연으로 출연해 연기자로서의 가능성을 인정받은 장그래 역의 임시완은 배우가 갖고 있는 본연의 이미지를 투영시키면서, 원작과 차별화된 장그래 캐릭터를 창조해 냈다. 왜소하지만 전형적인 꽃미남 이미지의 장그래는 엄혹한 현실에 내던져진 한 청년의 고군분투를 우화로 변형시킨다. 드라마 전체의 무게감을 조율하는 중년 배우, 이경영과 이성민도 자신이 출연했던 전작의 이미지들이 〈미생〉 속 캐릭터들과 중첩되면서 웹툰의 캐릭터들과 차별화하는 데 기여한다. 정윤정 드라마 작가는 원작에서 장그래를 돕는 장백기 캐릭터를 열등감을 내보이는 인물로 재창조했는데, 배우 강하늘을 통해 이 캐릭터는 드라마에 새로운 갈등 요소로 사용되면서, 극적인 긴장감을 불어넣기도 했다.

〈미생〉의 상업적 성공은 국내 지상파 및 케이블 방송사들의 만화, 웹툰, 웹소설을 원안으로 하는 드라마 제작 편수의 증가를 전망케 한다. 방송사들의 경우 완성도 높은 드라마 제작을 통해 고정적인 시청자층을 확보하고, 안정적인 수익 창출을 주된 목표로 삼는다. 드라마의 완성도에 가장 큰 요건이 이야기임을 고려하면, 소재가 풍부한 만화, 웹툰, 웹소설의 각색은 지속적으로 시도될 것으로 보인다.

많은 웹툰 창작자들이 작품의 드라마화를 환영하고 있다. 윤태호 작가는 〈미생〉의 2차 저작물의 상업적 성공에 따른 웹툰의 재생산 순환 구조를 확립하는 것에 대한 긍정적인 평가를 내린 바 있다(2014년 11월 27일 창조경제박람회). 그럼에도 불구하고, 그는 원작의 가치를 우선시하는 풍토를 조성하는 것 또한 중요하다고 주장한다(이현경, 2014. 11. 27). 웹툰 작가들이 하나의 작품을 완성하는 데 소요되는 시간과 노력을 고려하면, 원작 자체의 유통과 소비가 드라마의 성공보다 더 중요하다는 것이다. 웹툰과 드라마 시장의 규모를 감안하면, 웹툰 자체가 2차 저작물화를 위해 제작되는 풍토를 우려할 만하다. 드라마 제작자들 또한 무분별한 웹툰 드라마화를 경계할 필요가 있다. 이재문 〈미생〉 제작 프로듀서는 웹툰 드라마의 활성화를 예견하며, 이는 방송 드라마 산업의 경쟁 심화에서 비롯된다고 설명했다(2014년 11월 27일 창조경제박람회).

시청자의 기호에 대한 예측이 어려워짐에 따라, 방송 드라마 제작사들은 검증된 콘텐츠의 재제작을 통해 시장에서의 성공 가능성을 높이려 한다는 것이다(이이슬, 2014. 11. 28). 문제는 웹툰 원작에 대한 과도한 신뢰로 인해, 드라마로의 각색 과정을 등한시할 수 있다는 데 있다. 〈미생〉의 사례에서 보듯, 웹툰 드라마는 드라마 문법에 입각한 재구성이 반드시 필요하며, 웹툰 리메이크 드라마의 가치도 여기에 기초한다.

||| 리메이크의 양면성: 참조와 표절 사이

웹툰, 소설, 만화와 같은 원작의 드라마화가 빈번해지면서 표절을 둘러싼 논란도 늘고 있다. 2013년 제작 방영된 드라마 가운데 〈나인: 아홉 번의 시간 여행〉, 〈너의 목소리가 들려〉, 〈별에서 온 그대〉는 이야기의 얼개나 캐릭터, 상황 설정을 둘러싸고 다른 분야 콘텐츠와의 유사성 논란이 일었던 작품들이다.

〈나인: 아홉 번의 시간 여행〉은 케이블 채널 드라마의 질적 향상과 경쟁력 제고, 그리고 지상파 드라마와는 달리 특정 시청자층을 공략하는 소재 개발의 가능성을 보여 준 사례로 평가받는다. 그러나 이 드라마는 프랑스 작가 기욤 뮈소의 소설 《당신 거기 있어줄래요》와 유사하다는 비판을 받았다. 두 작품 모두 현재와 과거를 오가며 과거와 현재의 자신을 만나고, 현재의 내가 과거 속의 내가 처한 위기를 극복하는 과정을 다루고 있다. 이를 기욤 뮈소의 고유한 아이디어로 볼 것인지, 타임슬립물에서 자주 활용되는 설정으로 볼 것인지에 대해 논쟁을 불러일으킨 바 있다(이수아, 2013. 11. 1).

표절 논란에도 불구하고, 〈나인: 아홉 번의 시간 여행〉은 2013년 한국에서 제작 방영한 드라마 가운데 가장 높은 완결성을 이룬 작품 중에 하나라는 평가를 받았다. 설정의 유사성에도 불구하고, 시공간을 오가는 이야기 얼개가 조밀하고, 이로 인한 드라마의 내적 성취가 만만치 않다는 평가다. 그럼에도 불구하고, 이 작품을 둘러싼 논쟁은 향후 드라마 제작에 있어서 하나의 규준을 제시하기 위해서라도 짚고 넘어가야 할 문제다. 해외 저작물의 표절 문제는 밝히기가 상대적으로 어렵고, 원작자들이 적극적으로 대응하는 사례가 적어, 법적 공방을 통해 표절 여부를 가리는 사례가 드물다. 그렇기 때문에 새로운 이야기를 찾아야 하는 드라마 산업 관계자들은 원작 사용에 대한 권리를 확보하는 까다로운 절차를 밟는 대신 작품의 모티브를 차용하려는 경향이 있다.

문제는 표절과 참조 사이의 규준이 명확하지 않기 때문에 제작진의 본래 의도와 달리 원작의 저작권을 침해할 수 있다는 데 있다. 영상 산업이 발달한 나라일수록 원작의 모티브만 따오더라도 저작권을 구입해 논란을 미연에 방지하는 문화가 형성되어 있지만, 한국의 경우 논란이 발생하면 사후 대응하는 것이 현실이기도 하다. 여러 작품들의 소재를 짜깁기식으로 베낀다는 의혹을 받는 드라마들이 계속 생산되는 것은 표절 판결을 받지 않는 이상 시청률 선점에 유리한 익숙한 이야기와 캐릭터들을 활용하겠다는 의식이 만연해 있다는 방증이다. 문제는 디지털 산업의 발달과 한류의 흥성으로 해외 드라마 팬의 한국 드라마에 대한 관심이 커지면서 언제 어디서든지 표절이 국제적 문제로 비화할 수 있으며, 실제 법적 분쟁이 발생할 경우, 국제 사회에서 한국 드라마 산업 전반에 대한 신뢰도에 악영향을 미칠 수도 있다는 데 있다.

국내에서도 웹툰, 만화, 팬픽과 같은 다양한 콘텐츠 창작자들이 방송사 드라마 제작진이 자신들의 저작권을 침해했다고 주장하는 사례가 늘고 있다. 〈너의 목소리가 들려〉의 경우 방영 중반에 도진기의 단편 소설 《악마의 증명》(2012)의 원작자가 법정 에피소드 구성에 있어 두 작품의 유사성을 제기한 경우다. 도진기는 두 작품 모두 살인 사건의 범인이 쌍둥이라는 점, 피의자가 부인했다가 자백하는 반전을 다루고 있다는 점을 들며 〈너의 목소리가 들려〉가 자신의 저작권을 침해했다고 주장한 바 있다(이미나, 2013. 7. 25). 한국추리작가협회에서도 쌍둥이 범인이 혐의를 시인하게 만드는 방법만 다를 뿐 거의 모든 면에서 《악마의 증명》과 유사하다고 지적한다(최두선, 2013. 7. 25). 이에 대해 SBS 방송사와 박혜련 작가는 쌍둥이 범죄의 모티브는 1997년에 발생한 이태원 살인 사건에서 가져왔다며 도 작가와 한국추리작가협회의 주장을 부인한 바 있다(진현철, 2013. 7. 26). 대사와 장면을 그대로 옮기는 리메이크가 아닌 이상 핵심 소재나 캐릭터에 대한 유사성을 두고 드라마 표절 여부를 판단하는 것은 주관적이기 때문에 〈너의 목소리가 들려〉의 경우도 표절 여부에 관한 의견이 엇갈린다. 재판 과정을 둘러싼 리얼리티의 허약성이 지적되고 있지만, 중반으로 흘러가면서 법정 드라마가 스릴러로 급전환하고, 연상연하의 로맨스와 슈퍼맨의 영웅 서사까지 버무린 것은 정형화된 한류 드라마 스타일을 벗어나, 새로운 형태의 장르 융합으로 인정할 만한 시도라는 평가도 있다. 톰보이식 캐릭터 설정과 전개를 가늠할 수 없는 '카오스식' 전개는 법정 스릴러의 진화로 볼 수 있다는 것이다.

만화 《설희》(2012)의 작가 강경옥은 드라마 〈별에서 온 그대〉(SBS, 2014)에 대해, 두 저작물의 주요 등장인물, 등장인물과의 관계, 이야기 전개상 설정의 유사성을 들면서 저작권 침해 관련 소송을 제기한 바 있다(전기연, 2013. 12. 20). 만화 《설희》는 1609년 광해군 시절에 UFO를 접촉한 남자 주인공이 불멸의 존재로 거듭난 후 400년 후 과거 연인과 같은 상대방을 운명적으로 만나는 러브스토리를 주요 얼개로 한다. 강경옥은 남녀의 역할과 전개 순서만 다르고 중심 서사 구조는 두 작품이 상당히 유사하다고 주장한다(전기연, 2013. 12. 20). 〈별에서 온 그대〉의 작가 박지은은 동일한 역사적 사건을 모티브로 한 작품이지만, 등장인물의 성격, 구성과 글의 흐름, 주제 의식 및 배경까지 다르다고 반박한 바 있다(이금준, 2013. 12. 22). 강경옥은 장르 간 표절에 대한 공론화 및 판례를 남길 필요성을 들고 있다(정상호, 2014. 1. 28). 반면, SBS 방송사와 박지은 작가는 표절 논란에 휩싸이면서 명예훼손과 경제적 손실을 주장한다(김영진, 2014. 5. 22).

장르 간 표절 시비가 일 경우, 표절에 관한 업계의 입장이나 문화의 차이도 논란을 부추기는 하나의 이유가 되고 있다. 드라마 제작의 경우 리메이크 자체가 활발하기도 하고, 다양한 장르의 모티브를 가져오는 것이 보편적이기 때문에 캐릭터나 설정의 유사함에 대해 상대적으로 유연하게 반응하는 것으로 보인다. 그러나 소설이나 만화의 경우 중요한 아이디어 표절로 인해 입는 피해가 상대적으로 크기 때문에 표절 문제에 대해 민감하게 반응하는 것으로 보인다. 《설희》나 《악마의 증명》은 다른 콘텐츠로 제작될 경우, 대중들에게 이미 익숙한 이야기나 소재로 받아들여질 가능성이 농후하기 때문에 원작의 아이디어나 소재의 도용은 2차 저작물 생산에 있어 막대한 피해를 입게 된다는 주장이다.

드라마 간의 표절에 관한 시비도 심심치 않게 일어나고 있다. 드라마 〈여우와 솜사탕〉(MBC, 2001)은 〈사랑이 뭐길래〉(MBC, 1992)를 표절했다는 법원 배상 판결을 받은 첫 번째 사례였다(남지은, 2011. 2. 21). 2013년 방송작가협회는 드라마 〈야왕〉(SBS, 2013)을 저작권 침해로 판정하고 작가를 제명 처분하기로 결의했다. 이에 해당 작가는 협회를 상대로 제명처분 무효 확인 및 위자료를 청구하는 민사 소송을 제기했다(고승희, 2016. 4. 27). 〈야왕〉의 원작은 박인백 화백의 만화이나 드라마 기획 단계에서 참여했던 최란 작가가 도중에 이희명 작가로 교체되었으며 최 작가가 협회에 작품의 표절 여부에 관한 진정서를 제출함으로써 협회의 심의가 진행되었다.• 이 사례는 만화 원작을 바탕으로 완성된 드라마를 두고, 극본의 발전 과정에서 표절을 언급하는 것이 바람직한가에 대한 논쟁을 불러오기도 했다.

이처럼 드라마 제작 규모와 시장이 커지고, 경쟁이 심화되면서 표절에 대한 다양한 논란이 끊임없이 제기되고 있는 상태다. 표절은 남의 아이디어나 작품을 그대로 베끼는 범죄 행위이지만, 모방은 기존의 작품을 재창조한 것이다. 하지만, 참조와 모방의 경계가 모호하기 때문에 작품의 독창성 여부를 놓고 끊임없이 논란이 발생한다. 결국, 저작권 분쟁의 핵심은 작품의 독창성을 증명하는 것인데, 독창적인 아이디어에서 출발한 스토리라 할지라도 구체화하는 과정에서 기존 작품들의

• 2013년 8월, 한국방송작가협회는 이희명 작가가 최란 작가 작품을 표절했다고 판단하며, 이 작가를 제명한 바 있다. 그러나 이 작가는 협회의 조치에 반발하며 민사소송을 제기했고 법원은 2014년 9월 이 작가가 최란 작가의 저작권을 침해하지 않았다며, 협회의 제명 처분이 무효라는 판결을 내린 바 있다. 작가협회는 이 판결에 반발하며 항소했으나, 고등법원은 기존 판결을 재차 확인했다(고승희, 2016. 4. 27).

설정이나 장치와 구분이 애매모호해지기 마련이다. 그렇기 때문에 단순한 설정이나 캐릭터의 유사성만으로 드라마의 표절을 판단하는 것은 옳지 않다.

2007년 문화체육관광부는 "대사의 등장인물, 플롯, 사건의 전개 과정, 작품의 분위기, 전개 속도와 같은 여러 가지 요소를 종합적으로 고려"해서 표절 여부를 판단하도록 가이드라인을 제시한 바 있다(오연주, 2007. 12. 12). 이는 한두 가지의 유사성 때문에 표절로 낙인 찍는 것은 드라마 산업 발전을 위해서도 바람직하지 않다는 공감대가 형성되어 있음을 보여 준다. 리메이크나 모방은 대중 장르의 특성 중 하나이며 드라마는 반복의 미학을 잘 활용할 수 있는 대표적인 콘텐츠이기 때문이다. 다만, 반복의 미학을 모토삼아 틀은 가져오더라도, 제작자들에게는 양식style의 창의성이 반드시 요구된다. 리메이크 드라마란 재료의 참신함은 떨어지지만, 창의적인 버무림이 미학의 핵심이며, 이 과정을 통해 새로운 콘텐츠로서 독자적인 생명력을 갖게 되는 탓이다.

할리우드의 한국 드라마 리메이크

한국 드라마의 해외판 리메이크도 활발하게 진행되고 있다. 미디어 세계화와 더불어 초국적 문화 생산은 더 이상 낯선 풍경이 아니며 콘텐츠 제작 지형도 더욱 복잡해지고 있다. 미국 방송사들의 타 언어권 드라마 리메이크가 대표적인 예다. 쇼타임Showtime의 인기 시리즈 〈홈랜드*Homeland*〉의 원작은 이스라엘 드라마 〈프리즈너스 오브 워*Prisoners of War*〉(Channel 2, 2010)이며, CW의 〈제인 더 버진*Jane the Virgin*〉

(2014)은 베네수엘라 텔레노벨라를 구매해 제작, 방영한 작품이다. 미국 방송사들의 비영어권 드라마에 대한 관심이 크게 높아지고 있는 가운데, 한국 드라마 〈나인: 아홉 번의 시간 여행〉, 〈파스타〉, 〈뱀파이어 검사 2〉(OCN, 2012), 〈제3병원〉(tvN, 2012), 〈굿 닥터〉(KBS2, 2013), 〈별에서 온 그대〉 등의 리메이크 움직임도 나타나고 있다. 〈너의 목소리가 들려〉, 〈신의 선물—14일〉 등의 작품도 리메이크에 관한 논의가 진행되고 있는 것으로 알려졌다. 미국 내 한국 드라마에 대한 관심은 한국 드라마가 소재, 줄거리, 주제, 그리고 제작 기법 면에서 아시아 시장을 넘어 더 많은 시청자들이 즐길 수 있는 보편적인 콘텐츠가 될 수 있는 가능성을 보여 준다.

한국 드라마의 미국판 리메이크의 움직임은 미국 미디어 산업의 트랜스 미디어 전략과 연관시켜 이해할 필요가 있다. 미디어 연구자 헨리 젠킨스는 트랜스미디어 개념을 다양한 매체나 장르로부터 유사한 이야기를 연결시켜 스토리텔링을 확장시킴으로써 수익을 만들어 내는 전략이라고 설명한 바 있다(Jenkins, 2006). 미국 방송사들이 외국 드라마 리메이크를 시도하는 것은 그들의 트랜스 미디어 전략이 단순히 매체나 장르 간의 장벽을 허무는 것에 국한된 것이 아니라, 지역과 문화를 넘나드는 수준으로 의미가 확장되고 있음을 보여 준다.

할리우드 제작사들이 한국 드라마 리메이크를 적극적으로 검토하는 것은 미국 내 한국 드라마 시장의 성장과 관련이 있다. 뉴욕 주재 스트리밍 서비스 제공 회사인 드라마피버DramaFever에 따르면, 한국 드라마 이용자는 월 2400만 명에 달한다(2015년 4월 기준). 이는 전년도 대비 세 배 이상 늘어난 수치이며 이들 중 85%는 백인, 히스패닉, 아프리카계 미국인인 것으로 나타났다(Nawaz, 2015. 2. 13). 이는 한국 드라마가 아시아 출신 이민자들만이 시청하는 콘텐츠가 아니라, 미국에서 독특한 스타일을 가진 하나의 장르이자 브랜드로 인식되고 있음을 보여 준다.

또한, 미국 주요 지상파 방송사인 ABC, CBS, FOX의 관계자들과 에이전트, 프로듀서, 감독들은 주요 한국 드라마를 꾸준히 시청하는 것으로 알려져 있다. 일례로, 한 메이저 스튜디오의 부사장급 프로듀서는 자신을 한국 드라마의 팬이라고 밝히면서 "나만 보는 것이 아쉽다. 각색해서 미국 드라마로 제작해도 충분히 성공 가능성이 높다"는 의견을 표명하기도 했다.• 드라마 〈프리즌 브레이크*Prison Break*〉(FOX, 2009)의 제작자 마티 아델스테인Marty Adelstein(투모로 스튜디오Tomorrow Studios 대표)은 "한국 드라마 매력은 사람의 감정을 어떻게 하면 사로잡을 수 있는지 또 어떻게 하면 절묘한 방법으로 심금을 울릴 수 있는지 잘 알고 있다는 점"이라고 말하며, "제작 수준이 일관되게 높고, 스토리가 뛰어난 것"을 한국 드라마의 장점으로 꼽았다. 덧붙여 그는 "깊고 복잡한 인물 관계와 흥미진진한 캐릭터들이 가득한 데다 비록 스토리텔링의 스타일이 다소 다르지만, 가족, 사랑, 복수, 탐욕, 질투 등의 보편적인 주제를 다루고 있어서 세계적인 인기를 얻고 있다"고 말했다(한국콘텐츠진흥원 미국사무소와의 인터뷰).

〈별에서 온 그대〉, 〈굿 닥터〉의 리메이크를 추진하고 있는 엔터미디어 이동훈 프로듀서에 따르면, 미국 드라마 제작사들이 한국의 미니시리즈를 주목하는 이유는 크게 세 가지다. 첫째 중독성이 강한 연속

• 2014년 5월 북미 시장의 대표 방송 콘텐츠 마켓인 'LA 스크리닝' 때 열린 제1회 K–Drama in LA(한국콘텐츠진흥원 주최) 상영회에 참석한 관계자들과의 인터뷰에서 인용한 것이다.

극serial이라는 점, 둘째 강력한 캐릭터 중심character-driven의 드라마, 셋째 스토리의 보편성과 확장 가능성이 크다는 점이다. 셋째, 최근 미국에서는 지상파나 케이블 TV를 통한 '본방사수'뿐 아니라 넷플릭스, 훌루 등 온라인 스트리밍 서비스, DVR(선택적 녹화 기능을 가진 기계)을 통해 몰아 보기Binge Viewing•하는 시청자가 점점 증가하면서 미국 드라마 역시 매 회 극이 일단락되는 '에피소딕episodic'보다 시청자를 붙잡아둘 수 있는 '연속극' 제작이 늘어나고 있다. 미국 내 매체 환경 및 드라마 제작 풍토의 변화에 따라, 16편에서 24편까지 스토리가 이어지는 한국의 미니시리즈에 관심이 증가하고 있다는 것이다.

한국 드라마를 중심으로 하는 인터넷 스트리밍 서비스의 시장 경쟁력을 높이 산 일본 기업 소프트뱅크는 2014년 드라마피버를 인수한 바 있으며,•• 전 세계 4000만 명의 시청자를 보유한 온라인 드라마 스트리밍 서비스 비키(viki.com) 역시 일본계 기업 라쿠텐으로부터 대규모

• 케이블 드라마 〈브레이킹 배드*Breaking Bad*〉(AMC, 2008)가 대표적인 사례로 꼽힌다. 〈브레이킹 베드〉는 2008년 첫 시즌이 방영되었을 때만해도 세간의 주목을 받지 못했으나, 전미 최대 동영상 스트리밍 서비스 사이트인 넷플릭스를 통해 최고의 중독성 있는 드라마로 손꼽힌다. 〈월 스트리트 저널〉에 따르면, 〈브레이킹 배드〉 시즌 1의 첫 편을 본 넷플릭스 이용자 가운데 73%가 7회 전편을 시청했으며, 시즌 2는 81%, 시즌 3은 85%가 일단 보기 시작하면 시즌 전체 에피소드의 끝까지 감상한 것으로 집계되었다(Jurgensen, 2012. 7. 13). 이 드라마 시리즈는 온라인 시청자들의 인기에 힘입어 시즌 5까지 제작되었다. 데이비드 핀처 감독, 케빈 스페이시 주연으로 화제를 불러일으킨 넷플릭스의 오리지널 드라마 〈하우스 오브 카드〉와 AMC의 또 다른 인기 시리즈 〈워킹데드〉(AMC, 2010) 역시 연속극에 속한다.

•• 2016년 2월 소프트뱅크는 드라마피버를 워너브라더스에 매각했다.

표 1. 한국 드라마 리메이크 진행 상황

드라마	방영 채널	프로덕션
〈나인: 아홉 번의 시간 여행〉	tvN	페이크 엠파이어 엔터테인먼트
〈파스타〉	MBC	
〈뱀파이어검사 2〉	OCN	인트그리
〈제3병원〉	tvN	
〈굿 닥터〉	KBS	3AD, 엔터미디어
〈별에서 온 그대〉	SBS	엔터미디어, 소니 픽처스
〈신의 선물—14일〉	SBS	선더버드, ABC
〈응답하라 1997〉	tvN	폭스 스튜디오
〈갑동이〉	tvN	투모로 스튜디오
〈나쁜 녀석들〉	OCN	투모로 스튜디오

투자를 이끌어 냈다. 라쿠텐은 한류 팬 커뮤니티 사이트 숨피(soompi.com)까지 인수했는데, 이 두 사이트 모두 한국 드라마가 핵심 콘텐츠다.

뉴스코퍼레이션, NBC 유니버설, 디즈니가 합작 설립한 VOD 서비스 훌루(hulu.com)는 한국 드라마 세션을 별도로 마련하고 약 200여 편을 서비스하고 있다. 관련 업계에 따르면 2013년 기준으로 훌루 전체 광고 매출의 4%가 한국 콘텐츠를 통해 얻은 것으로 나타났고, 2017년까지 7% 이상 상승할 것으로 예상되는 것으로 나타났다(SBS CNBC 뉴스, 2015. 10. 21). 미국 및 아시안 중견 기업들이 미국 내 한국 미디어 콘텐츠 유통 사업에 진출하려는 일련의 움직임은 향후 미국과 한국 영상 산업의 활발한 연계 가능성을 보여 준다.

미국 제작사들은 다양한 외국 드라마의 리메이크를 통해 시청자들의 관심을 붙드는 전략을 지속적으로 추구해 왔다. 영국, 스웨덴, 이스라엘, 호주의 작품을 수입해 의미 있는 성과를 거둔 바 있는데, 〈하우스 오브 카드*House of Cards*〉(Netflix, 2012)는 영국 BBC에서 방영한 동명의 작품을, 〈킬링*The Killing*〉(AMC, 2011)은 덴마크의 유명 TV 시리즈 〈포르뷔델센*Forbydelsen*〉(DR1, 2007)을, 〈더 브리지*The Bridge*〉(FX, 2013)는 스웨덴과 덴마크의 합작 드라마 〈브론*Bron*〉(SVT1, DR1, 2011)을 리메이크한 작품들이다. 이러한 리메이크 드라마의 성공에 힘입어 할리우드 제작사들의 관심이 아시아 시장으로 확장되는 것으로 보인다.

표 1에 따르면, 현재 열 편 남짓한 한국 드라마들이 미국에서 리메이크가 진행되고 있다. 〈나인: 아홉 번의 시간 여행〉의 미국판 리메이크는 배우 김윤진이 원작을 미국 제작사 측에 소개하고, 〈가십걸*Gossipgirl*〉(CW, 2007)을 제작한 유명 제작사 페이크 엠파이어 엔터테인먼트Fake Empire Entertainment에서 주도했다. 〈파스타〉는 코미디 시리즈로 각색 단계에 있는 것으로 알려졌으며, 〈뱀파이어검사 2〉와 〈제3병원〉은 2014년 4월 CJ E&M이 미국 산타모니카에 기반을 둔 프로덕션 인트리그Intrigue와 리메이크 판권 계약을 체결한 상태다(이채민, 2014. 4. 23). 〈굿 닥터〉는 2013년 말 프로덕션 3AD, 엔터미디어와 쇼핑권shopping rights● 계약을 맺고 리메이크를 추진했으며, CBS 스튜디오와

● 한국 콘텐츠를 가져와 미국의 제작사, 스튜디오, 네트워크에 피칭을 통해 리메이크 계약 등 비즈니스 할 수 있는 권리다. 방송사, 제작사, 작가 등 저작권자와 통상 1년 한시 계약을 맺고, 이 기간에 쇼핑권을 확보한 미국의 프로덕션은 작가를 고용해 미국 드라마로 기획하고 현지 제작사, 스튜디오 등과의 계약을 성사시켜야 한다.

옵션 계약을 체결하고 각색했으나 파일럿 제작 주문을 받는 데는 실패했다.[•] 〈별에서 온 그대〉는 엔터미디어와 소니픽처스가 손잡고 〈뱀파이어 다이어리*The Vampire Diaries*〉(CW, 2009) 등을 집필한 중견 작가 세라 페인Sarah Fain, 엘리자베스 크래프트Elizabeth Craft를 영입해 ABC와 페널티 계약[••]을 맺었으나 역시 파일럿 제작 주문에 이르지 못했다. 〈응답하라 1997〉은 2014년 6월 FOX 스튜디오에 판매되어 뮤지컬 코미디 드라마 〈글리*Glee*〉(FOX, 2009)의 한정판limited series based 〈앤서 미*Answer Me* 1999〉로 리메이크가 진행된다고 알려졌다.[•••] 〈갑동이〉(tvN, 2014)와 〈나쁜 녀석들〉 역시 미국의 투모로 스튜디오가 리메이크를 추진하고 있다. 2014년 미국에서 최초로 시도된 한국 드라마 공개 상영회 'K-drama in LA Screenings & Luncheon'에서 소개된 바 있는 SBS 드라마 〈신의 선물—14일〉은 할리우드의 에이전시 CAA와 계약을 맺고 리메이크를 추진 중이다. 제작은 선더버드Thunderbird Productions가 맡고, ABC와 방영을 협의하고 있는 것으로 알려졌다. 이 밖에도 미국의 여러 방송사, 스튜디오, 프로덕션이 한국 드라마, 예능 프로그램의 포맷 거래를 두고 논의를 하고 있어 리메이크 추진 사례는 앞으로 더 늘어날 것으로 보인다.

• 작가는 케이블 TV CW의 〈스타 크로스드〉(2014)의 공동 쇼러너를 역임한 바 있는 아델 림Adel Lim이 맡았다.

•• 패널티 계약이란 각색 후 ABC로부터 파일럿 주문을 받지 못하더라도 대본에 대한 비용을 모두 ABC가 지급하는 계약을 말한다.

••• 〈스텝업3D*Step Up 3D*〉의 작가 에이미 앤덜슨Amy Andelson과 에밀리 마이어Emily Meyer, 영화 감독 존 M. 추Jon M. Chu가 첫 에피소드를 집필한다.

한국 드라마가 미국 방송 시장에서 리메이크의 대상으로 평가받고 구체적인 계약 논의가 진행되는 것은 주목할 필요가 있다. 우선, 한국 드라마가 아시아 시장을 넘어 북미, 중남미, 유럽 등으로 유통되는 계기가 될 것으로 보인다. 미디어 콘텐츠 유통의 다각화는 한국 드라마 기획, 제작, 마케팅 등 방송 산업 전반에 걸쳐 변화를 가져와 일본, 중국, 동남아 의존도를 덜 수 있다. 더불어, 한국 내 드라마의 기획, 제작에도 새로운 플롯과 캐릭터, 그리고 스토리의 구성을 기대할 수 있다. 이는 보다 다양한 시청자들을 대상으로 하는 드라마의 기획 및 제작으로의 변화를 이끌어낼 수 있으며, 포맷 수출이나 리메이크 제작의 단계를 넘어 공동 제작, 투자 등의 협업으로 이어질 가능성을 높인다.

||| 드라마 리메이크, 다시 생각하기

드라마 리메이크가 오랜 시간 동안 지속되어 왔음에도, 리메이크 드라마 장르에 대한 비평적 접근은 활발하게 이뤄지지 않고 있다. 이 장에서는 일본 드라마의 한국 리메이크의 비교 평가 분석과 다른 장르 원작의 리메이크 시 드라마의 성취와 한계를 분석함으로써, 리메이크 드라마의 독창성에 대한 다양한 담론을 형성하는 데 보탬이 되고자 했다. 더불어, 한국 드라마의 미국 내 리메이크 상황을 통해 리메이크 드라마 시장의 확장 가능성을 살펴보았다.

한국 방송사들이 일본 및 대만 드라마, 웹툰 및 소설의 리메이크를 활발하게 진행하고 있는데, 이는 일정 부분, 경제적인 이유에 근거한다(Braudi, 1998). 검증된 스토리와 캐릭터는 제작자로 하여금 특정한 스토리가 여전히 시청자들의 관심을 잡아끌 수 있다는 믿음을 갖게 하기 때문이다(Braudi, 1998). 드라마 제작진은 기본 이야기 구조가 여전히 매력적이라는 확신이 들 때, 모방과 재창조를 진행한다.

검증된 탄탄한 얼개를 재활용함으로써 내적 완성도나 시장에서의 성공 가능성이 높게 점쳐지더라도, 리메이크 드라마는 반드시 그 작품만의 독창성을 담보해야 할 필요가 있다. 리메이크 드라마의 독창성은 제작진들의 감각적인 해석을 통해서만 성취 가능하다. 여기에서 해석이란 개념은, 원작의 스토리와 캐릭터를 시대와 공간에 맞게 재맥락화하는 것을 뜻한다. 이 과정을 통해 리메이크 드라마는 원작과의 차별성를 담보할 수 있고, 비평가 집단과 시청자들의 지지를 이끌어 낼 수 있으며, 나아가 리메이크가 하나의 독립적인 콘텐츠 제작 방식으로 인정받는 분위기를 조성할 수 있다(Braudi, 1998).

같은 맥락에서, 한국 드라마가 타 언어권 리메이크 드라마로 제작되려면, 스토리와 캐릭터의 현지화가 반드시 진행될 필요가 있다. 미국의 경우, 통상적으로 드라마 시리즈는 시즌당 22회의 에피소드로 구성되는데, 시즌 5까지 제작된다는 것을 감안하면, 40분 에피소드 100회 분량의 이야기가 필요하다. 따라서, 16부작 내지 24부작으로 구성된 한국의 미니시리즈들은 시즌제 형태로 재구성하는 것이 중요하다. 실제로 한국 드라마의 쇼핑 권리를 얻어 미국의 주요 제작사, 스튜디오와 리메이크 논의를 하는 프로덕션들은 원작을 기반으로 100편 정도의 에피소드로 각색하고 있다. 한국 드라마의 장르 혼재성도 해외판 리메이크 과정에서 풀어야 할 숙제다. 한국 드라마의 리메이크가 성사되려면, 현지 실정에 맞게 스토리와 캐릭터를 재맥락화할 필요가 있다. 미국 내 우수한 연기자 및 제작진을 섭외해, 리메이크 드라마만의 가치를 획득할 때, 한국 드라마의 해외판 리메이크는 파일럿 시스템을 통과해 보다 다양한 시청자와 만날 수 있을 것이다.

참고 문헌

고승희 (2016. 4. 27). "드라마 표절 논란 2 "표절 공방은 계란으로 바위치기"," 〈헤럴드경제〉. http://news.heraldcorp.com/view.php?ud=20160427000351

김영진 (2014. 5. 22). ""별그대' 측 "표절 시비, 제작사·박지은 작가 피해 커"(전문)," 〈머니투데이〉. http://star.mt.co.kr/view/stview.php?no=2014052215181096542&type=1&outlink=1

남지은 (2011. 2. 21). ""국민 드라마' 너마저? 끝 모르는 베끼기 논란," 〈한겨레〉. http://www.hani.co.kr/arti/culture/entertainment/464495.html

오연주 (2007. 12. 12). "영화 줄거리만 같다고 표절로 보기엔 무리다," 〈헤럴드경제〉. http://entertain.naver.com/read?oid=016&aid=0000259440

SBS CNBC 뉴스 (2015. 10. 21). http://sbscnbc.sbs.co.kr/read.jsp?pmArticleId=10000763805

이금준 (2013. 12. 22). ""별그대' 측 '표절 시비 "설희'와 기획 의도-구성 다르다"(전문)," 〈아시아경제〉. http://view.asiae.co.kr/news/view.htm?idxno=2013122217110222172

이미나 (2013. 7. 25). "[단독]추리작가협, SBS에 공문 '"너목들" 표절, 사과하라'." 〈오마이뉴스〉. http://star.ohmynews.com/NWS_Web/OhmyStar/at_pg.aspx?CNTN_CD=A0001889313

이수아 (2013. 11. 11). ""나인', 기욤 뮈소 소설 표절? tvN "모티브만 따와…… 법적 문제 없다"," 〈TV 리포트〉. http://www.tvreport.co.kr/?c=news&m=newsview&idx=416407

이이슬 (2014. 11. 27). ""미생' 이재문 PD "소재 고갈 속, 웹툰 드라마화 당연하다"," 〈뉴스웨이〉. http://news.newsway.co.kr/view.php?tp=1&ud=2014112715401138167&md=20141128143747_AO

이채민 (2014. 4. 23). "뱀파이어 검사·제 3병원 美 리메이크 청신호," 〈스포츠투데이〉. http://stoo.asiae.co.kr/news/view.htm?idxno=2014042313520394951

이현경 (2014. 11. 27). "창조경제박람회 '미생' 원작 작가 윤태호 "웹툰 드라마화 무조건 지향은 반대"," 〈Newspim〉. http://www.newspim.com/view.jsp?newsId=20141127000427

전기연 (2013. 12. 20). "[전문] '별에서 온 그대' 표절 의혹 제기한 설희 만화가 강경옥 입장 보니……" 〈아주경제〉. http://www.ajunews.com/view/20131220165121608

정상호 (2014. 1. 28). "'설희' 강경옥 작가, 최종 입장 "'별그대' 표절 법정에서 가리겠다"," 〈Newspim〉. http://www.newspim.com/news/view/20140128000727

진현철 (2013. 7. 26). "'너목들' 박혜련 작가, 표절 논란 조목조목 해명," 〈스타투데이〉. http://star.mk.co.kr/new/view.php?mc=ST&no=637442&year=2013

최두선 (2013. 7.15). "추리작가협회, '너목들' 속에 "표절 사과하라"," 〈이투데이〉. http://www.etoday.co.kr/news/section/newsview.php?idxno=767912

한국콘텐츠진흥원 (2014). 〈2014년 3분기 방송산업 동향분석 보고서〉. 한국콘텐츠진흥원.

Braudy, L. (1998). "Afterword: Rethinking Remakes," Andrew Horton & Stuart Y. McDougal (eds,), *Play it Again, Sam: Retakes on Remakes* (pp.327~334), CA: BerKeley. University of California Press.

Horton, A., & S. McDougal (eds.). (1998). *Play it Again, Sam: Retakes on Remakes*. CA: BerKeley. University of California Press.

Jenkins, H. (2006). *Convergence culture: Where Old and New Media Collide*. New York: New York University Press.

Jurgensen, John (2012. 7. 13). "Binge Viewing: TV's Lost Weekends." Retrieved from http://www.wsj.com/articles/SB100014240527023037407045775213008066 86174

Nawaz, A. (2015. 11. 13). "Young, Female, & Hooked: Why Binge Watchers Flock to DramaFever," NBC NEWS, Retrieved from http://www.nbcnews.com/news/asian-america/young-female-hooked-why-binge-watchers- flock-dramafever-n300246

7

퓨전 사극과 팩션 드라마

윤태진

윤태진 연세대학교 신문방송학과를 졸업하고, 미국 매사추세츠 주립대학교와 미네소타 주립대학교에서 미디어 문화 연구로 각각 석사, 박사 학위를 받았다. 현재 연세대학교 커뮤니케이션대학원 교수다. 책으로는 《한국 텔레비전 예능·오락 프로그램의 변천과 발전》, 《한국 라디오 드라마사》, 《디지털 게임 문화연구》, 《미디어 문화연구의 질적 방법론》 등이 있다.

최근 SBS는 50부작 대하 역사 드라마 〈육룡이 나르샤〉(2015~2016)를 방영했다. 적지 않은 화제를 모았던 이 드라마 제목의 '육룡'은 조선 건국에 영향을 미친 여섯 인물을 지칭하는데, 이성계, 정도전, 이방원 등 3명은 실존 인물이지만 무휼, 이방지, 분이는 가상 인물이다. 역사 속에서 나온 인물과 작가의 머릿속에서 나온 인물들이 섞여 주요 등장인물을 이루는 셈이다. 역량 있는 작가들(김영현, 박상연)이나 호화 출연진(유아인, 김명민, 신세경 등)에 기대어 많은 이들이 관심을 가졌고, 시청률도 (수도권 기준) 20% 가까이 기록하며 성공적으로 방영을 마쳤다.

그런데 사람들의 '관심' 중 '역사적 사실에 대한 관심'은 많지 않았다. 마치 실사와 CG가 혼합하듯 가상의 인물과 역사 속 인물이 섞여 스토리가 진행되는데, 문제 삼는 이들이 별로 없다. 공식 홈페이지의 시청자 소감들을 보면 '역사 왜곡' 문제의 끄트머리라도 잡는 포스팅은 열 쪽을 넘겨야 하나 나올까 말까이다. 〈바람의 화원〉이나 〈기황후〉가 방영될 때 역사 논란은 다 어디 간 것일까? 시청자들은 이제 '역사'와 '드라마'를 분명하게 구분하는 것일까? 혹은 '(역사적) 사실'과 '허구'의 동거에 너그러워진 것일까?

||| 텔레비전 드라마: 현실과 상상의 경계

2014년, 텔레비전 드라마 한 편이 외교와 IT업계에 큰 영향을 미쳤다. 문화 산업에 미친 영향은 말할 나위도 없었다. 한국과 중국을 강타한 〈별에서 온 그대〉 이야기다. 시진핑 주석이 국내에서 강연을 하면서 이 드라마를 언급했고, 그 부인은 외교 행사에서 남편을 드라마 주인공에 비유했다. 규제 완화를 강조하던 박근혜 대통령은 이 드라마 속 코트를 언급하면서 액티브-X를 없애 전자상거래를 활성화하자고 주장했다. 2012년에는 싸이의 뮤직 비디오 〈강남스타일〉이 대중 문화 콘텐츠의 정치적 파괴력을 보여 줬고 2016년에는 송중기의 〈태양의 후예〉(KBS2)가 중국 시장을 떠들썩하게 만들었다면, 2014년에는 〈별에서 온 그대〉가 그 역할을 담당했던 것이다.

〈별에서 온 그대〉는 《조선왕조실록》의 한 구절에서 모티브를 얻어 제작된 드라마다.• 1609년 가을, 강원도 간성, 원주, 춘천, 양양, 강릉 등지에서 거의 비슷한 시간에 알 수 없는 비행 물체들이 출몰했다는 기록인데, 호리병이나 세숫대야를 닮았다는 이 비행 물체가 '조선으로 날아온 UFO'일지도 모른다는 상상으로부터 스토리 구성이 시작되었다. 주인공은 400년째 이 땅에서 살고 있는 외계인이고 따라서 드라마의 주요 배경은 현대이지만, 조선 시대를 살았던 주인공의 모습이 중간 중간 삽입되었다. 로맨틱 코미디의 장르적 문법에 충실하지만 SF극과 역사극의 요소가 첨가되어 국내외에서 큰 반향을 얻을 수 있었

• SBS 〈별에서 온 그대〉 공식 홈페이지 '기획 의도'에 실린 내용이다.

다. 2005년 1000만 명 이상의 관객을 모은 〈왕의 남자〉(이준익) 역시 한 광대에 대해 기록된 《조선왕조실록》의 한 구절에 상상을 입혀 스토리를 만든 영화다. 연산군 시대를 배경으로 한 영화지만, 스토리 전개에 있어서 역사적 상황이나 사건이 그리 중요하진 않았다.

〈별에서 온 그대〉와 〈왕의 남자〉는 사극인가? 극에 등장하는 '과거'는 역사인가? 어차피 드라마는 허구다. 정면으로 실재reality를 다루지는 않는다. 뉴스나 다큐멘터리와는 다르다. 그러나 실제 벌어졌던 사건이나 실존했던 인물을 다루는 드라마는 좀 다르다. 현실과 상상의 경계에 선다. 특히 시청자로부터 충분한 공감을 얻고 나아가 인기를 모으기 위해서는 '실재감'을 부여하는 것이 매우 중요하다. 그래서 한때는 사실史實과의 합치 여부가 역사극의 핵심 요소로 간주되고, 그래서 사극은 역사 교육의 도구로 인식되기도 했다. 2008년 SBS에서 방영한 텔레비전 드라마 〈바람의 화원〉은 혜원 신윤복을 남장 여자로 설정한 바 있는데, 한 노학자는 이를 가리키며 "방송 문화의 수준이 통탄스럽다"고 한탄하기도 했다.• 그러나 비슷한 시기 혜원과 단원의 작품 기획전을 연 간송미술관에는 10만 명 이상의 인파가 모여 들었는데, 아마도 이 드라마의 영향력이 적지 않았을 것이다. 〈바람의 화원〉의 작가 이정명도 한 인터뷰(〈한겨레〉, 2008. 10. 30)에서 "잘못하는 것이

• 2008년 10월 28일 〈한겨레〉 기사("안휘준, 〈바람의 화원〉 심각한 역사 왜곡")에 따르면, 안휘준 당시 문화재위원장은 미술관에 전시된 〈미인도〉 앞에서 신윤복이 사실은 여자라고 수군거리는 젊은이들에게 큰 충격을 받았다고 토로했다. 이 '왜곡'을 한 방송사와 작가는 무거운 책임을 느껴야 한다고도 발언했다.

전혀 모르거나 관심조차 안 갖는 것보다는 오히려 낫다"고 얘기한 바 있는데, 아마도 노학자의 우려와 작가의 철학 사이의 간격이 팩션 드라마의 아슬아슬한 위상을 보여 주는지도 모른다.

||| 퓨전 사극과 팩션 드라마는 무엇이 같고 무엇이 다른가

잘 알려져 있다시피, 팩션은 사실fact과 허구fiction의 합성어다. 사실 위에 허구라는 상상을 입힌 장르다. 우리가 '역사'라 지칭하는 사실fact에 작가의 역사적 상상력이 적극적으로 개입하여 스토리를 만들어 낸다는 의미에서, 팩션은 객관적 사실의 존재 가능성이 의문시되는 포스트모더니즘의 흐름과 긴밀하게 맞닿아 있다. 이전까지는 문학에서든 영화나 텔레비전 드라마에서든 역사를 다룰 때 약간의 변주만이 통상적으로 허용되었다면, 이제는 역사적 사실을 하나의 단서로만 활용하여 극화시키거나 심지어는 시대 배경만 과거일 뿐 완전한 창작에 의한 작품들도 보편화되었다. 심지어 SF와 역사극이 혼합된 결과물도 나오고, 이것이 받아들여지는 시대가 되었다. 김기봉(2008)의 지적대로, 근대 역사 소설이 '문학의 역사화'를 통해 사실이라는 내용에 맞는 허구적 그릇을 추구했다면, 탈근대에서는 반대로 '역사의 문학화'를 통해 허구적 그릇에 맞춰서 사실이라는 내용을 담아내는 경향성으로 나아간다(p.160).

따라서 팩션은 사극의 본질을 변화시키기 시작했고, '퓨전 사극'이라는 표현이 통상적으로 활용되기 시작했다. 팩션이 '역사적 사실을 하나의 단서로 활용하되 작가의 상상력이 스토리의 뼈대를 이룬 각종 서사물(소설, 만화, 영화, 드라마 등)'을 지칭하는 단어라면, 퓨전 사극은 사극의 전통 속에서 타 장르의 요소들, 예를 들면 로맨틱 코미디나 SF, 혹은 미스터리/어드벤처 등의 특성들을 적극적으로 차용한 일종의 장르 개념으로 볼 수 있다. '사극'이라는 넓은 의미의 장르 안에 속하는 하위 범주로 볼 수 있다는 의미다. 그래서 완전히 작가의 상상력에 의해 만들어진 역사극이라면 퓨전 사극이지만 팩션으로 보기는 어렵고, 사실 위에 상상을 두껍게 입힌 작품이지만 전통적인 사극의 장르적 관습을 따른다면 팩션이되 퓨전 사극으로 볼 수 없다. 하지만 이 분류는 현실 속에서 비교적 명확하지 않고 텔레비전 드라마 제작진이나 시청자 입장에서는 이 구분이 그리 중요하지도 않기 때문에 혼용해도 큰 문제는 없다. 같은 드라마라 하더라도, 역사적 사실(진실성) 여부가 논쟁의 가운데 설 때는 '팩션'이라는 용어가, 장르적 속성이 중요한 주제일 경우에는 '퓨전 사극'이라는 용어가 더 전면에 등장하곤 한다.•

2006년 이전 출현한 퓨전 사극 영화나 텔레비전 드라마의 몇 가지 특성을 분류한 박유희(2006)는 〈황산벌〉(이준익, 2003), 〈스캔들〉(이재용, 2003), 〈음란서생〉(김대우, 2006) 등을 "사료를 반영하되 현재적 관심사를 적극적으로 반영하며 현재의 생활 감각으로 과거를 재조명한 경우"로, 〈조선 여형사 다모〉와 〈왕의 남자〉를 "멜로드라마, 코미디, 무협 등의 관습을 적극적으로 수용하는 혼성 장르적 특징을 강하게 드러낸 경우"로, 〈대장금〉(MBC, 2003)과 〈왕의 남자〉는 "공식적인 역사 속에

• 이 글에서도 문맥에 따라 '팩션'과 '퓨전 사극'을 혼용하되, 필요한 경우에는 특정 용어를 사용하는 분명한 이유를 밝힐 것이다.

편입되지 못했던 '사소한 사실'들을 발굴하여 재해석하고 상상력으로 재구성해 낸 경우"로 해석했다. 앞서 지적한 대로 퓨전 사극을 좁은 의미의 '장르적' 의미로만 이해한다면, 두 번째 경우가 가장 "퓨전 사극다운" 경우에 해당될 테고 세 번째 경우는 오히려 '팩션'을 설명하는 내용에 가깝다. 결과적으로, '퓨전 사극'과 '팩션 드라마'는 분명 비슷한 대상을 지칭하지만 세부적으로는 다소의 이견이나 의미적 모순이 있다는 정도로 정리할 수 있다.

왜 정사正史를 비틀어 드라마를 만드는지는 굳이 길게 설명할 필요가 없다. '흥미'를 위해서다. 사실史實과 (역사 속) 실존 인물의 존재는 시청자들로 하여금 적당한 익숙함을 느끼게 하고, 이는 스토리 전개에 대한 몰입으로 연결될 수 있다. 동시에 드라마를 역사적 사실과 혼동하는 시청자들은 점점 줄어들었다. 텔레비전 시청은 하나의 훈련이기도 하기 때문에, 드라마를 지속적으로 시청해 온 사람들은 극 중 악역을 맡은 배우가 실제로 나쁜 놈이라고 생각하지 않으며, 사극에 운동화 신은 배우가 나와도 '옥에 티'로 여길지언정 역사적 사실로 간주하지는 않는다. 제작진의 입장에서는 역사라는 밑그림 위에서 자유로운 상상력을 발휘하여 스토리를 완성시키기 때문에 보다 완성도 높은 드라마를 만들 수 있다는 장점이 있다.

그러나 조금 더 세밀한 부분까지 들어가자면, 〈바람의 화원〉 논란에서 알 수 있듯 팩션을 받아들이는 수용자들의 자세를 아주 균일하다고 보긴 어렵다. 여전히 역사 왜곡 논란이 신문 지면을 장식하고, 학자들 간의 토론거리가 된다. 김기덕(2009)은 팩션 영화를 몇 가지 유형으로 분류하고 그것을 '대중적 몰입'이라는 관점에서 분석한 바 있는데, 결론 중 하나는 일정 유형의 팩션 영화들이 역사적 사실뿐만 아니라 역사적 맥락이나 진실도 간과함으로써 대중적 몰입에 실패하는 경향성을 보였다는 것이다. 그는 "역사적 사실을 무시하고 제멋대로 버무린 결과 나타난 참담한 현상"이라고 잘라 말한다. 하지만 김기봉(2012)은 텔레비전 드라마 〈해를 품은 달〉을 '픽션fiction 사극'으로 지칭하면서, 사극이 정통 사극에서 팩션 사극이라는 경유지를 지나 픽션 사극에까지 다다른 것을 '막장'까지 간 사극의 불행이 아니라 오히려 사극의 '진화'로 볼 수 있다고 반박한다. 역사가들은 사극에 대한 연고권을 주장하면서 사극의 역사 왜곡을 비판하지만 실상 텔레비전 사극은 '역사'가 아닌 '드라마'의 한 장르로 인정하는 것이 옳다는 요지다.●

퓨전 사극의 경우 다른 장르 요소를 과도하게 강조하는 과정에서 역사 왜곡이나 고증 부실의 문제가 제기되기도 한다. 〈바람의 화원〉에서 혜원을 남장 여성으로 설정한 것과 〈해를 품은 달〉에서 성조라는 조선 시대 가상의 왕이 등장하는 것은 작가의 상상력으로 간주할 수

● 물론 그도 다른 글(김기봉, 2008)에서 "팩션도 잘 쓰면 명약이지만, 잘못 쓰면 독약이 된다. 그렇다면 약의 부작용에 대한 주의 사항을 어떤 식으로든 표기했어야 했다"라고 언급함으로써 흥미를 위해 역사적 사실을 과도하게 왜곡하는 것을 무조건 찬양할 수는 없음을 암시했다. 하지만 동시에, 역사조차 완벽하게 객관적인 사실 기록은 아님을 인정해야 한다고 주장한다. "역사가 사실 서사고 소설이나 드라마가 허구 서사라면 그사이에 팩션 서사가 있다. …… 1%의 허구라는 불순물이 들어가면 진실일 수 없으므로 팩션은 결코 진실일 수 없다고 여겨진다. 하지만 과연 그런가? 100% 과거의 사실만을 말하는 역사가 존재할 수 있을까?"(김기봉, 2008, p.152).

있으나,* 〈장옥정, 사랑에 살다〉에서 장옥정이 하이힐을 신고 달리는 장면은 '퓨전'이라는 명분으로 합리화될 수 없다고 믿는 시청자들이 많기 때문이다.

그러나 2000년대 이후 시청자들이 사극의 고증 문제에 상당히 무감각해졌음은 분명하다. 2012년에 방영된 〈닥터 진〉과 〈신의〉에서처럼 타임슬립물과 사극이 융합하는 경우도 생기다 보니 분장과 의상, 세트의 사실성에 대해 점차 관대해졌고, 잘 알려진 역사 교과서 내용을 아예 비틀어 서사를 꾸민 〈뿌리 깊은 나무〉(2011)나 〈비밀의 문〉(2014) 등이 방영됨에 따라 '역사의 각색'이 허용된다는 인식이 널리 퍼졌기 때문이다. 다른 장르적 요소, 예를 들어 로맨스가 스토리의 핵심 기제로 작동한 〈자명고〉(2009), 〈공주의 남자〉(2011) 등은 사극이 더 이상 왕궁을 배경으로 하는 선 굵고 남성적인 "조선왕조 오백년" 스타일에 머물지 않음을 보여 주기도 한다.

그래서인지 장르적 요소보다 드라마 내용에 근거하여 '정통 사극'과 '퓨전 사극'을 구분하는 경향도 생긴다. 정통 사극은 남자들의 권력 투쟁을 다루는 반면 퓨전 사극은 왕과 왕비(혹은 다른 배역의 남녀 주인공)의 로맨스를 순정 만화처럼 다룬다는 것이다. 그래서 정통 사극에는 액션 영화에 나옴 직한 배우들이 많이 나오고 퓨전 사극은 아이돌이 나

* 〈해를 품은 달〉은 시작 부분에 자막으로 "이 드라마는 조선의 가상 왕 시대를 배경으로 펼쳐지는 픽션으로 역사적 인물, 사건과는 무관합니다"를 미리 알렸다. 애초에 역사 왜곡 논란을 막으려는 노력이었다. 가상적 배경이었으나, 조선 시대 생활상에 관한 고증은 비교적 탄탄하다는 평을 받았다.

오는 경우가 많다. 본격적인 퓨전 사극의 신호탄이었던 2003년 SBS의 〈천년지애〉에는 인기 걸그룹 핑클의 성유리가 캐스팅되었다. 타임슬립이라는 설정으로 화제가 되기도 했던 이 드라마에서, 성유리는 어색한 톤으로 "나는 남부여의 공주 부여주다! 너는 누구냐?"라는 대사를 유행시켜 한동안 개그 프로그램에서 패러디되었다. 이후 박유천, 유이, 수지, 임시완, 동준 등이 퓨전 사극에 출연한 바 있다.

〈천년지애〉 이외에도 액션과 로맨스, 미스터리를 결합해 사극에 버무린 2003년의 〈조선 여형사 다모〉와 〈대망〉(SBS)이라든지, 퓨전 사극보다는 팩션 드라마라는 용어가 더 어울리는 드라마였던 2003년의 〈대장금〉(MBC), 2004년의 〈해신〉(KBS2, 2004~2005) 등을 기억한다면, 우리나라 사극의 트렌드가 혁명적으로 변한 시기는 2000년대 초반이라고 말할 수 있다.● 이 경향은 판타지와의 결합이었던 〈태왕사신기〉(MBC, 2007)나 정통 액션물이기도 했던 〈추노〉(KBS2, 2010), 하이틴 드라마 분위기를 냈던 〈성균관 스캔들〉(KBS2, 2010) 등을 거쳐 지금까지 이어져 내려오고 있다. 2012년 이후 지상파 3사에서 방영된 사극들만 훑어봐도, 〈아랑사또전〉(MBC), 〈무신〉(MBC), 〈닥터 진〉(MBC), 〈구가의 서〉(MBC), 〈불의 여신 정이〉(MBC), 〈기황후〉(MBC), 〈각시탈〉

● 소설이나 영화의 영향도 많이 받았을 것으로 추정된다. 영화의 경우, 소설가 이인화가 《영원한 제국》(1993)에서 《장미의 이름》식의 추리 기법을 도입한 데다 역사적 기록(이인몽의 《취성록》) 자체를 허구적으로 설정한 역사 소설을 발표하여 화제를 일으키고, 이것이 동명으로 영화화(박종원, 1995)되면서 이른바 퓨전 사극 시대의 서막이 올랐다고 평가하기도 한다(박유희, 2007, p.43). 2000년대 초반의 대표적인 팩션 영화로는 〈황산벌〉(2003)과 〈왕의 남자〉(2005)가 있다.

(KBS2), 〈전우치〉(KBS2), 〈천명〉(KBS2), 〈칼과 꽃〉(KBS2), 〈조선 총잡이〉(KBS2), 〈왕의 얼굴〉(KBS2), 〈무사 백동수〉(SBS), 〈신의〉(SBS), 〈장옥정, 사랑에 살다〉(SBS) 등이 팩션/퓨전 사극으로 분류될 수 있다. 같은 시기 케이블 채널은 더 실험적인 시도를 하기도 했다. 왕조사에 기초하기는 했으나 그동안 주목하지 않았던 인조의 여인들을 그린 jtbc의 〈궁중잔혹사—꽃들의 전쟁〉이나 숙종 시대의 정쟁을 타임슬립물로 재창조한 tvN의 〈인현왕후의 남자〉, 그리고 역사 속 실존 인물 한 명과 가상 캐릭터 세 명을 주연으로 삼아 코믹하게 꾸민 tvN의 〈삼총사〉는 2000년대 이전의 시청자들에게 익숙했던 정통 사극과는 아주 거리가 먼 드라마다.

||| 2012~2014년 한국 텔레비전의 팩션 드라마

위 목록에서 알 수 있듯, 2012년 이후 3년 동안 우리나라 텔레비전을 채웠던 팩션/퓨전 사극은 십수 개에 달한다. 이에 반해 (그나마 기준이 명확하지는 않지만) 전통적 의미의 사극이라 할 수 있는 드라마는 〈마의〉(MBC, 2012~2013), 〈구암 허준〉(MBC, 2013), 〈제국의 딸 수백향〉(MBC, 2013), 〈대풍수〉(SBS, 2012~2013) 등 소수에 불과했다. 팩션과 퓨전 사극은 왜 인기를 모았으며, 이 추세는 앞으로도 계속될 것인가? 특히 어떤 드라마가 인구에 회자되었고, 어떤 측면에서 화제가 되었는가? 3년 기간 중 많은 이들의 입에 오르내린 드라마 몇 편을 선정하여 좀 더 깊이 다뤄 보기로 한다.•

〈구가의 서〉

2013년 상반기, MBC에서 방영하여 20% 가까운 시청률을 기록한 드라마다. 신우철과 김정현이 연출, 강은경이 극본, 이승기와 수지가 주연을 맡았고, 지리산 수호신의 아들인 반인반수 최강치가 한 여자를 사랑하면서 그 누구보다 인간적인 삶을 살기 위해 고군분투하는 내용을 그린 무협 활극이다.

시대적 배경은 극중에서 분명하게 드러나지는 않는다. 스토리 진개로 미루어 짐작하건대 임진왜란이 일어나기 전인 1500년대 말 정도로 추정할 뿐이다. 사극이 현대극과 다른 가장 큰 차이는 역사를 다룬다는 것이고, 따라서 그 시대적 배경은 스토리 전개에 있어서 핵심적 역할을 하곤 한다. 그러나 〈구가의 서〉와 같은 퓨전 사극에서는 배경이 고려건 조선이건 큰 차이가 없다. '옛날'이라는 형식적 배경만으로 족하기 때문이다. 그렇다면 왜 '옛날'이라는 시대적 배경이 필요했을까? 구미호라는 전설 속의 존재를 극화하면서 현대를 배경으로 할 수는 없는 노릇이다. '구가의 서'를 찾으면 완전한 인간이 될 수 있다는 설정도 〈그것이 알고 싶다〉보다는 〈전설의 고향〉에 더 어울린다. 요는, 극의 설정과 세계관을 극대화하기에는 퓨전 사극이라는 옷이 가장 잘 어울렸던 것이다.

● 이 절에서 언급하는 내용 중 적지 않은 비중이 이 책의 공저자들 간의 드라마방 토론에서 발췌하거나 근거한 것이다. 특정 드라마에 대한 특정 의견이 제시될 경우, 맥락에 따라 그 화자의 실명도 괄호 안에 함께 밝히면서 내용을 전달할 것이다. 공저자는 아니지만 드라마 비평 모임인 '드라마의 모든 것'에 소속된 타 멤버들의 발언도 일부 포함되어 있다.

퓨전 사극이라는 장르를 채택함으로써 이 드라마는 스토리 전개에 최대한의 융통성을 발휘할 수 있었고, 이는 시청자들의 관심을 모으는 데에 기여했던 장점이다. 그러나 이 과정에서 이 드라마의 '한계'를 도드라지게 보여 준 두 가지 에피소드가 있었다. 하나는 극중 다소 뜬금없이 이순신이 등장한 것인데, 더구나 정극 역사물에 단골로 출연하던 배우 유동근이 이순신 역을 맡음으로써 드라마 해석에 혼란을 가져 왔다. '판타지 사극'이 '대하 사극'으로 '순간 변신'했다는 시청자 평가에서 보듯, 이는 상호텍스트성inter-textuality을 활용한 탈근대적 드라마 기법이 아니라 어설픈 장르적 전환의 시도와 실패였다. '퓨전' 음식이라 해서 아무 식자재든 마구 섞어서는 안 되듯, 퓨전 사극도 적절한 경계를 유지해야 한다. 또 하나는 드라마 말미에 주인공인 강치와 여울이 2013년 서울에서 다시 만나는 장면을 삽입했다는 점이다. 타임슬립물의 요소를 차용한 셈이다. 그런데 타임슬립이 과연 이 드라마에서 꼭 필요했을까? 진부할 수도 있는 구미호 전설을 판타지 사극으로 꾸민 것까지는 신선했지만, (마지막 잠시라 하더라도) 타임슬립 드라마로까지 확장시킨 것에 대해서는 평가가 엇갈린다.

〈장옥정, 사랑에 살다〉

2013년 SBS에서 방영한 작품으로, 유아인과 김태희가 주연을 맡아 방영 전 큰 화제를 모았음에도 불구하고 시청률은 10% 안팎을 기록하는 데 그쳤다. 연출은 부성철, 극본은 최정미가 담당했다. 왕실의 옷과 이불을 만드는 침방나인으로 궁 생활을 시작하는 장옥정을 뛰어난 패션 감각과 재능을 가진 조선 시대 패션 디자이너로 설정했다. 악녀 장희빈이 아닌, 엄격한 신분제에 얽히지 않고 당당하게 자신의 인생을 개척해 나가는 여성 장옥정의 삶과 사랑, 권력을 담고자 했던 드라마다.

장희빈은 역사적 인물 가운데 가장 많이 드라마화되었던 인물 중 하나다. 2013년이라는 시점에 이를 소재로 다시 드라마로 만든다면, 당연히 역사적 재해석이 필요하고, 이는 필연적으로 팩션 기획으로 이어진다. '디자이너 장옥정'의 탄생 배경이다. 그러나 〈구가의 서〉와 비교하자면, 누구나 다 아는 친숙한 이야기를 어떻게 재구성하느냐에 따라 드라마의 재미가 극대화될 수도 최소화될 수도 있는 사례가 되었다. 〈구가의 서〉와는 달리 〈장옥정, 사랑에 살다〉는 무리한 재해석으로 인해 시청자의 공감 가능성을 저해한다. 전 국민이 아는 장희빈의 스토리를 맛깔나게 구성하고 바꾸는 것이 아니라 그냥 인현왕후의 일가를 악인으로 만들어 놓고 장옥정이 악인이 될 정당성 부여에만 치중하다 보니 이야기의 앞뒤가 맞지 않는 결과가 되었다는 평가(김지연)는 적절하다.

〈장옥정, 사랑에 살다〉는 역사에서 모티브를 잡아 작가의 상상력을 발휘한 팩션 드라마면서, 동시에 무수한 장르의 서사 요소를 집대성해서 융합시키려 한 전형적 퓨전 사극이기도 하다. 그런데 퓨전의 폭이 어마어마하다. 사극, 로맨스, 정치, 왕권과 신권의 대립, 패션, (〈대장금〉류의) 성공 신화 서사까지 뒤섞여 있다. 소화하기 어려운 '괴식' 메뉴라는 의견까지 나왔다. 판타지 사극을 표방하면서 정작 시청자들에게 익숙한 역사 속 실존 인물을 가져온 기획은 장점보다 단점이 많아졌다. 차라리 〈해를 품은 달〉처럼 역사를 지워 버리고 스토리를 전개시켰다면 그나마 설득력이 있었을 것이라는 평가다. 극에 남아 있는 역사 때문에 '고증'이 다시 비판의 근거가 되기도 한다.

퓨전의 정도가 과하다는 맥락에서, 〈성균관 스캔들〉과의 비교도 가능하다. 두 드라마 모두 주요 배역들이 사극 인물이라 보기 어려울 만큼 현대적 캐릭터를 가지고 있으며, 연출 방식도 현대극의 클리셰를 자주 활용한다. 그러나 〈성균관 스캔들〉이 현대적 인물과 역사적 배경을 무난하게 융합하면서 핍진성을 증대시킨 반면 〈장옥정, 사랑에 살다〉는 만화 같은 부조화로 인해 시청자들의 주목도를 떨어트렸다. 예를 들어, 수염 없는 왕의 백허그는 현대 로맨스물의 재벌 2세 캐릭터를 조선 시대에 떨어트린 느낌으로 받아들여진다.

하나 중요하게 짚고 넘어갈 문제는, '장희빈'이라는 역사적 인물이 우리나라 대중 문화의 역사에서 차지하고 있는 비중이다. 실제 역사적 사실과는 무관하게, 우리나라의 드라마와 영화는 오랫동안 장희빈의 이미지를 고착화시켜 왔고, 이는 같은 소재의 새로운 시도를 하는 데에 걸림돌이 될 수밖에 없다. 하나는 장희빈의 상징성으로 인해 시청자가 어느 정도 '정통 사극의 전형성'을 기대했다는 것이다. 또 하나는 상호텍스트적 비평inter-textual critic을 면할 수 없는 상황이었다는 점이다. 이 드라마를 한다는 것은 《로미오와 줄리엣》, 또는 《춘향전》이 그렇듯이 "주인공의 미모, 연기, 로맨티시즘과 갈등. 사화신 등 규정 종목을 두고 승부하는 것"(홍석경)이기 때문이다. 또 다른 시각에서 보면, '멜로'를 강조한 퓨전 사극이었지만 순정 만화처럼 흘러갔다고 볼 수도 있다(노광우). 이 역시 시청자들의 기대에 대한 배반이었다. 본래 기획 의도였는지 캐스팅이 낳은 효과인지는 모르겠으나 장희빈의 순정 만화화는 갈수록 강화되었고, 숙빈 최 씨로 아이돌 한승연이 출연한 것도 이 흐름에 영향을 미쳤다. 지난 수십 년간의 학습 효과를 무시하고 (어설픈 악녀 옥정이 숙종을 원망하며 죽었더라면 차라리 더 공감되었을 텐데) '멋진 유아인'과 '착한 장옥정'을 만들려다가 무리수가 되었다는 평가는 '퓨전 사극'으로서의 〈장옥정, 사랑에 살다〉의 한계를 극명하게 보여 준다.

〈칼과 꽃〉

2013년 KBS2에서 방영한 작품으로 시청률 면에서는 참패(5% 안팎)를 기록했다. 연출 김용수와 박진석, 극본 권민수, 그리고 주연 김옥빈, 엄태웅 등으로 구성되었다. 고구려 영류왕의 딸 무영이 아버지를 죽인 연개소문의 서자 연충과 사랑에 빠진 뒤 복수와 사랑 사이에서 갈등하는 내용의 드라마다. 줄거리 요약에서 짐작할 수 있듯, 역사적 사실을 기초로 하되 가상적 인물과 내용이 스토리의 중심을 이루고, 사극이긴 하나 멜로물의 성격을 띤 팩션이자 퓨전 사극이다.

이 드라마는 뛰어난 영상 연출을 선보이면서 대사를 최소화한 첫 회 때문에 칭찬과 비난이 뜨겁게 엇갈렸다. 이명세 감독의 영화 〈형사 Duelist〉(2005)를 연상케 한다는 평가나 왕가위 감독의 분위기라는 평가는 영상미에 대한 칭찬인 동시에 과잉 연출에 대한 우려이기도 하다. 현대극에서나 볼 직한 카메라워크와 편집, 웨스턴 풍의 배경 음악 등은 '신선한 사극'이 아닌 '정체불명의 사극, 혹은 실험극'으로 받아들여지기도 했기 때문이다. 특히 남자 주인공으로 엄태웅을 선정한 것은 감독의 연출 스타일과 걸맞다고 보기 어려운 캐스팅이라는 의견이 지배적이었다.

화면의 반 이상을 비워 둔다든지 대사 사이에 긴 적막을 배치하는 등 지상파 드라마에서 보기 어려운 스타일은 특히나 전형적인 사극 연출 스타일과 큰 간극이 있었다. 이 드라마가 초반에는 다소 논쟁의 중심이다가 곧 관심 범위에서 벗어나고, 결국 참담한 시청률로 마무리된 것은 역사적 사실성 여부나 장르적 퓨전의 문제를 벗어난 이유 때문인 것으로 보인다. 멋있지도 자연스럽지도 애절하지도 않은 장면의 연속이라는 평가가 이 추측을 지지한다. 엄태웅, 최민수, 김영철 등의 출연진에 대한 시청자들의 불만도 적지 않았다.

하지만 영상이나 음악, 미장센 등에 대한 논란은 결국 '사극'이라는 장르에 관한 고정 관념이 내재되어 있는 것이기도 하다. 시청자들의 비난 때문인지 중반 이후에는 과잉 연출이 절제되었고, 그 결과 매우 논란적이고 새로웠던 퓨전 사극은 평범한 역사극의 모습이 되어 끝났다. 건축과 복식, 용어에 대한 고증 논란•도 일부 없었던 것은 아니지만, 아마도 시청자들에게 외면받은 가장 큰 이유는 (아무리 '퓨전'이라 하더라도) 사극으로 받아들이기 어려운 연출이었던 것이다. 퓨전 사극이나 팩션의 시청자들에게 (역사적) 사실성이나 실존 인물 여부만이 중요한 요소가 아님을 알 수 있는 사례다.

〈기황후〉

2014년 MBC가 방영한 드라마로, 시청률이 30% 가까이까지 올랐던 히트작이다. 한희와 이성준이 연출을, 장영철과 정경순이 극본을, 그리고 하지원과 주진모가 주연을 맡았다. 원나라의 지배자로 군림하는 고려 여인의 사랑과 투쟁을 다룬 이야기다.

• 첫 화에 무영이 "고구려. 동아시아를 호령했던 고구려. 나는 고구려의 공주다"라는 독백을 하는 장면이 사극 팬들 사이에 비판의 대상이 되었다. 당시 아시아라는 단어를 썼을 리 없기 때문에 사해四海 혹은 천하天下라는 말을 써야 맞다는 것이다(나무위키 참조. https://namu/wiki/w).

〈기황후〉는 '역사 왜곡'이라는 전형적인 논란의 한복판에 있었던 특이한 사례다. 특이하다고 표현하는 이유는, 앞서 언급했듯이, 2000년대 이후 역사극이 사실史實을 정확하게 반영해야 한다는 명제의 힘이 거의 사라졌기 때문이다. 완전한 판타지가 아닌 실제 역사에 한 발 걸치고 있는 드라마의 경우 숙명처럼 고증의 문제가 제기되곤 하지만, '역사 왜곡'이라고까지 비난받으며 논란이 되었던 경우는 최근 들어 거의 없었다. 그럼에도 〈기황후〉가 이 '예외적' 사례가 된 것은 원나라가 배경이 되었다는 점, 전해지는 관련 사료에 의하면 기황후는 원나라의 고려 침공을 부추겼던 매우 반反고려적 인물이었다는 점, 기황후가 공녀 출신의 여성이었다는 점 등 때문이었다고 추론할 수 있다.

제작진은 애초부터 역사 왜곡 논란을 조심스럽게 대비했다. 〈해를 품은 달〉의 제작진이 가졌던 접근 방식이기도 했다. 〈기황후〉의 한희 PD는 "보시면 아시겠지만, 〈기황후〉는 기본적으로 팩션 드라마다. 실존 인물도 나오고, 실제 사건, 실제 역사적 기록들이 충분한 고증과 역사적 기록을 토대로 하면서 다뤄질 테지만, 한편으로 핵심적인 이야기는 거의 다 창작이다. 기황후에 대한 기록 자체가 상당히 단출하고, 원나라의 역사 자체가 그렇게 많이 남아 있지 않다. 그 부분은 전적으로 작가의 창작에 의한 것이다"라고 주장했다. 그런데 왜 다른 드라마와는 달리 〈기황후〉는 논란이 되었는가? 역사적 인물에 대한 긍정적/부정적 이미지가 전복될 때 시청자들이 경험하는 혼란스러움이 그 한 원인일 것이다.

한희 PD는 "연산군도 그렇고 장옥정도 그렇고 사극에는 문제적 인물이 많다. 기황후도 분명 긍정적인 부분과 부정적인 부분이 공존하고 있고, 왕유 이전에 다루려 했던 충혜 역시 그런 부분을 논문을 통해 보았다"며 "저희가 드라마를 하겠다는 것의 방점은 역사가 아닌 드라마에 있다. 논란과 관련 가상 역사라는 점을 밝혀야겠다고 생각했다. 이 드라마를 보고 나서도 역사 왜곡에 대해 말씀을 하신다면 귀를 열기는 할 것이다"고 말했다. 장영철 작가는 "기황후의 이름, 기승냥 역시도 역사에 기록이 없어 우리가 창작한 것이다. 드라마로 하고자 하는 것은 황후가 된 이후의 모습이 아니라 나락으로 떨어진 한 여자가 황후가 되기까지의 과정을 드라마로 할 것이다. 사료가 적어 많은 부분을 창작해야 했고, 처음부터 이것이 가상 역사라는 점을 공지할 것이다"며 "실제로도 드라마의 70% 이상은 허구의 인물들로 만들 수밖에 없었다"고 밝혔다. 즉 기황후는 '명'과 '암'이 있으며, 드라마는 황후가 되는 과정에 초점을 맞추기는 하지만 인물의 '암'도 분명히 밝힐 예정이라는 것이다.

〈기황후〉의 역사 왜곡 논란이 흥미로운 이유는, 제작진들의 이러한 변호에도 불구하고 온라인은 물론 학계에서도 비난과 논쟁이 끊이지 않았다는 점과 이 논란에도 불구하고 〈기황후〉는 엄청난 상업적 성공을 거두었다는 점이다. 비난의 기저에는 '매국노 미화'라는 논리가 강하게 작동하고 있었다. '역사 왜곡'으로 단순화될 논쟁이 아니라 민족주의/국수주의가 개입하는 상황이었던 셈이다. 다른 팩션이나 퓨전 사극과는 구별되는 지점이기도 하다. 그런데 논쟁이 격렬한 것과는 무관하게 〈기황후〉의 시청률은 회를 거듭할수록 가파르게 올라서 20화 즈음에는 20%선을, 40화 안팎에서는 거의 30%를 바라볼 정도가 되었다. 어찌 보면 "(역사적) 사실성 여부는 드라마의 성공 여부에 별 영향을 끼치지 않는다"는 21세기의 통념을 다시 확인한 사례가 되었다고 볼 수도 있다.

〈삼총사〉

2014년 케이블 채널인 tvN이 제작, 방영했다. 지상파가 아닌 채널로서 2% 정도의 시청률을 기록한 것은 당시의 방송 환경에서는 비교적 성공적이었다고 판단할 수 있다. 연출 김병수, 극본 송재정, 그리고 주연은 정용화와 이진욱이 맡았다. 조선 인조 시대를 배경으로 강원도 무인이자 가난한 양반 집안 출신으로 한양에 올라와 무과에 도전하는 박달향이 자칭 '삼총사'인 소현세자와 그의 호위무사 허승포, 안민서를 만나, 조선과 명청 교체기의 혼란했던 중국을 오가며 펼치는 액션 로맨스 활극이다.

지상파에서는 여러 이유로 주저하는 새로운 시도들이 케이블 채널에서는 어렵지 않게 이루어지는 경우가 종종 있는데, 이 드라마도 그한 예라고 볼 수 있다. 다양한 장르의 혼합이라는 점에서 그러하다. 인조 시대라는 분명한 시대적 배경을 제시하고 소현세자라는 역사적 실존 인물을 주연으로 설정했다는 것은 전형적인 사극의 틀을 유지하겠다는 의지로 보이지만, 당장 소현세자가 사료 속 인물과는 거리가 먼데다가 삽입된 가상 인물들도 대개 코믹한 현대적 캐릭터로 설정되고 장르적으로는 액션 활극을 표방함으로써 '배경만 조선 시대인' 사극으로 만들었다. 반면 비중 있는 조연으로 김명수, 박영규 등 정통 사극의 단골 출연자를 캐스팅해서 홍미, 혹은 혼란을 일으키기도 했고, 1화에는 크래용팝의 〈빠빠빠〉를, 2화에서는 현아의 〈빨개요〉를 배경 음악으로 사용함으로써 노골적으로 '역사'의 냄새를 제거하려 하기도 했다. 그런가 하면 제목에서 알 수 있듯이 알렉상드르 뒤마의 소설 《삼총사》를 캐릭터 및 기본 스토리의 토대로 삼아, 역사적 퓨전, 장르적 퓨전, 문화적 퓨전을 동시에 추구했다. 특히 연암 박지원이 청나라에

갔다가 우연히 발견한 《박달향 회고록》을 드라마로 만든다는 설정은 뒤마의 《삼총사》를 패러디한 것이기도 하고, 이중으로 사실과 허구를 섞음으로써 역사 왜곡이라는 딴지를 걸지 말라는 선언의 역할을 하기도 했다.

따라서 〈삼총사〉는 팩션이면서 퓨전 사극이고, 동시에 이전에는 발견할 수 없었던 새로운 장르라고 볼 수도 있다. 시청률이나 방영 당시의 화제성으로 볼 때 이 시도가 성공적이었다고 보기는 어렵지만, '역사'를 드라마에서 어디까지 활용할 수 있는지 극단적인 사례를 보여 주었다는 평가는 가능하다. 소현세자라는 매력적인 역사적 캐릭터를 코미디로 소비해 버리는 것이 아닌지에 대한 아쉬움은 있었으나, 그렇다고 이 드라마를 보고 고증 문제를 제기하는 시청자는 없었다. 총도 쏘지 않는 사람들을 왜 삼총사라 부르는지 역시 심각한 논쟁 거리가 될 수 없었다. 아이돌의 노래가 국악처럼 나온 장면 역시 '기발'할지언정 '비난이나 한탄'의 대상은 아니었다. 장르적으로는 액션, 멜로, 코미디가 혼합되고, 정사正史와 허구가 섞이고, 조선 역사와 17세기 프랑스의 모티브가 공존하고, 현대적 캐릭터와 정통 사극 캐릭터가 혼재된 드라마. 여기에 역사를 둘러싼 논쟁이 일어나기는 불가능했다.

||| 한국 대중 문화가 '역사'를 활용하는 법

〈기황후〉와 관련된 논쟁에서 볼 수 있듯, 사극은 운명적으로 '사실 왜곡'이라는 혐의와 '그저 드라마일 뿐'이라는 옹호가 교차될 수밖에 없다. 그런데 이 운명이 반드시 사극에만 적용될까? 현대극에서도 특정 직군을 왜곡해서 묘사한다며 집단적 반발이 일어나기도 하고 여성이나 외국인에 대한 재현이 부정적이라는 비난을 받는 경우가 많다. 서울에서 촬영한 화면인데 지방 소도시인 척한다고 화를 내는 시청자도 있다. 이에 대해 옹호론자들은 드라마를 뉴스나 다큐멘터리와 같은 잣대로 평가하지 말라고 목소리를 높인다.

드라마는 역사든 현실이든 특정 배경과 인물, 사물과 소재를 끊임없이 재현한다. 드라마만이 아니다. 소설, 영화, 만화, 게임, 심지어 역사책도 그러하다. 사람들이 '믿을 만한 사료'라 생각하는 기록물들조차 실제로 존재하고 벌어졌던 그 무엇을 글로 옮겨 적은 것이다. 재현이다. 의도적 왜곡이 없다 할지라도 지면의 한계상, 혹은 문자라는 표현 방식의 본질상 일정한 방식으로 프레이밍될 수밖에 없다. 과거를 구성하는 것이다. 역사책이 완벽하지 않기 때문에 역사 드라마를 엉망으로 만들어도 된다는 의미는 아니다. 일부 사학자들의 불만과 비판에도 불구하고 팩션/퓨전 사극은 계속 확대되고 진화할 것이라는 전망을 하는 것이다.

역사책과 신화는 현대의 모든 문화 콘텐츠의 마르지 않는 아이디어 원천이다. 반복해서 재활용되기도 하지만 똑같은 물건은 아니다. 장희빈이 영화와 드라마로 수차례 만들어져도 그 시각과 내용은 모두 다른 이유도 이 작품들이 결국 '창작'의 결과이지 '역사'의 모사는 아니기 때문이다. 이 장의 모두에서 소개한 〈육룡이 나르샤〉에는 시청자들이 지겹게 보아 온 태종과 방원, 정도전이 나오지만 분이, 무휼, 이방지라는 가상의 캐릭터가 추가됨으로써 새로운 스토리를 만들 수 있었다. 20세기 "조선왕조 오백년" 시리즈가 역사 교육 매체의 역할도 담당했다면, 21세기 역사극들은 팩션이나 퓨전이라는 이름을 따로 붙이기 민

망할 정도로 상상과 창의력, 재미가 강조된다. '교육 매체로서의 역사극'은 아마도 다큐드라마에 의해 대치되고, 팩션/퓨전 사극은 평범한 드라마 장르 중 하나로 안정화될 것이다.

물론 어느 날 갑자기 '정통' 사극이 사라지는 일은 없을 것이다. 영국에서도 아직까지는 '양질의 드라마'라고 할 때 역사극을 먼저 떠올리며, 일본 NHK도 철저한 고증을 거친 대하 사극을 종종 제작, 방영한다. 국내 사학자 중에서도 퓨전 사극의 의의를 부정하지는 않지만 '균형'을 위해서라도 정통 사극의 확대가 필요하다고 주장하는 경우가 많다. 그러나 시청자들이 막연하게 상상하는 '정통' 사극의 모습도 차차 변하고 있음을 직시할 필요가 있다. 2014년 KBS는 '역사 교육,' '공공성,' '역사 의식' 등의 단어를 전면에 내세우며 드라마 〈정도전〉의 방영을 홍보했지만, 제작진은 고증의 어려움, 제작 환경의 한계 등을 언급하면서 "다큐멘터리가 아니기 때문에 어쩔 수 없이 상상이 가미되는 부분이 있다"고 솔직하게 털어 놨다. 〈정도전〉과 〈삼총사〉는 어쩌면 상상과 창작의 폭과 깊이에 차이가 있는 것이지 장르적 차이가 분명한 것은 아닐지도 모른다. 그리고 아마도 〈정도전〉보다는 〈삼총사〉에 더 가까운 드라마들이 꽤 오랫동안 더 적극적으로 제작될 것이다.

참고 문헌

김기덕 (2007). "팩션영 화의 유형과 '대중적 몰입'의 문제," 〈역사와 경계〉, 통권 63호, pp.1~21.

김기덕 (2008). "영상역사학: 역사학의 확장과 책무," 〈역사학보〉, 통권 200호, pp.99~

130.

김기덕 (2009). "팩션 영화의 유형과 '대중적 몰입'의 문제," 〈역사문화연구〉, 통권 34호, pp.455~494.

김기봉 (2012). "〈해를 품은 달〉, '막장 사극'인가 사극의 진화인가," 〈철학과 현실〉 통권 93호, pp.99~108.

박유희 (2007). "서사 매체와 역사 속 여성의 허구화: 2000년 이후 소설, 영화, TV 드라마를 중심으로," 〈한국고전여성문학연구〉 통권 15호, pp.39~70.

이영미 (2008). "텔레비전 사극의 전성기, 그 발전 동력과 방향," 〈작가세계〉 통권 79호, pp.292~302.

〈한겨레〉 (2008. 10. 28). "안휘준, '바람의 화원' 심각한 역사 왜곡."

〈한겨레〉 (2008. 10. 30). "한겨레가 만난 사람: 신윤복 왜곡? 무관심보다는 낫다."

8

막장드라마의 민낯

최지희

최지희 고려대학교 언론학 박사 과정을 수료하였다. 현재 megaUT 미디어학 강사이며 드라마·방송 칼럼니스트로 활동 중이다. 논문으로 "새로운 역사 영화로서의 〈황산벌〉과 〈평양성〉," "〈신기생뎐〉 수용자의 즐거움에 대한 연구" 등이 있다.

막장드라마란 무엇인가

"사실 우리는 남매야."

"사실 너는 내 딸이야."

드라마 속의 이런 폭로는 이제 진부해진 지 오래다. 지고지순하고 순진하다 못해 답답하기까지 한 여주인공이 상식을 벗어난 악행에 항상 시달리고, 모든 사건들은 누군가의 이야기 엿듣기를 통해 비밀이 폭로되면서 진행되고, 악행이 드러난 악인은 괴성을 지르며 유리컵을 던진다. 복수를 위해 다시 나타난 여주인공은 얼굴에 점을 찍는 것만으로도 다른 사람들이 못 알아보며, 모든 등장인물들은 같은 동네에 사는 듯 자주 부딪히며 이야기를 만들어 내고 갈등을 빚는다.

이러한 무리한 설정들이 얽히고설켜 자극적으로 전개되는 드라마를 우리는 '막장드라마'라고 지칭한다. 원래 '막장'이라는 용어는 '갱도의 막다른 곳'을 의미하는 전문 용어로, 사회적 의미로서는 인생에 비유되어 더 이상 떨어질 수 없는 최악의 상태를 지칭하는 표현이다. 하지만 요즈음엔 선정적이고 비상식적인 소재를 다루거나 개연성 없는 스토리 전개가 특징인 텔레비전 드라마를 표현하는 용어로 많이 사용된다.

'막장드라마'라는 표현은 2007년 하반기부터 〈조강지처클럽〉(SBS, 2007~2008), 〈너는 내 운명〉(KBS, 2008), 〈아내의 유혹〉(SBS, 2008~2009) 등의 드라마와 관련한 기사에 등장하기 시작했고 이후 드라마에 대한 비평에 자주 사용되었다. '막장'이라는 용어는 〈아내의 유혹〉과 관련한 논의에서 본격적으로 사용되었지만 그 연원은 자극적인 극 전개로 논란을 불러일으킨 임성한 작가의 〈인어아가씨〉(MBC, 2002~2003)에서 찾을 수 있다. 임성한 작가는 〈인어아가씨〉 이후, 2004년 〈왕꽃선녀님〉(MBC), 2005년 〈하늘이시여〉(SBS) 등의 작품을 집필했는데, 이 드라마들은 자극적인 극 전개로 사회적 파장을 일으켰다. 이후 2000년대 후반 '막장드라마'라는 용어가 보편화되면서 임성한 작가의 이전 작품들까지 '막장드라마'에 대한 논의에 편입되어 임성한 작가는 대표적인 막장드라마 작가로 평가받게 되었다. 2009년은 막장드라마의 전성기라고도 볼 수 있는데, 김순옥 작가의 〈아내의 유혹〉을 필두로 문영남 작가의 〈수상한 삼형제〉(KBS, 2009~2010), 임성한 작가의 〈보석비빔밥〉(MBC, 2009~2010) 등이 막장드라마 논란 속에서도 인기를 끌며 높은 시청률을 기록했다.

막장드라마의 탄생과 범람은 시청률 만능, 제작비 절감이라는 제작 현장의 구조적인 문제를 빼놓고는 논의하기가 힘들다. 막장드라마가 특유의 서사 형태를 갖출 수밖에 없는 제작 현장에서의 문제점, 미디어 산업 전반의 상황, 그리고 사회적 상황 등을 먼저 들여다보자.

드라마의 외주 제작이 보편화되면서 외주 제작사가 드라마 한 편당 지급받는 제작비는 1억~2억 정도라고 한다. 그 제작비 중 주조연급 연기자의 출연료를 제외하고 남은 제작비만으로는 완성도 높은 드라마를 만들기에 부족할 수 있다. 최소한의 제작비로 시청률이 높은 드라마를 만들어 내기 위해서 점점 더 자극적으로, 점점 더 선정적인 내용으로 시청자의 눈과 귀를 사로잡아야 한다. 결국 천정부지로 치솟아 있는 연기자들의 고액 출연료와 방송사의 적은 제작비가 막장드라마 탄생의 구조적인 배경이라고 볼 수 있다. 거기에 케이블 채널과 종합 편성 채널 등 경쟁자들도 늘어나 적은 제작비로 시청률 경쟁을 벌이게 되었다. 드라마 제작 현장에서는 시청률이 저조하면 '막장으로 가야 하나?'라는 고민에 빠진다. 선정적이고 자극적인 드라마에 길들여져 웬만한 자극에는 꿈쩍도 않는 시청자, 시청률을 드라마 성공의 잣대로 삼는 제작자, 막장드라마보다 더한 현실 세계의 막장이 맞물린 결과물이 막장드라마라고 볼 수 있다. 막장드라마는 그 자체를 만들어 내기 위한 목적으로 생산된 드라마라기보다는 그러한 생김새의 드라마를 만들어 낼 수밖에 없는 미디어 산업 구조의 결과물인 것이다.

그렇다면 미디어 제작 현장의 문제와 맞물려 탄생한 막장드라마를 하나의 장르로 볼 수 있을 것인가? 이 문제는 '장르'의 개념을 어떻게 정의하느냐에 따라 달라진다. 일부 제작진은 '막장드라마'도 장르라고 말한다. 〈아내의 유혹〉의 여주인공 장서희는 〈뻐꾸기 둥지〉 제작 발표회에서 "'막장'이라는 소재가 요즘은 하나의 장르가 된 것 같다. 이왕이면 '막장'보다는 극성이 강한 드라마라고 기억해 줬으면 좋겠다"고 말하기도 했다. 막장드라마를 하나의 '장르'로 분류하는 데 주저하게 된다면 막장드라마가 어떠한 경향을 만들어 내었는가를 생각해 보자. 장르 구분의 엄밀성을 따지기보다 일련의 드라마가 다른 드라마들과는 구분되는 일정한 경향성을 띠고 있다면 막장드라마 역시 하나의 장르로 볼 수 있을 것이다. 막장드라마를 드라마적 경향으로 인식하여 담론화하기 시작한 이후, '막장드라마'라는 범주에 편입되는 드라마에 대한 암묵적인 합의가 이루어지고 있는 듯 보이기 때문이다.

스티브 닐Steve Neal(2001)은 각 미디어 기관이 소유한 시스템과 홍보 형태, 마케팅 조사 등의 방식이 장르에 이름을 달아 주고 분류하는 기반을 제공한다고 설명한다. 결국 각종 미디어에서 '막장드라마'라는 용어를 사용하면서부터 이러한 경향의 드라마가 '막장드라마'라고 명명되었고, 수용자의 인식 속에 자리 잡게 된 것이다.

존 피스크John Fiske(1987)에 따르면, 장르는 기존의 장르적 경계를 위협하는 새로운 미디어물이 생산되면 언제라도 변화될 수 있는 유동적이며 잠정적인 특징들의 집합이다. 이러한 관점은 '장르'라는 것이 다양한 특성과 의미를 지닐 수 있고, 범주나 부류 등을 의미하기도 하며, '장르적'이란 말은 "상업적인 소비를 위해 구성되었거나 그런 특성이 있다"는 것을 의미하기도 한다. 이처럼 '장르'의 개념이 고정적인 것이 아니라 언제든지 주변의 환경에 의해 변화할 수 있는 것을 의미한다면 '막장드라마' 역시 하나의 장르로 보아도 무방할 것이다.

자극적인 설정이나 개연성 없는 극 전개 등이 막장드라마로 평가받는 드라마들의 공통적인 속성이다. 그러나 그와 같은 서사적 특징은 막장드라마가 존재하기 전부터 소설이나 드라마, 영화, 심지어는 한국 고전 소설이나 그리스 로마 신화에서도 찾아볼 수 있다. 때문에 자극적이고 선정적인 설정, 개연성 없는 극 전개 등의 서사적 특성만을 기준으로 막장드라마를 분류하기에는 그 기준이 모호하다. 사실 이러한 막장드라마는 어느 순간 갑자기 나타난 것이 아니다. 이전에도 '막장적 서사 요소'를 가진 드라마들은 존재해 왔다. 서사 장르의 드라마들은 배신, 불륜, 복수의 플롯을 가지고 있고, 수용자의 눈물샘을 자극한다. 배신, 불륜, 복수의 요소를 가졌다고 하여 모든 드라마가 막장드라마가 되는 것은 아니다. 한 예로 〈밀회〉(jtbc, 2014)는 불륜을 소재로 했다는 이유로 비판을 받기보다는 명품 드라마라는 타이틀을 거머쥐었다.

막장드라마의 스토리 전개는 아주 빠르다. 그래서 등장인물의 캐릭터를 설정하고 구축하기 위한 스토리를 충분히 전개시키기 어렵다. 예전에 일일극 60회에서 풀었던 이야기가 이제는 30회 정도면 다 소진된다. 이야기 속도가 빨라지면서 악인의 극단적인 행동에 개연성이나 타당성을 주는 예비 장면이나 정서적 절차가 생략된다. 그래서 악인의 악행은 더욱 극성스러워 보인다.● 2009년 방송된 〈아내의 유혹〉의 경우 빠른 스토리 전개로 기존의 드라마 문법을 파괴한다는 평가를 받기도 했다. 〈아내의 유혹〉의 고홍식 CP는 한 인터뷰에서 "〈아내의 유혹〉은 느슨한 신이 하나도 없고 다른 드라마에 비해 평균 세 배 이상 빠른 속도로 전개되며 다양한 에피소드를 소화하고 있는 점이 장점"이라고 밝혔다(〈연합뉴스〉, 2009. 2. 4).

그렇다면 여기서 '막장드라마'라는 장르가 공유하는 요소를 살펴보자. 첫 번째 공통된 요소는 인물 관계의 과도한 얽힘이다. 겹사돈, 숨겨둔 자식, 얽히고설킨 인물 간의 갈등 관계 등이 막장드라마의 스토리를 이끌어간다. 특히 가족 간의 관계는 회가 거듭될수록 계속 얽힌

● 일부 드라마 PD들은 휴대전화의 보급이 막장드라마의 부흥에 한몫을 했다고도 생각한다. 상대를 찾고, 헤매고, 그리워하고, 기다리는 감정적 여운을 휴대전화 한 통으로 확 질러갈 수 있기 때문이다.

다. 이는 제한되어 있는 제작비로 임팩트 있는 스토리를 만들어야 하는 제작 현실과 연결되어 있다. 등장인물 수를 최소화해서 스토리를 전개해 나가야 출연료를 절감할 수 있고, 1회만 보고도 시청자들이 스토리를 파악할 수 있어야 하기 때문에 한 회에 모든 등장인물들 간의 갈등 구조를 집어넣게 위해 노력하게 되는 것이다.

이처럼 인물 간의 갈등을 과도하게 얽히게 만드는 것 중 하나가 인물들이 모두 한동네에 사는 것처럼 너무나도 우연히 자주 마주치는 설정이다. 오죽하면 드라마 속 서울에는 백화점과 미용실이 하나밖에 없다는 우스갯소리가 나올까. 등장인물들은 백화점에서 쇼핑하다가 먼 발치에서 서로를 발견하게 되고, 대부분의 등장인물들이 다니는 미용실에서 소문은 돌고 돌아 서로의 귀로 흘러 들어간다.

두 번째로 공통된 요소는 이렇게 얽힌 인물 관계가 거의 가족 중심이라는 것이다. 막장드라마의 대부분은 가족 시간대로 분류되는 일일 드라마나 주말 드라마 시간대에 방영된다. 방송국 홈페이지의 드라마 소개에서는 '따뜻한 가족애'를 그린다고 하지만, 실상 드라마 속에서 인물 관계의 가장 큰 적은 가족이다. 막장드라마 속 주인공이 극복해 나가야 할 갈등의 요소는 주로 가족 내에 존재해 있다. 복수해야 할 대상이 전 남편이 되고, 며느리가 극복해야 할 문제는 고부 갈등이다. 또한 숨겨둔 자식, 배다른 형제 등등 가족을 지키기 위해 또 다른 가족과 갈등을 빚게 되는 것이다.

또한, 가족 중심의 드라마는 시대극, 활극, 정치 드라마, 로맨틱 코미디, 멜로 등 다양한 장르와 결합이 가능하다. 가족이라는 소재의 활용성과 장르 확장에의 용이함은 막장드라마가 매 회 다양한 갈등을 예상치 못한 방식으로 만들어 가고, 풀어 가는 과정에서 필수적인 것이다. 막장이라고 불리지 않는 다른 드라마들도 막장드라마에 사용되는 소재와 장치들을 많이 사용하고 있지만, 이들과 달리 막장드라마는 '과하게' 사용하고 있다. 때문에 가족 간에 갈등이 겹치게 되고 그 과정에서 불륜과 패륜 등의 갈등이 등장하게 된다. 결국 막장드라마에서 사용되는 가족 간의 갈등은 기존의 '가족 중심'의 체제를 뒤흔들고 붕괴하는 방식으로 나타난다. 이는 막장드라마가 비도덕적이라는 비판을 피해 갈 수 없게 만드는 요인 중의 하나가 된다.

세 번째 공통된 요소는 막장드라마 주인공들의 캐릭터 설정이 과도하게 극단적이라는 점이다. 지고지순한 여자 주인공은 지켜보는 시청자가 답답할 정도로 착하고 미련하기까지 하며, 악인으로 설정된 인물의 행동들은 상식을 벗어날 정도로 비약적이며 파행적이다. 악인이 왜 악인이 되었는지, 그들이 왜 그런 행동을 하게 되었는지에 대한 충분한 이유가 제시되지 않기 때문에 시청자들은 그들의 내면과 심리를 이해하기보다는 표면적으로 드러나는 그들의 악행만을 보게 되고, 그들을 욕하면서 드라마를 시청하는 데에 거리낌이 없게 된다. 게다가 악인들의 비상식적인 행동은 점점 더 자극적이 된다. 매 회 등장인물이 괴성을 지르며 울부짖는 장면이 나오고, 화가 난 여성들은 폭력적이 된다. 막장드라마의 화난 여성들은 일단 차로 들이받거나 머리채를 붙잡거나 가구를 부수면서 감정에 치우친 극단적인 행동을 통해 자신을 표현한다.

드라마의 빠른 스토리 전개는 시청자들이 텔레비전 앞을 떠날 수 없게 만드는 힘이다. 스토리의 빠른 전개 속도는 느슨한 개연성이나 장면의 선정성에 대해 비판할 여지조차 주지 않고 시청자가 드라마의 빠른 전개를 따라가게 만든다. 텔레비전 시청은 항상 우리 일상생활 속에서 이루어지고, 다른 일을 하면서 드라마를 보기도 하고, 더군다나 요즈음은 스마트폰이라는 개인 미디어의 보급으로 드라마를 보면서 스마트폰으로 뉴스를 검색하거나 이메일 확인을 하기도 한다. 이처럼 화면에 집중하여 관람하는 영화와는 달리 텔레비전 시청 환경은 화면에 집중하기 힘들기 때문에 드라마는 필사적으로 시청자의 시선을 화면 속으로 끌어들여야 한다.

네 번째, 엿듣기로 드러나는 개연성 없는 사건 전개 방식 또한 막장드라마의 공통 요소다. 인과 관계로 인해 사건이 전개되기보다 우연히 누군가의 이야기를 엿듣게 되면서 사건이 새로운 국면으로 접어드는 경우가 흔하다. 엿듣기는 작가의 입장에서는 상당히 편한 전개 방식이다. 복선과 암시로 사건을 끌어가는 것이 아니라, '우연히' 누군가의 이야기를 엿듣게 되고 이를 통해 사건을 끌어나가게 되면서 드라마의 개연성은 점점 사라져 간다. 이러한 전개는 시청자들이 다음에 일어날 일을 예상하지 못하게 하고, 결국 어디로 튈지 모르는 드라마가 되는 것이다. 드라마 속 등장인물들은 서로 얽히고설킨 갈등 관계를 만들어내며 한동네에서 모여 사는 것처럼 자주 길목이나 백화점에서 부딪히게 되고, 그 과정에서 엿듣기를 통해 새로운 사건들이 터지고, 인물 간의 관계와 갈등은 자꾸만 꼬이게 된다. 드라마가 마지막 회를 향해 달려갈 때까지도 시청자들은 과연 작가가 이러한 갈등 관계를 어떻게 풀어나갈지 전혀 예상조차 못하게 된다.

그러나 단 한 가지 이렇게 어디로 튈지 모르는 막장드라마에도 예상 가능한 것이 있다. 과도하게 얽힌 갈등 관계와 개연성 없는 스토리 전개에도 불구하고 막장드라마의 마무리는 항상 '권선징악'으로 끝날 것이라는 것을 우리는 알고 있다. 상상할 수조차 없는 악행을 일삼던 악인은 어느 순간 갑자기 자신의 잘못을 뉘우치게 되고, 미련하게도 너무 착해서 아무것도 모를 것 같던 주인공이 갑자기 정의의 사도가 되어 그들을 단죄하고 행복하게 살아간다. 이런 장면이 중간 과정 없이 나타나기도 한다.

문보현 KBS PD는 "〈수상한 삼형제〉나 〈아내의 유혹〉은 의외의 사건을 전혀 예측할 수 없는 부분에 끊임없이 배치하거나 시청자들의 예측과 어긋나는 스토리 구성으로 시청자들을 빠져들게 한다"고 말했다(〈조선일보〉, 2010. 4. 23). 이 '예측성'과 '돌발성'의 절묘한 조화가 '성공한 막장'의 핵심이 된다는 것이다. 이처럼 '돌발적'인 사건 전개를 위해 '엿듣기'를 통한 사건 전개는 필수적인 요소가 된다. 그러나 이처럼 개연성 없는 사건 전개는 자극적인 설정을 통해 시청률을 확보하겠다는 제작진의 의도만이 원인은 아니다. 사전 제작 제도가 정착되지 않은 한국의 드라마 제작 현장은 매회 빠듯하게 드라마를 촬영한다. 스토리가 완벽하게 마련되어 있지 않은 상태에서 촬영 스케줄에 쫓겨 급하게 써 내려가는 쪽대본으로는 긴 호흡으로 드라마를 이끌어가기에 무리가 있다. 또한 제작비 측면에서 등장인물의 행동 반경이 최소화가 되어야 스튜디오 촬영보다 상대적으로 제작비가 더 많이 들어가는 야외 촬영을 줄일 수 있다.

거기다 대부분 일일 드라마나 아침 드라마, 주말 드라마에서 이들의 고정 팬들이 중장년층 여성 시청자라는 점에서 가족은 숙명 같은 소재다. 주 시청자층을 고려하여 드라마 소재를 결정해야 하기 때문이다. 드라마의 빠른 전개 속도는 시청률과 무관하지 않으며, 스토리의 빠른 전개 속에서 등장인물들은 극단적이고 단편적인 모습을 보여 줄 수밖에 없고, 그들의 내면 심리 묘사보다는 극단적인 행동 묘사가 두 드러지게 된다.

이러한 상황에서 드라마 속 등장인물을 이해하고 연기를 해야 하는 배우들의 고충도 클 것이다. 왜 그 배역이 이러한 성격을 가지게 되었는지에 대한 충분한 설명 없이 매 회 펑펑 울기도 하고, 괴성을 지르기도 하는 등장인물을 연기해야 하는 것이다. 일례로 〈에덴의 동쪽〉(MBC, 2008~2009)에서 이다해는 캐릭터를 이해할 수 없다는 이유로 드라마 방영 중간에 하차하기도 했다.

막장드라마의 탄생과 그 실체

막장드라마는 단순히 자극적인 소재로 스토리를 전개하여 논란을 일으키는 드라마가 아니라 변화하는 미디어 산업 구조 속에서 필연적으로 탄생한 불량 식품 같은 것이다. 2000년대 이후 SBS의 개국, IPTV의 등장, 종합 편성 채널의 등장 등 방송 시장의 변화 속에서 방송사 간의 드라마 경쟁이 가속화되었고, 이러한 경쟁은 방송사마다 다양한 시도를 통해 새로운 드라마를 만들어 내고 시청자의 눈길을 사로잡기 위한 노력을 하도록 만들었다.

2000년대 초반 드라마 제작진은 복고풍 드라마에서 첨단 현대극까지 다양한 드라마를 제작하였다. 2002년 〈겨울연가〉(KBS), 2003년 〈대장금〉(MBC), 2004년 〈발리에서 생긴 일〉(SBS), 2005년 〈내 이름은 김삼순〉(MBC) 등의 드라마들이 2000년 초반의 드라마 시장을 잘 설명해 준다. 하지만 2000년대 드라마들이 새롭고 신선한 시도를 한 것만은 아니다. 2000년대 이후 드라마는 본격적으로 상업적으로 기획되었고, 그 속에서 2002년 〈인어아가씨〉를 필두로 자극적인 소재의 드라마들이 뒤를 이어 등장한다. 드라마의 주 시청자가 여성이라는 점은 시청률을 위해 방송사들이 어떤 드라마를 제작해야 하는지를 명확하게 해 주었을 것이다. 치열해진 방송 시장 상황 속에서 드라마는 적은 비용으로 높은 시청률을 끌어내야만 했고, 중년 여성들을 타깃으로 하는 일일 드라마, 주말 드라마 등은 점점 더 자극적인 사건으로 시청자들의 눈길을 사로잡았다.

지나친 우연의 남발, 그리고 진부한 갈등과 스토리가 반복되는 막장드라마 속에서도 2010년에는 방송사마다 다양한 소재의 드라마들을 생산했다.• 이렇게 탄생한 ('막장드라마'의 반대편에 있는) '명품 드라마,' '고퀼드라마'(고품격 드라마)는 한류의 바람을 타고 일본, 중국, 동남아 등으로 수출되었다. 이후 드라마 제작사에서는 드라마 기획 단계에서부터 해외 수출을 염두에 두고 드라마를 제작하기도 했는데, 이는 또다시 드라마의 질을 떨어뜨리게 만들기도 했다. 해외 수출을 염두에 둔다며 드라마 내용의 질을 높이기보다는 한류 스타를 주인공으로 모시기에 급급했고, 이로 인해 드라마 제작 비용이 턱없이 높아지기도 했다. 거기에 케이블과 종합 편성 채널이라는 경쟁자가 더해지면서 시청률 경쟁이 더욱 치열해졌고, 적은 비용으로 시청률을 올리기 위한 막장 경쟁이 다시 시작되었다. 막장으로 막장을 상대하는 악순환이 되풀이된 것이다.

• 2010년 인기를 끌었던 대표적인 드라마로는 〈제중원〉(SBS), 〈추노〉(KBS), 〈신데렐라 언니〉(KBS), 〈파스타〉(MBC), 〈동이〉(MBC), 〈대물〉(SBS), 〈나쁜 남자〉(SBS) 등이 있다.

2011년 〈신기생뎐〉(SBS)을 시작으로 다시 방송사들의 막장드라마 전쟁이 시작되었다. 〈신기생뎐〉은 임성한 작가가 집필한다는 이유로 방송 전부터 주목을 받았는데, '기생 머리 올리기,' '빙의' 등의 자극적인 소재로 인해 막장 논란에서 벗어나지 못했다. 임성한은 〈인어아가씨〉, 〈왕꽃 선녀님〉, 〈하늘이시여〉, 〈신기생뎐〉, 〈오로라 공주〉, 〈압구정 백야〉(MBC, 2014) 등을 통해 막장드라마를 대표하는 작가가 되었고, 두터운 팬층에다 높은 시청률까지 보장하는 작가로 자리매김하였다. 〈아내의 유혹〉(2008), 〈왔다! 장보리〉(MBC, 2014), 〈내 딸 금사월〉(MBC, 2015) 등을 집필한 김순옥과 〈조강지처 클럽〉(SBS, 2007), 〈수상한 삼형제〉(KBS, 2009), 〈왕가네 식구들〉(KBS, 2013) 등을 집필한 문영남 역시 막장드라마 작가로 대표된다.

2015년 5월 임성한 작가는 〈압구정 백야〉를 마지막 작품으로 은퇴를 하겠다고 선언했다. 〈압구정 백야〉는 가족을 버린 어머니에게 복수하기 위해 어머니의 의붓아들을 유혹해 며느리가 되려고 한다는 파격적인 내용을 담고 있다. 지나치게 자극적인 막장드라마를 쏟아내 온 임성한 작가의 은퇴는 어쩌면 당연한 결과라는 반응도 있었다. 임성한의 작품들은 비상식적 소재와 극단적인 스토리 전개로 인해 그간 많은 논란을 가져왔다. 〈오로라 공주〉의 경우 "암세포도 생명이에요"라는 '황당한 명대사'에다, 비윤리적 내용 및 성적 농담, 저속한 표현 등으로 인해 방송통신위원회로부터 경고 조치를 받기도 하였다.

드라마는 그 시대의 세태를 반영하거나 삶을 비추는 거울이라고 한다. 텔레비전 드라마의 생산은 제작자의 몫이지만 시청자 역시 특정 드라마에 반응하고 평가하며, 그것은 다시 제작자가 드라마를 생산하는 데 기준이 되고 유사한 드라마를 생산하게 만든다. 즉 텔레비전 드

막장드라마와 방송 심의

방송통신위원회는 〈오로라 공주〉의 2013년 6월 13일 방송분에 대해 비윤리적 내용과 성적 농담, 저속한 표현을 수차례 방송해 방송 심의에 관한 규정 제25조(윤리성) 제1항, 제35조(성표현) 제1항, 제44조(수용수준) 제2항, 제51조(방송언어) 제3항을 위반했다고 밝혔다. 문제가 된 장면은 이강숙이 남편 오금성에게 "친구 미옥인 천만 원 들여서 가슴 부풀렸어. 다들 부러워하고 감탄해. 마흔셋에 이 정도 유지하는 아줌마 봤어?"라며 "다른 집 남자들은 주물러 터트려서 귀찮아 죽겠대. 토끼 주제에"라고 말하고 이에 남편이 "식어 빠진 사발면을 1~2분이면 해치우지 20~30분 걸려 먹냐?"라고 말하는 장면이다.

방송통신위원회는 〈압구정 백야〉에 대해 2015년 3월과 5월 법정 제재인 '관계자 징계'와 '경고' 처분을 내렸다. 이러한 징계는 자신의 며느리가 되려는 친딸 백야와 친모 서은아의 다툼 장면이 원인이 되었다. 여주인공 백야의 친모인 서은하는 "버러지 같은 게, 인간 같지도 않은 거 밥 해먹이고" "너 같은 미물보다 훨씬 더 예쁘고 매력 있고 젊고 능력 있는 여자 찾아서 붙여 줄 거니깐. 헌신짝처럼 버려지게"라는 대사와 함께 물세례를 하고 따귀를 때린다. 이에 백야는 자신이 친딸이라고 밝히며 "당신 같은 사람이 날 낳았다는 게 끔찍해. 버러지라고 했지? 버러지가 버러지를 낳았지 그럼 사람이 낳았겠어?"라고 맞받아쳤다. 방송통신위원회는 청소년 시청자의 정서에 부정적인 영향을 미친다는 이유를 들어 제재 조치를 했으나, MBC 측은 "대화 상황과 전체적인 맥락을 고려하면 사회 통념의 범위 내에 있다고 볼 수 있다"며 제재 취소 소송을 제기했다.

2016년 1월 25일, 서울행정법원은 "지상파 방송사는 가족 시청 시간대에 가족 구성원 모두의 정서와 윤리 수준에 적합한 내용을 방송할 책임이 있다"며 문제는 "청소년 보호 시간대에 '막장극'을 방영한 것"이라고 판시했다. 재판부는 "표현의 자유와 관련해 문제가 되는 것이 아니라, 청소년 시청 보호 시간대에 이 사건 방송을 방영한 방송 편성 부분이 문제가 되는 것으로 판단된다"고 밝히고 드라마 내용에 관해서는 "대사 및 극의 내용이 사회적 윤리 의식, 가족의 가치를 저해하고, 가족 구성원 간의 정서를 왜곡시킬 가능성이 있다고 봄이 상당하다"고 판시했다.

이러한 법원의 판결은 청소년 보호 시간대에 인물 설정이나 소재가 자극적인 드라마 제작에 제동이 걸릴 수 있고, 막장드라마에 대한 방송통신위원회의 심의에 힘을 실어 줄 수 있다. 또한 '막장드라마'의 폐해에 대해 단순히 표현의 자유로 인한 작은 부작용으로 보는 것이 아니라 제재가 가해져야 할 심각한 상황이라고 법원에서 판단한 것인 만큼, 막장드라마를 대하는 방송국, 시청자들의 시각에도 어느 정도 영향을 줄 것으로 보인다.

라마는 제작자와 수용자의 구분 없이 사회 구성원 전체의 요구와 욕망을 반영한 공동체적 산물이다. 막장드라마라는 현상은 현재 한국의 드라마 생산 현장과 경제적 상황이 집약되어 나타난 결과물이며 한국 사회를 드러내는 거울이다.

||| 막장드라마의 유혹

막장드라마는 '욕하면서도 보는 드라마'다. 삼삼오오 모여서 드라마 등장인물들을 '씹으면서' 보는 재미가 큰 것이다. 전통적인 드라마 시청층인 중년 여성들은 드라마 속 약자인 며느리에 감정을 이입하여 이들의 적이면서 드라마 속 강자인 내연녀, 시어머니에게 주인공이 복수하는 데에서 대리 만족을 느낀다.

막장드라마의 과도하게 얽힌 인물 관계는 갈등 상황을 극단적으로 몰고 가는데, 시청자들은 이 극단적인 상황에 더욱 몰입하게 된다. 뻔하면서도 극단적인 상황은 앞서 언급한 '예측성'과 '돌발성'이 맞물려 시청자들이 눈을 뗄 수 없게 만든다. 서사의 극적인 설정이 수용자에게 카타르시스를 느끼게 하는 것이다. 하지만 극단적인 상황일수록 '저건 드라마야' 하면서 거리를 두고 보게 되는 모순이 생긴다. 이는 드라마의 등장인물과 상황에 대한 감정이입을 방해하면서 시청자들이 드라마와 거리를 두게 만드는 '소격(疏隔 낯설게 하기) 효과'를 가져온다.

다시 말하자면, 텔레비전 드라마 수용자들은 현실 세계에서의 제한된 경험을 드라마를 통해 간접적으로 경험하게 되면서 드라마 소비의 즐거움을 느낀다. 하지만 현실과 너무 동떨어진 막장드라마의 극단적인 상황 설정은 수용자들의 간접 경험에 대한 몰입을 방해하게 되고 막장드라마를 현실과는 다른, 단지 '드라마'일 뿐이라고 인식하게 만든다. 드라마를 통한 간접 경험이라는 드라마 이용 동기가 무색해지고 드라마 소비의 즐거움이 감소될 수도 있는 것이다. 그러나 이러한 점에도 불구하고 왜 사람들은 막장드라마를 보게 되는지에 대해 의문이 생기지 않을 수 없다.

이러한 의문은 텔레비전 시청이 단순히 이성과 합리성에 의해 통제되는 것이 아니며 감정의 영향을 받아 무의식적으로 즐기게 되는 현상이라는 점에서 설명할 수 있다. 이엔 앙Ien Ang(1985)은 드라마의 '정서적 리얼리즘' 기능을 강조한다. 이 '정서적 리얼리즘'은 드라마 속에서 전개되는 사건이 외연적으로 실제 사실과 다르더라도 수용자들이 그로부터 '감정적 진솔함'을 느끼면서 발생하는 것이다. 정서적 리얼리즘은 대본의 질이나 실제 줄거리의 리얼리티보다 수용자들에게 훨씬 중요하게 작용한다. 드라마의 전체적인 줄거리나 대사가 현실적이지 않다고 하더라도 어떠한 상황에서 등장인물이 느끼는 감정이 진실되다고 생각되면 사실감을 느끼게 되는 것이다.

드라마의 정서적 리얼리즘 기능은 막장드라마에서 두드러지게 나타난다. 현실에서 보기 힘든 얽히고설킨 인물 간의 갈등 관계는 '드라마적'이라고 느끼지만 그 등장인물들이 갈등을 일으키면서 겪는 감정에 대해서는 리얼하다고 느끼게 된다. 막장드라마에서는 매 회 등장인물이 눈물바다를 만들거나, 괴성을 지르며 자신의 감정을 표현하는데, 이러한 격한 감정 표현이 시청자의 눈길을 잡아두게 된다. 막장드라마는 스토리 전개의 특성상 긴 호흡으로 발단, 전개, 위기, 절정, 결말의 단계를 끌어가는 것이 아니라, 매 회 위기와 절정만이 반복되면서 자극적인 상황을 만들고, 그 속에서 등장인물들은 격한 감정 표현을 하게 된다. 이러한 막장드라마의 특성이 시청자들로 하여금 정서적 리얼리즘을 느끼도록 하는 데 큰 역할을 하는 것으로 볼 수 있다.

이처럼 등장인물들이 처한 상황에 공감하고, 그들의 감정에 이입하게 되면서 드라마 시청자들은 등장인물들과 정서적으로 친밀하고 밀접한 관계를 형성하게 된다. 막장드라마 속 악역을 연기한 배우가 식당에서 밥을 먹을 때 식당 주인에게 욕을 먹었다는 일화가 이러한 현상을 잘 설명해 준다. 드라마를 보면서 시청자들은 등장인물이나 사건에 몰입하여 울고 웃고, 때로는 드라마 속 인물들이 자신에게 얘기하고 있는 것 같은 느낌을 받으면서 등장인물들에 감정을 가지게 된다. 이처럼 시청자들이 텔레비전 드라마의 등장인물들과 하나의 인간적 상호 관계를 가지게 되는 것을 의사 인간관계para-social interaction라고 한다. 의사 인간관계란 미디어 등장인물에게 친구와 같은 감정을 느끼는 것으로서 정서적으로 밀접한 관계를 의미한다. 이러한 의사 인간관계는 텔레비전을 시청하는 동기로 작용할 뿐 아니라 시청 효과 발생에 중요한 역할을 한다.

막장드라마의 주요 시청자층인 중장년 여성들은 가족 관계를 중심으로 빚어지는 갈등 관계에 더욱 몰입하기 쉽다. 막장드라마는 주로 가족을 중심으로 갈등이 전개되고, 가장 큰 적이 가족이 되며, 가정을 지키기 위해서 가족과 대립하는, '전통적인 가족 윤리'를 뒤흔드는 갈등 상황을 만들어 낸다. 막장드라마의 여성 시청자들은 드라마 속 '시어머니,' '시누이,' '내연녀' 등 단죄의 대상, 복수의 대상이 되는 가족 내부의 적을 욕하고 비난하면서 재미를 느끼고, 그들의 악행이 드러나 권선징악적 결말을 맺게 될 때 통쾌해하고 즐거워한다. 빠른 템포로 자극적인 스토리가 전개되는 막장드라마 속에서는 악인들은 왜 그렇게 될 수밖에 없는지에 대한 설명도 없으며, 극단적이고 비상식적인 악행을 일삼는다. 불우한 성장기를 겪었다든지, 연인에게 버림받았다든지 하는 사연이 있는 악인들을 무작정 미워하기는 힘들지만, 그러한 사연 없이 무자비한 폭언, 폭행, 비열한 행동 등으로 주인공을 괴롭히는 악인을 욕하고 비판하는 것은 훨씬 쉽고 재미있다.

막장드라마에서 주로 가족을 중심으로 갈등 관계가 형성되는 것은 기존의 가족 중심적, 가부장적 체제의 모순을 드러내고 체제를 뒤흔드는 결과를 가져온다. B급 문화가 기존의 체제에 대한 반발과 저항심을 나타내는 것이라고 본다면 막장드라마는 한국산 B급 가족 멜로라고 볼 수 있을 것이다. 체제 저항적인 'B급' 정서가 드라마에 녹아들어 한국 사회에서 억압받고 있는 여성 시청자들이 드라마를 보면서, 혹은 드라마에 대해 수다를 떨면서 그 순간만큼은 마음껏 웃고 울며 스트레스를 해소하는 것이다. 한국 사회의 각종 가부장적인 스트레스 속에 사는 여성들이 한데 모여 드라마 이야기를 하고, 그 속의 악인을 잘근잘근 씹으면서 스트레스를 해소하게 되어, 막장드라마는 일종의 '껌'의 역할을 하게 되는 것이다. 이처럼 가족 관계 속에서 갈등을 만들어 내고 풀어 나가는 과정은 가부장적인 사회 속에 억압되어 있는 여성의 현실과 욕망이 수면 위로 드러나 표현되는 것으로도 볼 수 있다. 결국 막장드라마의 가족 중심적 갈등 관계는 가부장적 사회라는 기존의 사회적 가치관에 도전하여 어느 정도는 전복적 역할을 하고 있다고 볼 수 있다.

드라마는 젠더와 관련된 논의를 끊임없이 생산해 내는 장場으로서 기능한다. 드라마 속에서 재현되는 젠더의 이미지는 그 당시의 사회 문화적 배경을 이해하고 해석할 수 있는 근거를 제공하기도 하고, 또한 정형화된 젠더 이미지는 젠더에 대한 고정관념을 생산하는 데 기여하기도 한다. 이런 맥락에서 막장드라마 속 여성 악역들이 자신의 욕망에 충실하여 점점 더 극단적인 행동을 하게 되고, 폭행과 폭언 등을 서슴지 않는 상황 설정은 기존의 순종적이고, 희생적인 여성상에 반하는 모습을 보여 준다. 그리고 막장드라마 속 여성 악역들이 자신이 원하는 바를 이루기 위해 수단과 방법을 가리지 않는 상황 자체가 '막장스럽다'고 평가받는 현실을 볼 때, 남성이 살인, 납치, 폭력을 행사하는 드라마보다 여성이 폭력성을 드러내는 드라마가 막장드라마로 더 쉽게 인식되는 것 같다.

여성은 정숙해야 한다는 기존의 가부장적 가치관에 부합되지 않는 설정 때문에 시청자들은 드라마를 보면서 '불편함'을 느끼게 될 수도 있다. 하지만 동시에 이러한 설정들에서 통쾌함과 즐거움을 느끼는 시청자들 역시 존재할 것이고 그런 시청자들은 극단적인 상황에서 폭력적인 행동을 하는 드라마 속의 여성에게서 대리만족을 하거나 동질감을 느끼고 있을 것이다.

하지만 가부장적 가치관에 익숙한 대부분의 시청자들은 안정적으로 돌아가고 있는 기존의 사회 구조를 전복시키는 상황에 대해 불안함과 불편함을 느끼게 된다. 그런 맥락에서 시청자들은 여성이 폭력을 드러내는 드라마를 막장드라마라고 생각할 수 있는 여지가 있다. 다른 부분들(개연성이 없는 스토리, 과도하게 얽힌 인간관계 등)에서 막장드라마적 요소를 똑같이 가지고 있는 드라마라 하더라도 남성의 폭력성이 드러나는 드라마보다 여성의 폭력성이 드러나는 드라마가 막장드라마라고 명명되고 인식될 가능성이 더 많다고 볼 수 있는 것이다.

막장 같은 현실과 막장드라마

개연성 없는 사건 전개, 뒤틀린 가족 관계, 비상식적인 악행을 일삼는 등장인물 등의 요소가 있더라도 모두 막장드라마라고 불리는 것은 아니다. 막장드라마로 평가되고 언론이나 네티즌을 비롯한 시청자들로부터 막장드라마 논란을 불러일으키려면 시청률이 일정 수준 이상이 되어야 하는 듯하다. 주로 여성 등장인물이 비상식적인 악행을 일삼을수록 '막장드라마'라고 비판받으며 주목을 받기가 더욱 쉽고, 이러한 드라마들은 주로 가족 관계를 중심으로 갈등이 형성되어 있다. 각종 매체는 그런 드라마들이 '막장드라마'임에도 불구하고 높은 시청률을 기록하고 있다며 우려 섞인 목소리를 내고, 그런 보도가 이어질수록 시청률은 더욱 높아진다.

막장드라마는 그런 면에서는 상당히 전복적인 성격을 가지고 있다고 볼 수 있다. 전통적인 가족의 테두리는 붕괴시키고, 수동적이고 조신한 여성상을 뒤흔들며, 기존의 체제를 위협하는 내용을 담고 있는 막장드라마의 인기는 사회 체제의 전복을 원치 않는 기득권층에게 불편하게 다가오는 것이다. 이러한 현상은 1960~1970년대 인기를 누렸던 멜로드라마들이 정부의 정책으로 종영되었던 과거와도 같은 맥락으로 볼 수 있을 것이다.

과거 텔레비전 드라마는 시청자의 오락거리인 동시에 권력의 이데올로기적 도구였다. 1980년대 초반까지도 텔레비전 드라마는 정부의 편성 지침에 따라 '민족 의식 함양'을 위해 노력하였다. 1975년 〈안녕〉(MBC)과 〈아빠〉(TBC)는 불륜을 소재로 삼은 드라마로, 당시로서는 파격적인 내용이었다. 이 드라마들은 저속, 퇴폐, 불륜 퇴치라는 명목하에 사회 정화의 대상이 되어 도중하차 하게 되었다.

이를 통해 1970년대 당시 정부에서 드라마를 단순히 오락거리로 생각하지 않고 계몽의 수단으로 활용하는 매체로 인식하고 있음을 알 수 있다. 드라마 속 설정들이 기존의 체제를 흔들고 가부장적 가치관에 균열을 내는 설정들이 불편했던 것이다.

막장드라마가 탄생할 수밖에 없는 사회 문화적 배경을 제외한 채로 막장드라마의 서사적 특징만을 본다면 과거 사회 정화의 대상이 되었던 1970년대의 멜로드라마들과 크게 다르지 않다. 그리고 이러한 특징들은 '멜로드라마'라는 장르가 가지고 있는 기존의 통념들(전형적 인물, 틀에 박힌 스토리, 도피주의적, 체제 전복적)과 관련된 논의를 함께 진행시키기에도 무리는 없을 것이다. 하지만 막장드라마가 멜로드라마와 같은 것은 아니고, 그 형태는 비슷하다 할지라도 그 탄생의 배경과 과정은 다르기 때문에 모든 면에서 같은 것으로 보아서는 안 된다. 막장드라마 탄생의 배경을 정확히 이해해야 막장드라마가 범람하는 현실에 대해서도 이해할 수 있을 것이다.

막장드라마라는 용어가 등장하기 시작한 2007년 이후부터 2010년대 중반인 지금까지 막장드라마의 전성시대라고 해도 과언이 아닐 것이다. 드라마 소비에도 유행이 있고 순환이 있다. 막장드라마는 계속 생산되었지만 그 인기가 꾸준히 지속된 것은 아니었다. 막장드라마가 성행한 요인을 단순히 설명하기는 힘들지만 열악한 드라마 생산 현장, 드라마 못지않게 뒤틀려 있는 현실, 웬만한 자극에는 꿈쩍도 않는 시청자, 시청률 지상주의 등이 맞물려서 종합적으로 나타난 결과임은 분명하다.

드라마는 현실을 반영한다고 한다. 시청자들은 독립적인 공간에서 개별적으로 텔레비전 드라마를 시청하지만 수용과 반응은 사회적이고 집단적으로 나타난다. 즉 시청자들이 특정 드라마를 선호한다는 것은 그 드라마가 당대의 지배적인 정서를 대변하기 때문이다. 막장드라마가 인기를 얻고 있는 요즈음, 신문 기사 헤드라인으로는 '막장드라마보다 더 막장 같은 000'이라는 말들이 등장하기도 한다. 현실이 이미 막장화되어, 막장드라마 속의 황당한 사건들은 아무것도 아닌 것처럼 현실 자체가 이미 드라마 못지않게 뒤틀려 있는 것이다. 막장드라마의 인기는 현실 자체의 막장화를 함의하고 있기 때문에 막장드라마의 인기를 비판하기만 할 것이 아니라, 우리의 현실을 돌아보고 현실 속의 막장에 대해 고민해 보아야 할 것이다.

참고 문헌

〈연합뉴스〉 (2009. 2. 4). "초고속 '아내의 유혹' 드라마 문법 파괴." http://entertain.naver.com/read?oid=001&aid=0002484508

〈조선일보〉 (2010. 4. 23). "끊임없이 연출되는 새로운 갈등 자신도 모르게 푹~ 빠져 든다."

Ang, Ien (1985). Watching Dallas: Soap Opera and Melodramatic Imagination. London: Merthuen.

Fiske, John (1987). Television Culture. New York and London: Routledge.

Neal, Steve (2001). "The Television Genre Book," In G. Creeber & T. Miller (eds.). What is genre?. London: British Film Institute.

9

한국형 시즌제 드라마의 가능성

서혜란

서혜란　　고려대학교 언론학부를 졸업하고 같은 대학원에서 석사 학위를 받았다. 현재 (주) 갤럭시아SM MCN사업팀 콘텐츠 기획자로 일하고 있다. 스무 살 이후로는 미드를 본 것 말고는 기억에 남는 게 거의 없는 미드 마니아로, '덕업일치' 실현을 위해 정진 중이다.

2000년대부터 한국의 시청자에게 '미드'(미국 드라마)라는 용어가 익숙해졌다. 인터넷과 공유 기술의 발달로 미국 방송사에서 방영한 드라마를 몇 시간 후에 한국에서 다운로드 받을 수 있게 되었고, 이 영상은 팬이 만든 자막과 함께 인터넷 공간에 널리 퍼졌다. 미드는 한국 드라마에서 보기 힘들었던 다양한 이야기를 펼쳐놓아 시청자에게 새로운 경험을 제공했고, 그 결과 '미드 팬,' '미드 마니아'라는 시청자 집단을 탄생시켰다.

그 이전에도 미국 드라마는 꾸준히 수입, 방영됐었다. 〈엑스파일 *The X-files*〉(Fox, 1993~2002)이나 〈ER〉(NBC, 1994~2009) 등 당시 인기 있는 미국 드라마는 더빙 작업을 거쳐 지상파 채널에 방영되었고, 〈엑스파일〉의 경우 국내에도 많은 팬이 생기기도 했다. 하지만 2000년 이후 미국 드라마를 보는 것이 이전과 다른 점은 시청자들이 다양한 드라마를 쉽게 많이 접하게 된 것이 아니라, 미국의 드라마 제작과 방영 방식에 대해서도 관심을 가지게 되었다는 것이다. 미국 드라마를 보면서 알게 된 '시즌'이라는 용어는 현재 미드 팬만의 용어가 아니라 한국 방송 산업 종사자와 일반 시청자들에게도 활발하게 사용되고 있다.

하지만 시즌이 무엇인가에 대한 명확한 정의는 아직 마련되어 있지 않다. 미국의 방송 산업 용어와 체계에 대한 정확한 이해 없이 한국 방송 환경에서 비슷한 제도를 설명하는 데 마구잡이로 가져다 썼기 때문이다. 〈궁S〉(MBC, 2007)나 〈종합병원 2〉(MBC, 2008~2009) 등 인기 드라마의 설정과 배경을 가져왔으나 등장인물은 전혀 다른 속편을 '시즌 2'라 표현하기도 한다. 〈옥션하우스〉(MBC, 2007), 〈비포&애프터 성형외과〉(MBC, 2008) 등 이야기가 에피소드별로 만들어진 드라마에 '시즌'이라는 명칭을 사용하기도 했다.• 〈신의 퀴즈〉(OCN, 2010~2014) 등 주요 캐릭터와 드라마 전개 방식이 동일한 10화 내외로 구성된 시리즈가 약 1년을 주기로 방영하는 경우도 있으며, "논스톱"(MBC, 2000~2006) 시리즈나 "하이킥"(MBC, 2006~2012) 시리즈처럼 제목 뒤 숫자를 붙이거나 비슷한 제목을 사용하여 동일한 시리즈라는 인식을 심기도 했다.••

예능 프로그램에서도 '시즌'이라는 용어를 많이 사용하고 있으나,

• MBC는 2007~2008년에 에피소드별로 이야기가 전개되는 심야 드라마 시리즈를 '시즌 드라마'라는 브랜드로 방영한 바 있다. 당시는 첫 시즌 방영 후 반응이 좋은 시리즈의 두 번째 시즌을 제작할 계획이었다. 〈옥션하우스〉, 〈비포&애프터 성형외과〉, 〈라이프 특별조사팀〉(2008)이 방영되었으나, 모두 시청률이 부진해 다음 시즌 제작을 하지 않았으며, 시즌 드라마는 폐지되었다.

•• MBC 시트콤 "논스톱" 시리즈는 〈뉴 논스톱〉, 〈논스톱 3〉, 〈논스톱 4〉, 〈논스톱 5〉 등 제목에 '뉴New' 또는 숫자를 붙여서 후속편임을 표시하였다. "하이킥" 시리즈는 설정은 다르지만 '김병욱 감독이 총감독을 맡은 가족 시트콤'이라는 점은 동일하다. 또한 각 시리즈의 제목을 〈거침없이 하이킥〉(2006~2007), 〈지붕 뚫고 하이킥〉(2009~2010), 〈하이킥: 짧은 다리의 역습〉(2011~2012)으로 붙여 시리즈처럼 보이게 했다.

용어의 정의가 합의되어 있지 않은 건 마찬가지다. 다만 드라마 분야에서는 다소 중구난방으로 사용되는 것과 달리 예능은 몇 가지 대표적 유형이 자리 잡은 상태다. 〈1박 2일〉(KBS, 2007~), 〈우리 결혼했어요〉(MBC, 2008~) 등 프로그램 포맷은 그대로 유지하되 제작진 및 출연진을 교체하여 새로운 프로그램을 만들 때 이를 본래 시리즈의 '시즌 2, 시즌 3'라 표현한다. 〈슈퍼스타 K〉(Mnet, 2009~), 〈K팝스타〉(SBS, 2011~), 〈히든싱어〉(jtbc, 2012~)처럼 일정 기간 동안 프로그램을 방영하고 방영 사이에 긴 휴방 기간이 있는 경우도 있다. 주로 오디션 프로그램 등 일반인 출연 프로그램에서 이런 제작 및 편성 방식을 많이 채택하는데, 이는 일반인을 모집하고 심사하는 등 본격적인 프로그램 제작을 위해서는 긴 준비 기간이 필요하기 때문이다.

이렇듯 방송 콘텐츠의 제작, 유통 환경이 다른 상황이라, 미국 드라마 시즌제가 한국의 방송 환경에 도입된 형태는 몇 가지 공통 특징은 있지만 정확히 어떤 체계로 운영되어야 하는지 합의되어 있진 않다. 그럼에도 불구하고 한국 방송 환경, 특히 드라마 분야에서 시즌 제도를 도입하고 운영하려는 시도는 끊이지 않고 있다. 시즌 제도를 우리 드라마 환경에 맞춰서 도입하는, 이른바 '한국형 시즌제 드라마'는 가능할 것인가? 이를 논의하기 위해 이 장에서는 먼저 드라마 시즌 제도의 특징과 시즌제 드라마 형태를 분류하고, 한국의 드라마 제작 환경에 맞는 시즌제 드라마는 어떤 형태로 제작되어야 하며 이를 위해 무엇이 필요한지 살펴본다.

||| 시즌제 드라마란 무엇인가

시즌 제도는 방송사의 TV 프로그램 편성 전략의 일환으로 시작되었으나 이제는 편성 및 제작에서 보편적인 제도가 되었다. 연작으로 구성된 TV 프로그램은 기본 단위를 1회 방송 단위인 화, 또는 에피소드라 하고, 여러 에피소드가 이어져 하나의 이야기를 구성하는 것을 시리즈라 정의한다(남명희, 2007). 우리나라 드라마의 경우 제작된 회차를 특별한 사정이 없는 한 거의 매주 방영하고, 제작된 회차 안에서 이야기를 끝냄으로써 시리즈를 끝낸다. 반면 미국에서는 시리즈의 에피소드를 1년 중 일정 기간 동안 방영하는데, 이를 1년, 또는 몇 년간 하기도 한다. 이 경우 1년 중 일정 기간 동안 방영하는 에피소드 묶음을 시즌이라 부른다.

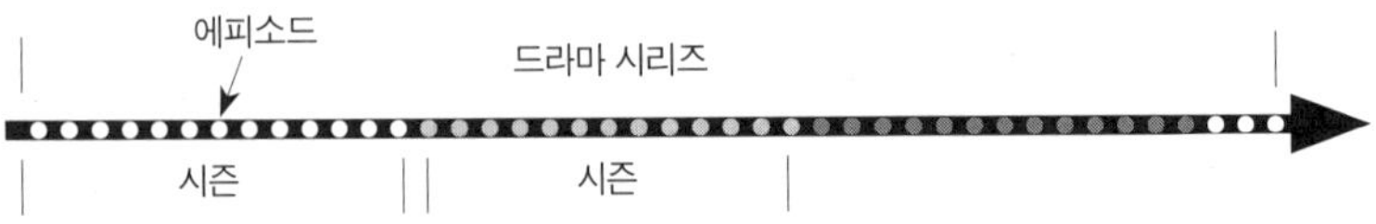

그림 1. 시리즈, 에피소드, 시즌의 구분

우리나라든 미국이든 시청률이 높은 프로그램을 장기간 안정적으로 제작·방송함으로써 일정한 시청률을 기록하고, 이를 통해 안정적인 광고 수익을 얻고자 한다. 방송사의 입장에서는 인기가 있을지 확신할 수 없는 새로운 드라마를 계속 만들기보다는 검증된 이야기와 시청자에게 친숙한 캐릭터를 계속 이어가서 이미 확보한 시청자를 잃지 않는 것이 광고 수익을 올리는 데 유리하기 때문이다.

우리나라의 경우, 드라마 연장이 결정되면 연장된 회차를 정규 제작 회차 바로 뒤에 방영한다. 반면 영미권 드라마는 일정 기간 동안 제작·방영을 하지 않는 기간을 둔다. 방송사는 그 기간 동안 시청률이나 광고 수익 등 드라마의 전반적인 성적을 파악하고 향후 제작, 방영에 대한 중장기 계획을 세우는 한편, 드라마 제작사에게는 다음 회차를 기획·제작할 수 있는 시간을 준다. 이런 방영-휴지 기간이 주로 1년을 주기로 이뤄지기 때문에, 이를 '시즌 제도'라 부르는 것이다.

미국 방송계에서는 1980년대부터는 지상파 방송이 방영하는 프로그램 대부분이 가을 시즌Fall Season 제도•를 채택해, 보통 9월에서 3월까지 24~26개 에피소드를 방영하고, 4월부터 8월까지 재방송을 했다. 1980년대 이후 케이블 텔레비전의 발달과 닐슨 스윕스Sweeps•• 제도의 도입으로, 가을 시즌은 5월까지 확장되었다. 그래서 현재 지상파 방송에서 한 시즌은 9월부터 5월까지 최소 22개 에피소드를 방영하

• 미국에서 지상파 방송사가 대부분이었던 시절, 대형 광고주인 자동차 기업들의 신차 출시 시기에 맞춰 시즌 첫 에피소드를 방송하던 방식이 관행이 된 것이다(《헤럴드경제》, 2015. 7. 1).

•• 스윕스란 미국 닐슨 미디어 리서치Nielson Media Research의 시청률 조사 기간을 가리키는 용어다. 보통 시청률은 텔레비전 세트에 부착된 시청률 기록 장치를 사용한 디지털 방식을 사용하지만, 이 시기에는 시청자층의 좀 더 상세한 정보를 살피기 위해 아날로그 방식을 병행한다. 보통 매년 2월, 5월, 7월, 11월의 한 주 동안 스윕스 기간을 실시하는데, 우편 설문과 시청률 기록 장치로 자료를 수집, 시청률을 산정한다. 이 기간에 산정된 시청률에 따라 해당 프로그램의 다음 시즌 광고료가 책정되기 때문에, 각 방송사는 이 시기에 시청자의 관심을 끌기 위해 대규모 홍보전을 벌이기도 하고, 드라마 시리즈의 경우 극적인 순간을 이 시기에 방영하기도 한다(Wikipedia, Nielson Ratings).

는 것으로 자리 잡았다.

지상파 방송에서 22개 에피소드로 한 시즌을 구성하는 것을 풀 시즌Full Season이라고 한다. 풀 시즌은 9월부터 5월까지 방영과 휴방을 반복한다. 풀 시즌이 마무리될 4~5월 무렵, 방송사는 시즌 동안 방영한 TV 프로그램의 시청률 성적을 평가하고 다음 시즌에 계속 방영할지를 결정한다. 이때 방송사의 기대만큼 시청률을 기록한 프로그램은 다음 시즌 제작을 주문받지만, 그렇지 않을 경우 제작 규모가 축소되거나 심지어 제작이 취소되고 프로그램이 폐지되기도 한다. 다시 말해 일반적으로 프로그램의 존폐 여부가 결정되는 기간적 단위가 바로 '시즌'이다.

케이블 방송사의 드라마 한 시즌은 보통 13개 내외의 에피소드로 구성되어 지상파 방송사 드라마보다 시즌의 길이가 짧다. 지상파 방송사의 드라마가 비슷한 시기에 방영을 시작하고, 휴방하고, 종영하는 반면, 케이블 드라마는 시리즈 각각마다 방영을 시작하고 끝나는 시기가 1년 주기로 돌아가는 편이다.• 이 경우에도 시리즈를 제작하는 단위, 시청률을 평가하고 드라마의 다음 시즌을 준비하는 기간적 단위 모두 '시즌'이 된다.

다른 나라의 시즌 제도는 방송 환경 특성에 따라 미국의 시즌 제도와 다르게 운영된다. 영국의 경우 미국에서 시즌 대신 '시리즈'라는

• 〈클로저*Closer*〉(2005~2012), 〈리졸리 앤드 아일즈*Rizzoli & Isles*〉(2010~), 〈메이저 크라임즈*Major Crimes*〉(2012~) 13개 이상을 제작, 방영하는 일부 케이블 드라마는 여름에 시즌의 일부를 방송하고, 몇 달간 휴방한 후 11월에 나머지 에피소드를 방영하기도 한다.

용어를 사용한다. 영국 드라마 대부분의 작품은 13편 이하로 제작되며, 3편, 또는 4편으로 한 시리즈를 구성하기도 한다. 이를 휴방이 거의 없이 방영하기 때문에 방영 기간은 상당히 짧은 편이다. 작품이 인기를 얻어 연장 방영이 결정된 경우 마찬가지로 휴지 기간을 가지며 다음 시리즈를 준비하는데, 시리즈와 시리즈 사이 휴지기가 미국에 비해 긴 편이며, 미국처럼 주기적이기보다는 '방영 준비가 되면 방영'하는 방식을 취하기 때문에 휴지 기간이 1년 이상인 경우도 있다.•

지금까지 살펴본 바에 따르면 시즌 제도는 제작·편성 행위에 따라 '주기성'을 보인다. 미국처럼 1년을 주기로 계획적으로 이루어지거나, 영국처럼 특별한 기간은 정해져 있지 않아도, 특정 작품을 연장 방영하는 경우 휴지기를 가지면서 휴지기-방영기로 기간이 나뉘는 것이 순환되는 것을 의미한다. 시즌 제도는 또한 작품 자체에도 영향을 미치는데, 시즌제 드라마는 작품의 구성과 포맷을 바탕으로 시즌마다 큰 사건과 이야기를 구축하고, 그에 따른 에피소드를 계획하기 때문이다(남명희, 2010). 따라서 시즌을 '1년간 방영되는 에피소드의 묶음'이라고 정의한다면, 이는 단순히 방영 일정에 따른 것이 아니라, 끊임없이 흘러가는 드라마의 이야기를 일정한 묶음으로 나눌 수 있는 '분절성'을 의미하는 것이기도 하다.

시즌을 단위로 드라마의 방영과 종영 여부가 결정되다 보니, 시즌제 드라마는 콘셉트와 이야기 진행 방식 등 시리즈의 공통 요소 위에

• 〈셜록*Sherlock*〉(BBC, 2010~)은 시리즈 1과 2 사이는 약 1년 6개월, 2와 3 사이 약 2년의 휴지기가 있으며, 3과 4도 1년 이상의 휴지기를 가질 것이라 발표된 바 있다(*Variety*, 2014. 7. 2).

서 각 시즌마다 큰 이야기를 진행하는 방식으로 구성된다. 시즌마다 진행하는 주된 이야기는 시즌 내에 마무리해도, 공통 요소는 유지함으로써 이야기가 계속 진행될 수 있도록 여지를 둔다. 그러다 보니 시청률 성적이 좋지 않아 제작이 취소되어 드라마 자체가 '끝나도 끝나지 않은' 것처럼 마무리되거나, 할 만한 이야기를 다 했는데도 다음 시즌 제작을 주문받은 바람에 이야기를 억지로 늘이다가 작품의 질이 저하되는 경우도 종종 생긴다.

시즌 단위로 드라마를 제작하고, 끊임없이 시즌을 연장해서 시리즈를 오랫동안 제작하는 것은 결국 광고 수익에 가장 중요한 근거인 시청률에서 좋은 성적을 올리기 위한 움직임이다. 즉 드라마 시리즈가 시즌을 거듭하며 방송되려면 작품이 시청자의 관심을 계속 끌어야 한다. 그러기 위해서는 시청자들이 다음 이야기를 궁금해할 정도로 흥미로워야 하며, 몇 년간 이야기를 이어가도 기본이 흔들리지 않을 만큼 설정이 탄탄해야 하며, 매주 방영되는 에피소드뿐 아니라 시즌별, 그리고 시리즈 전체의 이야기 제시 방식도 치밀해야 한다. 다시 말해 이야기의 '소재'뿐 아니라 이를 '구성'하고 '연재'하는 방식 또한 장기간 방영되는 시즌제 드라마에 있어 중요한 요소다. 따라서 시즌 제도가 도입된 방송 제작 및 편성 환경에서 드라마가 어떻게 몇 년간 이야기를 지속하고 전개해 나가는지, 영미권 드라마 시리즈를 구성 및 연재 방식에 따라 나누고 각각의 특징을 살펴본다.

||| 영미권 시즌제 드라마

영미권 드라마의 경우 시즌과 에피소드 등 드라마 시리즈의 제작 단위 및 방영 기간이 드라마 내러티브의 연재 방식에 큰 영향을 미친다. 남명희(2007)는 드라마 시리즈 형태를 내러티브 구조의 연속성 여부로 구분하였다. 여기서 내러티브 구조의 연속성이란 한 에피소드가 끝나는 것과 관계없이 이야기가 계속 이어지는 특성을 의미한다. 반면 단편성은 한 에피소드 안에서 이야기가 종결되는 것을 의미하며, 이런 경우 대부분 특정한 구성 방식에 따라 이야기를 전개하는 시추에이션극 특성을 띤다. 그러나 1980년대 이후 텔레비전 드라마에서는 연속극과 시추에이션극이 서로 영향을 받으며 분화되기 시작했고 1990년대 이후부터 연속극임에도 시추에이션극과 비슷하게 에피소드 내에서의 종결 효과를 주거나, 시추에이션극이지만 연속극화된 작품이 나타나기도 했다(p.9).

드라마의 내러티브 구조를 분석하는 방식이 에피소드를 기준 단위로 삼지만, 드라마의 내러티브 구조와 시즌 제도는 밀접한 관련이 있다. 에피소드별로 개별 이야기가 진행되지만 드라마의 큰 이야기를 진행시키는 단위가 시즌이기 때문이다. 드라마의 이야기 연재 방식이 연속적이든 단편적이든 드라마 시리즈의 제작자는 큰 이야기는 1년을 주기로 한 시즌을 기준으로 삼는다. 따라서 각각의 에피소드에서 이야기가 어떻게 진행되는가만큼 드라마의 이야기가 시즌 단위로 어떻게 전개되느냐도 드라마를 구분하는 기준이 될 수 있다. 따라서 드라마 시즌제의 형태를 분류할 때 각각의 분류에서 시즌 제도가 이야기 구성에 어떻게 활용되는지 살펴보는 것도 필요하다. 연재 방식에 따라 드라마

표 1. 연재 방식에 따른 드라마 분류와 각 특징

<table>
<tr><th colspan="3">연재 종류</th><th>배경, 인물</th><th colspan="3">갈등 해결 또는 이야기의 종료 여부</th></tr>
<tr><td rowspan="4">연속성 강해짐</td><td colspan="2">연속극</td><td rowspan="4">매 편 동일 배경, 동일 인물 등장</td><td rowspan="3">갈등이 완결되지 않고 종료, 한 편 종결이 사건의 종료가 아님</td><td colspan="2">매 편마다 클리프행어 방식으로 종료</td></tr>
<tr><td rowspan="3">에피소드 시리즈</td><td>단편성 연속극</td><td rowspan="2">반드시 클리프행어나 위기 상황에서 끝나지 않음</td><td rowspan="3">줄거리에 일정한 스타일이나 한 편당 특정한 구성 방식 존재</td></tr>
<tr><td>연속성 설정극</td></tr>
<tr><td>설정 반복 단편극</td><td rowspan="2">해당 에피소드의 주요 갈등, 사건은 종료됨</td><td rowspan="2">한 편의 종결이 사건 종결인 경우가 대다수</td></tr>
<tr><td>연속성 약해짐</td><td colspan="2">개별 단편극</td><td>매 편 다른 배경, 다른 인물 등장하지만 유사 설정 공유</td><td>공통점은 있으나 공식이라고 보긴 어려움</td></tr>
</table>

출처: 남명희, 2007, p.56 재구성.

를 분류한 결과는 표 1과 같다.

연속극

연속극은 드라마의 이야기가 에피소드별로 분절되지 않고 계속 연결되는 이야기로, 전개상 주로 위기 상황에서 이야기를 종료하고 다음 편을 기다리게 하는 클리프행어Cliffhanger• 전략을 사용한다. 연속극의 수용자는 이야기가 계속되는 한 다음 이야기에 대한 기대와 긴장을 유지한다(남명희, 2007, p.37). 이때 연결되어 전개되는 이야기가 일어나

• 연속극에서 시청자들을 계속 긴장하게 하고 다음 편을 보게 하기 위해 에피소드의 엔딩 지점에 위기일발의 상황을 배치하는 이야기 구성 방법이다.

고 일단락되는 단위는 1년을 주기로 한 시즌이다. 최근의 연속극 작품은 시즌 전체를 관통하는 이야기가 있고 이를 위해 에피소드마다 작은 사건이 일어나거나 회상 장면 등이 삽입되는 방식으로 구성된다.

2000년대 이후 방영된 대표적인 연속극으로 〈24〉(NBC, 2001~2010), 〈로스트*Lost*〉(ABC, 2004~2010), 〈히어로즈*Heroes*〉(NBC, 2006~2010), 〈프리즌 브레이크*Prison Break*〉(Fox, 2005~2009) 등이 있다. 세 작품 모두 각각의 에피소드가 연결되어 있고, 클리프행어로 에피소드를 끝맺으며, 시즌별로 전체를 관통하는 이야기를 일단락하고 다음 시즌에는 다른 이야기를 전개하는 등의 전략을 사용한다.

에피소드 시리즈

에피소드 시리즈는 연속극 형태와 반대라 볼 수 있다. 에피소드 시리즈를 구분하는 기준은 정서 면의 종결 여부다(남명희, 2007, p.45). 즉 시청자들이 드라마 시리즈의 줄거리를 받아들이는 데 있어 이야기가 끝나거나 단락을 구분 짓는 느낌을 받을 때 한 편이 마무리된 것 같은 느낌을 받는다는 의미다. 에피소드 시리즈는 드라마의 이야기가 계속 진행되는 연속성과 함께 각 에피소드가 분절을 이루는 단편성이 조화를 이루고 있다. 따라서 이야기의 특성에 따라 연속성과 단편성의 장점만을 취해 효과적인 구성이 가능하다.

에피소드 시리즈는 연속성과 단편성 중 어느 것의 성격이 두드러지게 나타나는가에 따라 다시 단편성 연속극, 연속성 설정극, 설정 반복 단편극으로 구분할 수 있다.

단편성 연속극의 경우 사건 진행은 연속극처럼 진행되지만 에피소드마다 하나의 이야기가 마무리되는 단편극의 형식을 차용한다. 그래서 사건 진행 자체는 연속극에 가깝지만 시청자들은 한 에피소드 안에서 사건이 일어나고 진행되며 마무리되는 단편극을 본 듯한 느낌을 얻는 것이다. 개별 에피소드가 아닌 시리즈 전체에 영향을 미치는 줄거리는 큰 이야기로 진행되며, 이는 연속극처럼 대부분 시즌 마무리 단계에서 클리프행어로 마무리되며 다음 시즌에 그 결말을 제시한다.

〈그레이 아나토미*Grey's Anatomy*〉(ABC, 2005~)의 각 에피소드는 주인공 메러디스의 해설로 그날의 주제에 따라 병원에서 일어나는 사건을 재구성해 보여 주는 반면, 각 시즌 말미에 큰 사건이 일어나고 이 사건에 대한 등장인물의 반응, 사건의 해결 과정은 다음 시즌의 큰 이야기로 다루는 방식을 택한다. 〈웨스트 윙*The West Wing*〉(NBC, 1999~2006)은 대통령 임기와 의회 및 행정부의 일정이 존재하여 이 일정에 따라 이야기가 펼쳐지고, 새로운 법안, 외교 문제, 군사 작전 등의 사건이 등장하고 이를 해결하는 이야기가 각 에피소드마다 전개된다. 또한 시즌 단위로 전개되는 큰 이야기를 시즌과 시즌 중간에 클리프행어로 끊어, 휴지기 동안 시청자들이 몇 개월을 기다려 다음 시즌도 보게끔 만든다.

연속성 설정극은 여러 편에 걸친 줄거리 전개보다는 한 에피소드 안에서 사건이 일어나고 정리되는 특징이 더 강하다. 시청자는 한 편을 봐도 드라마의 내용과 더불어 사건이 발생, 진행, 마무리되는 구성을 파악할 수 있다. 각 에피소드가 등장인물이 같고 이야기 구성이 비슷한 단편극을 나열한 것과 비슷한 느낌을 받는다. 하지만 전체 시리즈뿐 아니라 각 시즌을 관통하는 줄거리가 큰 이야기로 존재하고, 이때 이야기는 개별 사건보다는 등장인물과 더 많이 관련되어 있다. 또한 연속극이나 단편성 연속극과 마찬가지로 시즌 마무리에 클리프행어를 도입해 긴장감을 부여하기 때문에, 연속성 설정극에서 시청자가 느끼는 줄거리의 변화 단위는 에피소드가 아닌 시즌이며, 단독 에피소드 줄거리와 큰 이야기의 구분이 상당히 명확한 편이다.

연속성 설정극은 〈제시카의 추리극장*Murder, She Wrote*〉(CBS, 1984~1996), 〈형사 콜롬보*Columbo*〉(NBC & ABC, 1968~2003) 등 주로 탐정 드라마에서 활용되었다. 이후 1990년대 방영된 〈로 앤드 오더*Law & Order*〉(NBC, 1990~2010), 〈엑스 파일〉을 거쳐 2000년대부터 〈CSI〉(CBS, 2000~), 〈NCIS〉(CBS, 2003~) 등 사법 기관을 배경으로 한 수사극Procedural이 많이 제작되면서 시청자에게 익숙한 이야기 전개 방식이 되었다. 최근 수사극은 '사건 발생 → 수사 진행 → 범인 확정 및 사건 마무리'의 틀 안에서 다양하게 변주된다. 〈본즈*Bones*〉(Fox, 2005~)에서 '뼈'로 수사하듯 사건 수사 과정에서 독특한 방식을 이용하거나, 〈크리미널 마인즈*Criminal Minds*〉(CBS, 2005~)처럼 심리에 초점을 두거나, 또는 〈몽크*Monk*〉(USA, 2002~2009)처럼 개성 강한 주인공을 등장시켜 다른 드라마와 차별화를 꾀한다.

설정 반복 단편극은 설정극과 단편극 시리즈의 중간에 위치한다. 말 그대로 설정이 반복되는 형식인데, 동일 인물, 배경, 설정, 정서적 만족감 등 설정극의 구성은 모두 갖추고 있지만 에피소드마다 연결이 되진 않으며, 한 편이 다른 편과 관련이 없다. 이미 방영된 전편은 현재 방영되는 것과 관련이 매우 낮고 줄거리보다는 설정으로 존재한다. 설정 반복 단편극의 대표적인 예는 20년 이상 방영된 애니메이션 〈심슨 가족*The Simpsons*〉(Fox, 1989~)이다. 〈심슨 가족〉의 주인공 호머 심슨과 그 가족은 나이가 들지 않으며, 이전의 줄거리가 현재의 방영분에 큰 영향을 미치지 않는다. 〈심슨 가족〉의 주인공 가족과 주변 인물은 나이가 들지 않지만, 에피소드의 내용은 방영되는 시기에 일어나는 다양한 사회 문화적 현상을 반영하며, 각 에피소드에는 최신 기기가 위화감없이 나타나거나, 연예인, 정치인 등 유명 인사가 심슨 세계의 캐릭터로 등장한다.

개별 단편극 시리즈

개별 단편극 시리즈는 각 에피소드가 표현 그대로 개별적으로 존재하는 시리즈를 말하며, '선집'이라는 뜻인 앤솔로지anthology로 불리기도 한다. 문학에서 앤솔로지는 '한 사람 또는 여러 사람의 작품 중 몇 가지를 추려 모은 책'을 뜻하지만, 텔레비전 프로그램에서는 내용상 공통점이 없는 여러 프로그램을 공통된 요소로 묶어서 방영하는 것을 뜻한다. 이어지지 않으며 서로 관련이 없는 일련의 에피소드를 시리즈로 묶을 수 있는 것은 각 에피소드를 시리즈의 한 부분으로 인식할 수 있는 공통적인 요소가 존재하기 때문이다. 개별 단편극 시리즈는 주제, 소재, 또는 경향이나 취향에서의 공통점을 시리즈의 구성 요소로 활용한다. 따라서 그 요소가 캐릭터, 배경, 정서적 연결 등 시리즈를 구성하는 기본 요소는 아니지만 시청자가 이를 하나의 시리즈로 인식한다.

호러, SF 등 충성도 높은 수용자가 존재하는 드라마 장르에서 개별 단편극 형식을 많이 볼 수 있다. 〈환상특급*The Twilight Zone*〉(CBS, 1959~1964)•이나 〈마스터스 오브 호러*Masters of Horror*〉(Showtime, 2005~2007) 모두 비슷한 장르나 특정한 테마 아래 에피소드 한 편으로 이

• 1959~1964년 방영된 〈환상특급〉은 이후 1985~1989년, 2002~2003년에 제작, 방영되었다.

야기를 마무리하는 형식을 택했다. 그 외에도 〈마스터피스*Masterpiece*〉(PBS, 1971~)와 같이 소설이나 전기를 원작으로 한 드라마만을 방영하거나, 〈알프레드 히치콕 극장*Alfred Hitchcock Presents*〉(1955~1965)•처럼 히치콕이라는 특정 감독의 스타일을 반영한 여러 드라마를 모아 시리즈로 만든 경우도 있다.

미니시리즈 시리즈

최근 미국 드라마 시장에서는 연속된 내러티브를 가진 시리즈 하나가 한 시즌이 되고, 이 시즌이 모여 하나의 시리즈를 구성하는 '미니시리즈 시리즈' 형식의 드라마가 큰 성공을 거뒀다. 미니시리즈가 하나의 시즌이라는 의미는, 한 시즌 안에서 내러티브가 전개, 진행, 마무리되며, 각 시리즈는 다른 시리즈와 이야기의 시간적 흐름이나 내용 면에서 '직접적으로' 이어지지 않는다는 것을 의미한다. 따라서 이 여러 미니시리즈를 하나의 시리즈로 묶는 데는 주제나 경향 등 단편극 시리즈를 묶는 요소가 적용된다.

미니시리즈 시리즈의 대표적 예로 〈아메리칸 호러 스토리*American Horror Story*〉(FX, 2011~)를 들 수 있다. 13개 에피소드로 구성된 한 시즌은 연속극 시리즈이지만, 그 안에서 모든 이야기 전개가 끝나며 시즌과 시즌의 이야기는 시간적으로나 내용적으로 직접 이어지지 않는다. 즉 한 시즌 자체가 독립된 미니시리즈이며, 각 시즌을 잇는 가장 중

• 〈알프레드 히치콕 극장〉은 1955~1960년, 1962~1964년에는 CBS에서, 1960~1962, 1964~1965년엔 NBC에서 방영되었다.

요한 연결 고리는 동일한 캐릭터나 배경 등 일반적인 시즌제 드라마 요소가 아닌 '공포'라는 공통 주제다.• 〈아메리칸 호러 스토리〉의 각 시즌은 시즌 번호가 아니라, 각 미니시리즈의 이야기의 배경을 딴 부제로 구분하며,•• 각각의 시즌은 시대적 배경도 등장하는 캐릭터도 모두 다르다.

미니시리즈 시리즈는 개별 단편극의 이야기를 확장해 연속극 형태에 익숙한 시청자들에게 깔끔한 이야기 마무리가 주는 매력도 함께 선사한다. 반면 각 시즌이 연결 고리가 약하고, 같은 이야기가 이어지는 다른 시즌제 드라마보다 고정적이고 지속적인 팬덤을 구축하기 어려울 수도 있다. 그래서 〈아메리칸 호러 스토리〉는 공통 주제 외에 출연 배우를 통해 각 시즌 간 연결 고리를 부여한다. 이전 시즌에 출연한 배우가 다음 시즌에 대부분 출연하지만, 그 배우가 각 시즌마다 맡는 배역은 다르다.••• 부제는 달라지지만 동일한 제목, 이전 시즌에 보았던 배우들이 계속 등장하기 때문에 시청자는 독립적인 미니시리즈를

• 최근 방영한 〈아메리칸 호러 스토리: 유랑극단*Freak Show*〉에 〈아메리칸 호러 스토리: 정신병동*Asylum*〉의 등장인물인 메리 유니스 수녀가 재등장해 각 시리즈별 인물의 과거가 교차되며, 각 시리즈가 동일한 서사 세계 안에 포함되어 있음을 보여 줬다(*Huffington Post*, 2014. 12. 18).

•• 각 시즌의 제목은 〈아메리칸 호러 스토리: 부제*American Horror Story: subtitle*〉의 형태로 붙였으며, 첫 시즌부터 네 번째 시즌까지 각각의 부제는 "유령의 집Haunted House," "정신병동Asylum," "마녀집회Coven," "유랑극단Freak Show"이다.

••• 배우 제시카 랭의 배역은 시즌마다 모두 달랐는데, 이웃집 주민(1), 정신병동에서 일하는 수녀(2), 강력한 힘을 가진 마녀(3), 서커스 경영자(4) 역을 맡았다.

같은 시리즈로 인식하게 되는 것이다.

〈아메리칸 호러 스토리〉의 성공 이후 〈트루 디텍티브*True Detective*〉(HBO, 2014~)와 〈파고*Fargo*〉(FX, 2014~)가 비평과 흥행에서 큰 성공을 거두면서 미니시리즈 시리즈 형태가 주목받고 있다. 미니시리즈 시리즈가 '드라마를 만드는 새로운 방식'으로 떠오르는 이유는 다음과 같다. 첫째, 이야기의 마무리가 완벽한 양질의 작품을 만들 수 있다. 각 시즌이 이야기를 깔끔하게 종결하기 때문에, 다른 시즌제 드라마처럼 이야기를 끊임없이 만들어 작품의 질을 떨어뜨릴 위험을 줄일 수 있다. 둘째, 미니시리즈가 풀 시즌 드라마에 비해 상대적으로 짧은 기간 동안 일하며, 주로 일회성 프로젝트라는 점 때문에 기존 시즌제 드라마를 꺼리는 인력의 참여가 용이하다. 보통 풀 시즌 드라마를 제작하기 위해서는 1년 혹은 몇 년간 1년 중 9~10개월을 작품에 투자해야 하는 반면, 미니시리즈 시즌제 드라마는 한 번만 1년의 몇 개월 정도 작품에 참여하면 된다. 그래서 영화에 주로 참여하는 배우 등 단기 프로젝트를 원하는 인력들에게 새로운 작품을 할 기회로 자리 잡고 있다.

한국 시즌제 드라마

앞에서 제시한 기준에 따라 우리나라에서 시즌제로 제작되는 드라마, 또는 이와 비슷한 형태로 제작, 방영한 드라마를 분류한다.

연속극

한국 드라마의 대부분은 연속극 형식을 차용하고 있다. 작품의 대다수가 처음과 끝이 정해져 있으며 동일한 배경, 설정, 캐릭터를 그대로 활용한 후속편 제작이 거의 되지 않기 때문에 시즌제 드라마로 분류하긴 어렵다. 연속극 형식을 따르는 시즌제 드라마는 〈막돼먹은 영애씨〉(tvN, 2007~)가 유일하다. 〈막돼먹은 영애씨〉는 모큐멘터리 스타일의 연속극으로, 1년에 16~20편씩 제작·방영되어 2015년 열네 번째 시즌 방영을 마쳤다. 드라마는 노처녀 '영애씨'와 그 주위 사람들의 이야기를 담는데, 시즌이 거듭되어도 주연인 영애씨와 주요 인물 캐릭터는 거의 바뀌지 않으며, 주인공의 '삶과 사랑'을 다룬다는 주제는 변하지 않는다.

〈막돼먹은 영애씨〉는 원래 시즌제 드라마로 기획된 작품은 아니었다. 하지만 케이블 드라마의 제작 환경이 열악했던 2000년대 후반 당시 저예산 작품임에도 불구하고 큰 화제를 일으켰다. 그 이후 2015년까지 총 14개 시즌이 제작되면서도 <막돼먹은 영애씨>는 이야기의 질을 꾸준히 유지했고, 이것이 시청자들에게 끊임없는 만족을 준 것이다. 또한 배역 교체가 거의 없었던 것도 작품의 연속성을 유지하는 데 크게 기여했다. 열두 번째 시즌에서 극중 영애씨의 직장이 바뀌면서 직장 동료들이 바뀐 것을 제외하면 주인공 영애 역의 김현숙을 비롯한 주요 캐릭터의 배우가 거의 교체되지 않았다.

제목이나 내용의 연속성뿐 아니라 주요 제작진 및 출연진이 몇 년간 한 작품에 참여함으로써 작품의 연속성을 담보하였고, 이를 통해 〈막돼먹은 영애씨〉는 한국에서 보기 드문 '시즌제 드라마'로 자리 잡을 수 있었다. 매 시즌 '영애씨'의 이야기를 기다리는 〈막돼먹은 영애씨〉의 고정적인 팬덤 덕분에 이 작품은 뮤지컬로 제작되기도 했다.●

단편성 연속극

한국 드라마에는 단편성 연속극 형식을 차용한 드라마도 많지 않다. 일부 미니시리즈에서 에피소드별로 다른 사건을 등장시켜 전체 사건이나 등장인물 간의 관계 변화에 영향을 주도록 내러티브를 구성하는 정도다. 장르물 드라마 중 〈싸인〉(SBS, 2011)이나 〈유령〉(SBS, 2012) 등 수사 드라마, 또는 〈산부인과〉(SBS, 2010), 〈골든타임〉(MBC, 2012) 등의 메디컬 드라마에서 주로 사용했다. 그러나 이 드라마들 또한 동일한 배경, 인물 등이 그대로 유지된 후속 시즌이 제작되지 않았기 때문에 시즌제 드라마로 발전하지는 못했다.

연속성 설정극

에피소드 간 정서적 종결이 명확한 연속성 설정극은 앞의 두 분류보다 쉽게 찾아볼 수 있다. 〈전원일기〉(MBC, 1980~2002), 〈수사반장〉(MBC, 1971~1984, 1985~1989) 등 몇몇 드라마도 각 회차 안에서 비슷한 구성으로 이야기를 진행하는 형식을 차용한 적은 있다. 그러나 이것이 시즌과 에피소드 단위로 나뉘어 제작된 경우는 최근 몇 년간 제작 방영된 케이블 채널의 드라마에서 두드러진다. 그중 가장 대표적인 경우가 현재 네 번째 시즌까지 방영된 〈신의 퀴즈〉다.

〈신의 퀴즈〉는 희귀 질환을 전담하는 법의관 사무소를 배경으로 법의학자와 형사가 파트너가 되어 원인 불명, 또는 희귀 질환에 의한

● 〈막돼먹은 영애씨〉 열두 번째 시즌 방영이 끝난 후 2013년 11월 15일부터 2014년 1월 12일까지 공연되었으며, 드라마 주연인 김현숙이 뮤지컬 주연을 맡았다.

사망으로 의심되는 사건을 수사한다. 개별 에피소드는 사건 발생, 부검 의뢰, 부검 결과를 바탕으로 한 사건 수사, 단서의 발견과 사건 해결이라는 방식으로 구성되어 있다. 개별 에피소드의 작은 이야기와 함께 큰 이야기가 시즌 단위로 진행되는데, 이는 주로 주인공인 법의학자 한진우 또는 형사 강경희와 관련된 이야기다. 시즌마다 한진수와 강형사의 로맨스, 한진수의 과거와 인연, 한진수의 질병, 강경희의 과거사 등의 이야기가 시즌 후반기에 에피소드와 관련이 되고 이야기는 절정에 치닫는다. 이 큰 이야기가 가져오는 긴장감이 시즌의 마무리에서 최고조에 달하며, 대부분 클리프행어로 마무리하면서 다음 시즌에 대한 기대감을 가져온다.

〈신의 퀴즈〉는 동일한 캐릭터와 배경이 등장하며 이야기를 이어간다는 점에서 시즌제 드라마의 특징을 갖추었으나, 제작 기간과 방영 기간이 1~2년의 기간을 두고 다소 비정기적으로 제작, 편성되는 것이 주기별로 제작, 방영되는 미국식 시즌제 드라마의 특성과는 다르다. 오히려 12부작 내외의 짧은 시리즈를 12주, 약 3개월 정도 방영하는 방식은 영국의 시리즈 제도와 더 비슷하다고 볼 수 있다. 〈신의 퀴즈〉와 비슷한 방식으로 제작·방영된 드라마는 〈특수사건전담반 TEN〉(OCN, 2011~2013)과 〈뱀파이어 검사〉(OCN, 2011~2012) 등이 있는데, 모두 형사나 검사를 주인공으로 한 범죄 수사 드라마다.

설정 반복 단편극

설정 반복 단편극은 드라마 시리즈보다는 어린이를 대상으로 한 프로그램에서 예시를 찾을 수 있다. 대표적인 작품은 〈뽀뽀뽀〉(MBC, 1981~2013) 등 어린이 프로그램, 〈뽀롱뽀롱 뽀로로〉(EBS, 2003~) 등 어린이 대상 애니메이션 등이다.

개별 단편극 시리즈

한국의 개별 단편극 시리즈 중 가장 대표적인 작품은 납량 드라마 〈전설의 고향〉(KBS, 1977~2009)이다. 〈전설의 고향〉은 제작 초기부터 각 에피소드가 한국 민간 설화를 바탕으로 한 공포 드라마라는 장르적 특성과 소재의 공통 요소가 존재했다는 점에서 단편극 시리즈로 분류할 수 있다. 또한 1996년 이후 4년간의 방영분은 여름이라는 특정 시기에 방영했기 때문에 특정 기간에 고정적으로 방영하는 시즌제도의 편성 특징도 갖추고 있다. 그 외에도 한국 문학이 원작인 단편 드라마를 모아서 방영한 〈TV문학관〉(KBS, 1980~2012),• 1993년부터 단막극만 편성하여 방영한 〈MBC베스트극장〉(MBC, 1991~2007)••도 형식이나 내용 등에서 공통 요소를 가지고 있어 개별 단편극 시리즈로 분류할 수 있다.

미니시리즈 시리즈

미니시리즈 시리즈는 작품이 개별적으로 존재하면서도 공통의 주

• 〈TV문학관〉은 〈TV문학관 1기〉(1980~1987), 〈TV문예극장〉(1991~1992), 〈신 TV문학관〉(1996~1997), 〈TV문학관 2기〉(1999~2003), 〈HDTV 문학관〉(2005~2009), 〈2011/2012 TV문학관〉(2011~2012)으로 나뉜다.

•• 〈베스트극장〉은 1983~1989년까지 〈MBC베스트셀러극장〉이란 제목으로 방영한 후 폐지되었다가, 1991년 〈MBC베스트극장〉이란 제목으로 부활해 2007년까지 방영되었다.

제와 경향에 따라 시리즈로 묶을 수 있다는 점이 특징이다. 한국 드라마 중 미니시리즈 시리즈 형태의 대표적 작품은 〈로맨스가 필요해〉(tvN, 2011~2014)다. 〈로맨스가 필요해〉는 20대 후반의 여성이라면 공감할 만한 연애 이야기라는 공통 주제 외에는 각각의 시즌 모두 등장인물, 배경, 사건이 개별적으로 존재하고, 각 시리즈에 모두 등장하는 캐릭터가 있거나 내용이 이어지거나 관련이 있는 경우는 없다.

"응답하라"(tvN, 2013~) 시리즈도 미니시리즈 시리즈로 분류할 수 있다. 〈응답하라 1997〉(2013), 〈응답하라 1994〉(2014), 〈응답하라 1988〉(2015)까지 3편 모두 특정 시대를 배경으로 그 시대 청춘들이 살아온 이야기를 다룬다는 기본 콘셉트와 '여주인공의 남편 찾기'라는 과제를 제시한 이야기 방식을 유지한다. 하지만 세부적 스토리 및 캐릭터, 공간 배경 등 다른 요소는 각각 다르다. 〈응답하라 1997〉은 1997년 부산을 배경으로 같은 고등학교를 다니는 친구들의 이야기를 다룬다. 〈응답하라 1994〉는 1994년 서울의 한 하숙집에 함께 사는 대학생들의 이야기다. 그리고 〈응답하라 1988〉은 서울 쌍문동 골목에 살던 이웃들의 이야기다. 콘셉트와 이야기 방식이 같다는 것을 제외하고는 세 작품 모두 완전히 다른 이야기다. 다만 작품들의 서사 배경이 교차하는 장면을 삽입해 연속성을 부여하거나• 여자 주인공의 부모이자

• 〈응답하라 1994〉에서는 전작인 〈응답하라 1997〉과 시간적, 공간적 배경이 겹치는 시기를 다룸으로써 두 시리즈가 연결되어 있음을 보여 준다. 〈응답하라 1994〉의 16~17화에서 〈응답하라 1997〉의 등장인물 시원이 재준(쓰레기)과 부산에서 만나는 장면은 있었다. 그러나 이것이 〈응답하라 1994〉의 스토리에 큰 영향을 미치진 않았다.

드라마 주인공들의 부모 역할을 하는 캐릭터에 동일한 배우를 캐스팅해• 두 드라마가 한 시리즈라는 점을 보여 주기도 한다.

한국의 미니시리즈 시리즈는 사실 개별 드라마가 하나의 시리즈라는 걸 내세우지 않기 때문에 그 형식 자체는 스핀오프spin-off••와 유사하게 보인다. 미국 드라마의 경우 2000년대 이후 제작된 많은 스핀오프 시리즈가 원작이 방영하는 중간에 제작되는 경우가 많은 반면, 한국 드라마의 경우 종영된 인기 드라마의 배경, 구성 등을 이어받아 새로운 작품을 제작하는 경우가 일반적이다. 〈궁〉과 〈궁S〉, 〈종합병원〉, 〈종합병원 2〉 등 앞서 언급한 드라마뿐 아니라, 〈아이리스〉(KBS, 2009)가 설정한 가상의 국가 기관 국가안전국과 아이리스IRIS를 사용한 〈아테나: 전쟁의 여신〉(SBS, 2010), 〈아이리스 2〉(KBS, 2013) 등이 대표적인 스핀오프 시리즈다.

단순히 '비슷한 내용이 이어지는 드라마 여러 편'이라는 기준에 따르면 몇 개의 스핀오프 시리즈 또한 미니시리즈 단편극 시리즈로 분류할 수 있을 것이다. 그러나 미니시리즈 단편극 시리즈와 스핀오프를

• 〈응답하라 1997〉의 여주인공 성시원의 부모, 〈응답하라 1994〉의 여주인공 성나정의 부모로 배우 성동일과 이일화가 출연하였다. 두 사람은 "응답하라" 시리즈의 3시즌 격인 〈응답하라 1988〉에도 주인공의 부모로 출연한다(《한국경제》, 2015. 3. 17).

•• 기존의 작품(본편)에서 파생된 작품으로, 외전이라고도 하지만 그 의미는 조금 다르다. 주로 기존 작품의 캐릭터가 빠져나와 새로운 시리즈를 구성하거나, 기존 작품의 주요 설정을 가져와서 새로운 캐릭터에 대입하기도 한다. 영미권에서는 스핀오프가 제작되는 경우 대부분 본편과 같은 시간적 배경에서 진행되나, 그렇지 않은 경우도 있다(Wikipedia 참조).

구분하는 기준은 '주제'와 '정서'다. 내용뿐 아니라 오리지널 시리즈와 이후 제작된 드라마를 공통의 주제 또는 정서를 공유하느냐에 달려 있다는 것이다. 즉 일련의 미니시리즈 여러 편이 하나의 시리즈가 되려면 단순히 드라마의 배경과 소재 등이 동일한 것을 넘어 주제와 정서를 공유하기 위한 내용적 장치 또는 내용 외적인 장치가 있어야 한다.

||| 한국형 시즌제 드라마의 가능성

지금까지 미국 드라마를 중심으로 한 영미권 드라마와 한국의 시즌제 드라마를 연재 방식에 따라 분류하였으며, 그 결과는 표 2와 같다. 이를 보면 한국 드라마의 시즌제는 미국 드라마 시즌제와 여러 부분에서 다르다는 점을 알 수 있다. 미국 드라마는 시즌제가 일반적인 드라마 제작 및 편성 방식이기 때문에 기간, 양, 형태 등에 대한 일정한 합의가 있고 이를 지키는 편이다. 미국의 시즌제 드라마는 지상파 드라마처럼 동시에 시작하고 동시에 끝나든, 케이블처럼 시작하는 기간과 끝나는 기간이 정해져 있지 않든 주로 1년을 주기로 제작하고 방송한다. 반면 한국에서는 시즌제 형태가 주목은 받고 있으나, 아직 케이블 드라마에서만 시도되고 있으며 그마저도 방영 기간이나 방영 시기가 비정기적이라, 미국식 시즌제보다는 오히려 영국식 시리즈 제도와 비슷하다 볼 수 있다.

최근 각광받는 미니시리즈 시리즈 형태를 도입하는 이유도 다름을 확인할 수 있다. 시즌제가 정착된 미국의 미니시리즈 시리즈는 풀시즌 드라마에 나타나는 작품의 질 저하를 방지하면서 단기성 프로젝

표 2. 연재 방식에 따른 시즌제 드라마의 특성과 예시

<table>
<tr><th colspan="3">연재 방식</th><th>특성</th><th>미국 드라마</th><th>한국 드라마</th></tr>
<tr><td rowspan="4">연속성 강함</td><td colspan="2">연속극</td><td>갈등이 완결되지 않고 클라이맥스에서 종료</td><td>〈로스트〉, 〈24〉, 〈히어로즈〉, 〈프리즌 브레이크〉 등</td><td>대부분의 연속극</td></tr>
<tr><td colspan="2">단편성 연속극</td><td>에피소드를 구성하는 공식이 존재하지만 에피소드 안에서 갈등이 마무리되지 않음</td><td>〈그레이 아나토미〉, 〈웨스트 윙〉 등</td><td></td></tr>
<tr><td colspan="2">연속성 설정극</td><td>에피소드를 구성하는 공식이 존재하며 에피소드 안에서 사건이 발생, 전개, 종결하는 경우가 대다수</td><td>〈엑스파일〉, 〈CSI〉, 〈NCIS〉 등</td><td>〈신의 퀴즈〉, 〈특수사건전담반 TEN〉, 〈뱀파이어 검사〉</td></tr>
<tr><td colspan="2">설정 반복 단편극</td><td>설정극의 구성은 갖추고 있지만 에피소드 내용이 연결되지 않음</td><td>〈심슨 가족〉</td><td></td></tr>
<tr><td rowspan="2">연속성 약함</td><td rowspan="2">단편극</td><td>미니시리즈 시리즈</td><td>한 시즌은 미니시리즈로 구성되며, 시즌과 시즌의 내용은 연결되지 않으나 유사 설정이나 공통 주제, 정서 공유</td><td>〈아메리칸 호러 스토리〉, 〈트루 디텍티브〉, 〈파고〉 등</td><td>〈로맨스가 필요해〉, "응답하라" 시리즈</td></tr>
<tr><td>개별 단편극 시리즈</td><td>에피소드별로 다른 배경, 다른 인물이 등장하지만 유사 설정이나 공통 주제, 정서 공유</td><td>〈환상특급〉, 〈마스터스 오브 호러〉, 〈마스터피스〉 등</td><td>〈전설의 고향〉, 〈TV 문학관〉, 〈MBC베스트 극장〉 등</td></tr>
</table>

출처: 남명희, 2007; 유건식, 2013 재구성.

트로 새로운 인력을 끌어들이는 실험적인 형태로 주목받고 있다. 반면 미니시리즈 중심의 한국 드라마 제작 환경에서는 이미 구축된 미니시리즈 제작 경험을 효과적으로 활용하면서 전작의 성공을 이어가기 위해 작품을 '브랜드화'한 것이라 볼 수 있다.

드라마 시즌 제도는 기존 드라마의 성공을 이어 가면서 더 많은 이야기를 전달할 수 있는 방식임은 틀림없다. 하지만 미국과 한국은 드

라마 제작 환경이 다르기 때문에 제작 시스템을 그대로 받아들이긴 어렵다. 미국이 풀 시즌 중심으로 여유 있는 일정에 따라 제작하는 환경이 조성되어 있는 반면, 한국은 '쪽대본'이 일반적이고 '생방송 촬영'이란 말이 나올 정도로 무리한 일정으로 제작이 진행된다. 시청률에 민감한 풍토 때문에 대부분의 드라마는 사전 제작을 하거나 여유 있게 제작하지 못하고, 당장 작업하는 드라마를 완성해 방영하는 것이 중요해서 후속편이나 한 이야기를 이어갈 시리즈를 고민할 여유가 없다.

전작이 성공하고 난 후 후속편을 제작하고자 할 때 제작비가 전작보다 크게 상승하는 것도 시즌제 드라마 제작을 어렵게 하는 요인이다. 전작이 성공하고 나면 집필하는 작가나 출연하는 배우들의 몸값이 치솟아 후속작의 제작비가 크게 증가한다. 배우의 경우 다양한 작품을 통해 이미지 변신을 할 수 있는 기회를 잡을 수 없기 때문에(〈스포츠조선〉, 2012. 9. 19), 장기 프로젝트 참여를 유도하기 위해서는 그에 상응하는 대가를 주어야 한다. 반면 시청자의 입장에서는 드라마의 얼굴인 배우가 계속 출연하지 않는 시즌제 드라마는 같은 드라마 시리즈라 느끼지 않는다. 전작의 이야기를 그대로 이어 가는 두 번째 시즌이 나온다 해도 전작을 즐겨본 시청자들이 계속 볼 것이라 보장할 수 없다.

미국과 달리 2차 시장 및 부가 판권이 활성화되지 않은 점도 시즌제 도입을 꺼리는 이유로 꼽을 수 있다. 한국의 경우 보통 16~22부작인 미니시리즈의 경우 2~3개월간 TV 방영, IPTV나 VOD 유료 제공 서비스, 해외 시장 판매로 어느 정도 수익을 올리고 있으나 DVD 판매, 관련 상품 연계 등의 수익은 거의 없는 편이다. 일정한 시청률을 기록하면서 드라마 제작이 장기화되면 미국 각 지역 채널과 해외 채널에 방영권을 판매하거나 드라마 내용을 기반으로 한 부가 상품을 제작·

판매해 수익을 다각화하는 미국과는 확연한 차이를 보인다.

여기에 우리나라 드라마의 해외 시장 판매 실적이 예전과 같지 않은 데다가 방송사 광고 매출이 줄어들어 제작비 조달이 어려워지면서 수익을 낼 수 있는 곳은 점차 줄어들고 있다. 드라마를 활용한 상품이나 기획 전시 또한 매출로 직접 연결되는 효과는 크지 않은 것으로 보인다(《조선비즈》, 2014. 9. 23).

제작과 편성 방식을 미국 드라마 제작 환경과 비슷하게 변화시키기 어려운 이상, 현재의 시스템 안에서 가장 가능성 있는 시즌제 드라마 형태는 미니시리즈 시리즈다. 이미 구축된 노하우를 최대한 활용하면서 전작의 성공을 후속작의 성공에 최대한 활용할 수 있는 방법이기 때문에다. 다만 미니시리즈를 하나의 시즌으로 묶으려면 드라마를 기획, 제작하는 과정부터 여러 시리즈를 하나의 큰 시리즈로 묶을 수 있는 공통 요소를 생각해야 한다. 공통 요소는 많은 시청자의 공감을 오랫동안 이끌어 낼 수 있는 주제여야 하고, 큰 시리즈 자체가 하나의 '브랜드'를 대표할 수 있어야 한다.

시즌제가 자리 잡기 위해서는 기획 단계부터 충분한 숙고가 필요하며, 작업이 장기화되기 때문에 전체 시리즈를 기획, 제작하는 프로듀서의 역할이 중요하다. 영미권 드라마 제작 현장에는 시즌을 거듭해도 드라마가 길을 잃지 않도록 그 방향과 성격을 결정하는 총책임자가 있다. 이 직책을 쇼러너showrunner라 하는데, 드라마 제작 전반을 이끄는 책임 프로듀서executive producers 중에서도 드라마 시리즈를 만든 크리에이터creator나 드라마 시리즈 제작에 경험이 많은 작가가 맡는다. 영미권 드라마는 작가가 중심이 되어 드라마를 이끌어 나가며, 특히 작가 중 대표라 할 수 있는 쇼러너는 제작 전 과정을 감독하는 직책이다. 쇼러너는 일단 양질의 대본을 생산해 내야 한다. 어떤 소재가 작품에 적당할지 판단하고, 작업을 할 작가를 고용하며, 그들이 쓴 대본이 시리즈의 전체 방향과 조응하도록 다듬는다. 이 모든 작업은 제 시간에 완성되어 감독 및 다른 제작진들에게 전달되는 것도 쇼러너의 책임이다. 또한 드라마 제작에 필요한 스태프를 고용하고 예산을 관리해 제작이 효율적으로 이루어지게 하고, 제작사와 방송사 사이에서 의견을 조율하고 이를 현장에 전달하는 일도 맡는다. 이렇게 드라마 제작에서 쇼러너가 차지하는 비중이 매우 크기 때문에 미국 작가노조협회에서는 쇼러너를 대상으로 한 교육 프로그램도 운영하고 있다(유건식, 2013, pp.100~101).

우리나라 드라마에서는 같은 제작진과 같은 작가, 제작진이 참여하는 것으로 시리즈의 유기성과 연속성을 담보해 왔다. 〈신의 퀴즈〉의 경우 박재범 작가가 첫 번째 시즌부터 네 번째 시즌까지 단독 또는 공동 집필했고, 〈로맨스가 필요해〉도 정현정 작가와 장영우 감독이 모두 대본 집필과 연출을 맡았다. "응답하라" 시리즈는 3편 모두 신원철 감독과 이우정 작가가 리더가 된 작가 집단이 참여한다(《중앙일보》, 2013. 10. 30). 이렇게 시즌과 시즌 간 내용적 유기성과 연속성을 담보하는 장치는 갖추고 있지만 초기부터 작품 전반의 콘셉트와 방향을 결정하고 관리하는 체계는 명확하지 않다.

시즌제 드라마를 자리 잡게 하려면 성공한 드라마의 후속작을 기획, 준비하는 기존의 방식에서 벗어나야 한다. 드라마 기획 단계부터 짧은 이야기뿐 아니라 긴 이야기로도 풀어갈 수 있는 콘셉트나 포맷을 명확히 세우고, 이를 장기간 이행할 수 있는 관리 체계가 필요하다. 이를 위해 시리즈 전체의 마스터플랜을 짜고 제작 전반을 감독하는 프로듀싱 활동을 강화해야 하고, 이를 담당할 경험 많은 프로듀서의 육성과 활동이 필요하다.

참고 문헌

남명희 (2007). 〈영화와 TV 시리즈의 내러티브 구조와 수용에 관한 연구〉. 한양대학교 대학원 박사 학위 논문.

남명희 (2010). 《미치도록 드라마틱한 세계, 미드》. 현실문화.

〈경향신문〉 (2012. 12. 16). "'미드'식 작가 시스템 '한드'서도 통할까," http://news.khan.co.kr/kh_news/khan_art_view.html?artid=201212162140035&code=960801

〈마이데일리〉 (2008. 5. 19). "MBC 시즌드라마, 끝내 폐지된 '속사정'." http://entertain.naver.com/read?oid=117&aid=0001955087

〈스포츠조선〉 (2012. 9. 19). "[WHY?] 지상파에서는 시즌제 드라마, 왜 어렵나?." http://sports.chosun.com/news/ntype.htm?id=201209210100139190011283&servicedate=20120920

유건식 (2013). 《미드와 한드, 무엇이 다른가》. 한울아카데미.

위키백과. "문화방송 시즌드라마." http://ko.wikipedia.org/wiki/문화방송_시즌드라마

〈조선비즈〉 (2014. 9. 23). "[드라마 산업 지각 변동] ① 한류 드라마, 신성장 동력 찾기 분주" http://biz.chosun.com/site/data/html_dir/2014/09/23/2014092303699.html?rihgt_juyonews

〈한국경제〉 (2015. 3. 17). "'응답하라 1988' 가족 드라마로 올 하반기 방송 확정...... 성동일–이일화 출연." http://starn.hankyung.com/news/index.html?no=366085

〈헤럴드경제〉 (2015. 7. 1). "미국 드라마는 왜 시즌제를 하게 된 걸까?." http://heraldk.com/2015/06/30/미국-드라마는-왜-시즌제를-하게-된걸까/

Communication Digital News (2014. 3. 14). "True Detective, Marvel, Fargo: Anthology TV Is the New Black." http://www.commdiginews.com/

entertainment/true-detective-marvel-fargo-anthology-tv-is-the-new-black-12170/

Forbes (2014. 1. 13). "How HBO's 'True Detective' Will Change The Way You Watch Television." http://www.forbes.com/sites/allenstjohn/2014/01/13/how-hbos-true-detective-will-change-the-way-you-watch-television/

Huffington Post (2014. 12. 18). "'American Horror Story: Freak Show' Reveals How the Seasons Are Connected." http://www.huffingtonpost.com/2014/12/18/american-horror-story-connections_n_6345408.html

Indiewire (2014. 2. 12). "'True Detective,' 'American Horror Story' and Why the Anthology Series is All the Rage." http://www.indiewire.com/article/television/rise-of-the-anthology-series

Variety (2014. 7. 2). "'Sherlock' Season 4 to Film in 2015." http://variety.com/2014/tv/news/sherlock-season-4-2015-special-4-episode-1201256929/

Wikipedia. "Showrunner." http://en.wikipedia.org/wiki/Showrunner

Wikiedpa. "Spin-off (media)." http://en.wikipedia.org/wiki/Spin-off_(media)

Wikipedia. "Television Program - Seasons/series." http://en.wikipedia.org/wiki/Television_program#Seasons.2Fseries

Wikipedia. "Upfront." https://en.wikipedia.org/wiki/Upfront

10

타임슬립 드라마

장르적 특성과 관습

허은

허은 고려대학교 사회학과를 졸업한 후 미국 템플대학교에서 저널리즘 석사, 고려대학교 대학원에서 언론학 박사 학위를 받았다. 현재 청강문화산업대학교 게임콘텐츠스쿨 교수다. 책으로는 《방송영상미디어의 이해》(공저), 《미디어 컨버전스와 감각의 확장》(공저), 《미디어와 현대 사회》(공저), 《미디어와 스토리텔링》(공저) 등이 있다.

인간의 영원한 로망, 시간 여행

'타임슬립time slip,' '타임리프time leap,' '타임워프time warp' 등으로 부르는 시간 이동 내러티브는 현실에서 불가능하지만 인생에서 누구나 한두 번은 간절히 원하는 시간 여행에 대한 욕망을 담고 있다. 이들 용어에 대한 비평가들의 정확한 정의는 없으나, 타임슬립은 대부분의 시간 이동 내러티브를 통칭하는 용어로 과거에서 현재로 혹은 현재에서 과거나 미래로 미끄러지듯 들어가 주인공이 시공간을 넘나드는 구조다. 타임리프는 일본 애니메이션 〈시간을 달리는 소녀〉(호소다 마모루, 2006)에서 사용한 용어로 현재에서 과거의 어느 시점으로 돌아가면 그 시점에서 다시 현재가 시작하고, 과거 회귀를 통해 내가 겪었던 현재와 다른 현재를 만든다. 타임워프는 SF 소설 등에서 현재와 과거, 미래가 뒤섞여 나타나는 시간 왜곡 현상을 지칭할 때 사용하는 용어로 과거로 돌아간 시점에서 다시 현재를 만들어 가거나 미래로 가기도 하는 구조다.

시간의 흐름을 거스르는 장치는 비현실적이지만 돌아가고 싶은 인간의 욕망을 담고 있기 때문에 영화에서 종종 사용된다. 할리우드 영화 〈백 투 더 퓨처*Back To The Future*〉(로버트 저메키스, 1985)는 현재의 내가 과거로 돌아가 아직 미혼인 부모를 만나 현재의 자신이 존재할 수 있도록 미래의 부모를 맺어 주는 이야기이며, 〈터미네이터*The Terminator*〉(제임스 캐머런, 1984)는 기계가 지배하는 2029년 지구에서 반기계 저항군을 결성한 존 코너의 출생을 막기 위해 로봇이 1984년 과거로 가 존 코너의 엄마를 죽이려 한다는 설정이다. 영화 〈어바웃 타임*About Time*〉(리처드 커티스, 2013)은 시간 여행을 할 수 있는 특별한 능력을 가진 주인공이 과거로 돌아가 안타까운 현재를 만든 사건이 일어나지 못하게 막으면 현재의 내가 잃어야 할 것이 있음을 알려준다.

시간 여행 장치는 인간의 능력 밖인 시간 여행이 우연히 기적처럼 일어나더라도 결과는 크게 바꿀 수 없으며, 만약 바꾼다면 반드시 대가를 치른다는 운명론을 바탕에 깔고 있다. 몇백 년의 시간을 넘나들어 완전히 다른 시대의 사람들이 만나지만 영겁의 시간을 거쳐 만들어진 인연의 결과로 보는 불교의 윤회사상과 지구에서 일어난 모든 사건이 우주 어디선가 반복되고 있을지 모른다는 다중우주이론, 평행우주이론을 적당히 뒤섞어서 내러티브의 사건들을 구성한다.

||| 타임슬립 드라마

어두운 공간에서 두세 시간 동안 완결된 이야기를 전달하는 영화와는 달리, TV 드라마는 1시간 이내로 분절된 이야기들이 일일, 주간으로 나뉘고 조명이 통제되지 않는 거실에서 방영되는 특성 때문에 대부분 현실을 현재형으로 풀어낸 이야기다. 〈전설의 고향〉이나 납량 특집극 등에서 가끔 시간 이동 장치나 혼령, 귀신들의 이야기를 다루지만, 모든 이야기는 논리와 합리에 근거한 개연과 인과에 충실한 내러티브 구조를 유지한다(박노현, 2014. 12).

현대물로서 시간 이동 장치를 사용한 드라마는 2002년 핑클의 성유리가 부여 공주로 나왔던 〈천년지애〉를 시작으로 본다. 남부여라는 가상의 고대 국가를 만들고 남부여의 공주가 우연히 현대로 오게 되어 겪는 이야기를 로맨스로 구성했다. 앞뒤가 맞지 않고, 더구나 역사적인 고증은 엄두도 낼 수 없는 만화 같은 설정이었지만, 30%를 넘는 시청률을 기록했다. "난 남부여의 공주 부여주다"라는 성유리의 대사는 발연기로 비난받으면서도 유행어가 되었고, 남자 주인공 소지섭은 외모나 연기 면에서 존재감을 보여 준 작품이었다.

〈천년지애〉 이후 한동안 드라마에 등장하지 않던 시간 이동 장치가 2012년이 되면서 지상파와 케이블 TV 드라마에 봇물 터지듯 등장했다. 이러한 흐름은 2010년부터 IPTV 가입자가 급증하고, 케이블 TV 시청자층이 확대되면서, 다시 보기로 드라마 시청자층이 두텁게 형성되어 급증하는 드라마 수요를 채우기 위한 소재의 확장으로 본다. 정통 멜로물, 로맨틱 코미디, 수사물, 추리물, 퓨전 사극 등 여러 장르 드라마들이 쏟아지는 가운데, 새로운 유형의 내러티브 장치로서 시간 여행은 다양한 스토리로의 확장이 가능한 장치다.

2012년 3월 동방신기의 박유천이 주인공 왕세자 역을 맡았던 SBS의 〈옥탑방 왕세자〉에 이어 2012년 케이블 드라마 성공의 시작을 알린 tvN 〈인현왕후의 남자〉, MBC 〈닥터 진〉, SBS 〈신의〉 그리고 2013년 tvN 〈나인: 아홉 번의 시간 여행〉으로 이어지면서 시간 여행 장치 사용은 붐을 이루었다. 시간 여행을 주요 장치로 사용하지는 않았지만 시간이 흘러도 늙지 않는 반인반수 산신령의 사랑 이야기인 〈구가의 서〉, 400년에 걸쳐 한 여인에 대한 사랑을 지키는 외계인을 주인공으로 한 〈별에서 온 그대〉도 시공간 이동을 내러티브에 접목했다. 〈신의 선물—14일〉은 죽은 딸을 살리고 싶은 엄마의 간절한 소망이 14일 전으로 시간을 되돌리는 신의 선물을 받았다는 설정이다. 비평가들은 〈신의 선물—14일〉이 다른 시대로 혹은 다른 시대에서 현재로 이동하는 기존의 타임슬립 설정과 달리 미래를 아는 두 사람이 14일 전으로 돌아가 현재와 미래를 뒤섞이게 한다 하여 '타임워프 내러티브'라 불렀다.

시간 이동 내러티브 중 완결성 면에서 호평을 받은 〈나인: 아홉 번의 시간 여행〉은 주인공이 20년 전으로 돌아간 시점에서 과거를 바꾸고 돌아오면 바뀐 과거와 정교하게 연결된 새로운 현재가 나타난다. 주인공은 현재의 나를 위협하는 요소를 없애기 위해 과거의 나에게 지시할 수 있고, 과거의 물건을 현재로 가져올 수도 있다. 그렇게 바꾼 현재에서 안심하려는 순간 내가 살았던 현재에는 없었던 사건이 발생하여 나를 다시 과거로 돌아가도록 만든다. 그렇게 아홉 번을 이동하여 바꾸고 온 과거는 돌아와 만나는 현재와 늘 이어져 있다.

아인슈타인의 상대성 이론을 확장한 괴델•은 빛의 속도로 우주를

• 쿠르트 괴델Kurt Gödel(1906~1978)은 우주는 휘어진 폐쇄 시간 곡선(CTC)으로 이루어져 회전하고 있으며, 엄청나게 빠른 속도로 이 곡선을 이동했을 때 자신이 출발했던 시공간 지점으로 돌아올 수 있다고 주장했다. 돌아온 시공간은 시간 흐름을 경험한 자아가 이전의 자아를 만나는 지점, 즉 과거인 것이다.

이동할 수 있다면 시간 이동이 가능하다고 주장했다. 하지만 현실적으로 그런 속도로 이동할 수 없기 때문에 시간 이동은 단지 과학적 가설일 뿐이라고 과학자들은 말한다. 그러나 만약 이 가설대로 미래로 이동하여 미래의 비밀을 가져와 현재를 바꾸고 미래를 바꾼다면 내가 이동했던 미래는 사라지는 것인가? 과거로 돌아가 현재에 어떤 사건이 일어나지 못하도록 막고 현재로 돌아온다면 그 사건이 있었던 현재는 사라지는 것인가? 아니면 평행우주이론이 주장하는 것처럼 시공간을 이동해 바꾼 과거와 현재, 미래는 이전의 시공간이 아닌 다른 시공간에서 복제 반복되고 있는 것인가?

혹시 내가 살고 있는 현재는 무수히 많은 평행 시간대 중 하나는 아닐까? 우주에는 시작과 끝은 다르지만 수많은 선형 시간대가 있지 않을까? 그 많은 선형 시간대가 평행을 이루며 진행하다가 작동의 오류로 인해 수직 이동한 누군가가 지금 내 옆에 있는 것은 아닐까? 이런 생각을 하다 보면, 판타지 요소를 정교하게 문학에 흡수한 무라카미 하루키의 추리 판타지물 《1Q84》에서 주인공이 고속도로 한가운데서 의문의 사다리를 타고 내려가 다른 버전의 세상을 만났던 이야기, 1년 후의 어떤 여인이 보낸 편지에서 이야기를 시작하는 영화 〈시월애〉(이현승, 2000), 고장 난 통신기로 21년 전 사람과 통신하는 영화 〈동감〉(김정권, 2000) 등이 떠오른다. 우리가 아는 시간의 개념은 선형 시간대의 연대기chronicles인데 평행 시간대의 시퀀스sequence로 만나는 시간 여행 이야기는 한 번뿐인 인생에 대한 일탈의 즐거움을 준다.

2012년에서 2014년 상반기까지 방영된 시간 여행 드라마 중, 역사적 사실을 시공간을 뛰어 넘으면서 재구성한 〈인현왕후의 남자〉와 〈신의〉, 조선 시대에서 현대로 넘어와 등장인물들의 전생과 환생의 역할들이 얽히는 〈옥탑방 왕세자〉, 현재를 바꾸기 위해 과거로 시간 여행을 했다는 공통점을 가진 〈나인: 아홉 번의 시간 여행〉과 〈신의 선물—14일〉 등의 내러티브 요소들을 분석하면서 타임슬립 드라마의 특성을 정리해 본다.

||| 전생과 환생, 복제와 반복

조선 시대에 살던 남자 주인공이 우연한 사건으로 현대로 온 〈옥탑방 왕세자〉와 현대의 외과의사가 고려 시대로 가는 〈신의〉는 전생과 환생을 통해 삶이 복제되고 반복되는 윤회설을 모티브로 한 타임슬립 드라마다. 그러나 두 작품이 사용한 시간 이동은 내러티브 진행 방식이라기보다는 이야기의 시작점에 불과하다. 시간 이동으로 과거를 바꾸고 현재를 바꾸고 또 미래를 바꾸려는 인간의 의지에도 불구하고 바꿀 수 없는 운명들, 바꾸었을 때 치러야 할 대가들로 재구성되는 내러티브의 정교한 조합이 아닌 단순 사건에 불과하다.

〈옥탑방 왕세자〉의 초반은 조선 시대의 남자가 현대의 서울 한복판을 돌아다니며 좌충우돌하면서 300년 전 인연을 다시 만나 사랑을 이루는 로맨틱 코미디에 가깝다. 시간 이동은 전생과 환생의 인연을 설명하기 위한 배경일 뿐이며 내러티브의 판타지를 살리지 못한다. 후반으로 가면서 조선 시대 세자빈의 음모와 현대 재벌가의 음모가 중첩되면서 스릴러적 요소가 드러난다.

조선 시대 세자인 이각(박유천)은 세자빈이 연못에 빠져 죽는 사건이 발생하자 세 명의 신하들과 함께 살해범을 찾으려 하지만 의문의 사내에게 쫓기다가 낭떠러지에서 떨어지면서 300년 후인 현대로 온다. 복장부터 이상한 그들은 난생처음 겪는 도시 생활에 적응하지 못하고 곤혹을 치르다가 여주인공 박하(한지민)의 도움으로 조금씩 적응해 가면서 둘은 서로 사랑하는 사이가 된다. 그런데 300년 후의 서울에는 과거의 세자빈, 세자빈의 동생, 할머니가 모두 다른 역할로 살고 있다. 더구나 이각 자신은 용태용이라는 인물로 환생한 할머니의 손주다. 과거의 인물들이 모두 300년의 시차를 두고 현대에서 환생하여 같은 얼굴이지만 다른 역할을 하며 살고 있는데, 그 인연의 끈은 300년 전과 크게 다르지 않다. 선과 악의 대결도, 음모와 배신의 사건들도 반복된다. 과거의 갈등이 왕위 계승을 둘러싼 권력 다툼이라면 현대의 갈등은 대기업 총수 자리를 차지하려는 탐욕과 음모다.

현대인이 고려 시대로 가는 〈신의〉는 우연한 사건으로 시간 이동한 〈옥탑방 왕세자〉와 달리 주인공의 의지에 의해 시간 이동이 발생한다. 고려 시대 무인들은 무협지 주인공처럼 사물을 통제하는 초인적 능력을 가졌고 하늘문이라는 신비의 문이 있어 그 문을 통과하면 다른 세상으로 갈 수 있다. 고려 말 공민왕의 왕후 노국공주가 자객의 칼에 맞아 목숨이 위태롭게 되자 공민왕의 신하는 중국 삼국지에 등장하는 명의 화타가 하늘문 밖에 살고 있으니 데려오면 왕후를 살릴 수 있다고 말한다. 왕의 호위무사인 최영 장군은 왕후를 살리기 위해 하늘문을 통과해 현대로 온다.

그가 도착한 곳은 2013년 서울 한복판. 의료 기구 엑스포 중인 코엑스의 어느 전시장에서 성형외과 의사인 유은수를 납치하고 함께 하늘문을 통과해 고려로 온다. 유은수는 현대 의술로 왕후를 살린 후 현대로 돌아가려 하지만, 하늘문이 닫혀 고려에 남게 된다. 고려에 남은

은수는 공민왕과 고려를 지키려는 젊은 최영과 원나라의 속국으로 만들려는 기철의 음모 사이에서 우여곡절을 겪다가 현대로 돌아오지만 최영에 대한 그리움 때문에 다시 고려로 간다. 고구려 역사와 무관하게 광개토대왕의 젊은 시절을 판타지로 재구성한 〈태왕사신기〉처럼 몇 년 후에 망해 버리는 고려 역사를 시간 이동 장치를 통해 어떻게 재구성할지 흥미로웠으나, 과거, 현재, 미래가 얽히는 장르적 특성은 없고 천 년을 넘나드는 시간 이동의 반복만을 암시하고 흐지부지 이야기를 끝낸다. 또한 인기 절정의 스타 이민호와 화려한 컴백을 예고했던 김희선의 로맨스도 기대에 못 미치는 밋밋한 수준이었다. 오히려 공민왕과 노국 공주의 사랑이 더 애틋하게 나와 조연이 빛을 발했던 작품이다.

〈신의〉는 〈여명의 눈동자〉, 〈모래시계〉의 명콤비 김종학 감독과 송지나 작가의 복귀 작품이어서 스케일이 다른 판타지 역사 드라마를 기대했으나, 회를 거듭할수록 스토리의 개연성이 떨어지면서 시청자들에게 실망을 주었다. 불, 소리, 얼음을 무술로 다룬다는 무협 판타지는 내러티브와 결합하지 못하고 작위적인 볼거리에 그쳐 식상함을 주었다. 더구나 시청률 부진으로 광고가 줄고 이에 따라 제작비 지원도 당초 계획과는 어긋나면서 기대했던 CG들도 어설퍼졌다. 결국 TV 드라마의 새로운 지평을 보여 주겠다던 야심찬 도전은 힘을 잃고, 전생의 유은수가 이미 고려에 다녀간 것으로 만드는 윤회설로 마무리했다.

||| 인과론, 운명론

숙종 시대를 배경으로 한 사극은 대부분 장옥정이 주인공이다. 후궁으로는 최고 지위인 희빈의 자리까지 오르더니 마침내 인현왕후를 몰아내고 중전의 자리를 차지했지만 결국 사약을 받고 죽는 그녀의 일생은 1대부터 5대까지의 장희빈을 배출할 정도로 드라마 단골 여주인공이다. 반면 인현왕후는 장희빈의 모략에 억울하게 폐위당하고 고초를 겪다가 일찍 죽는 조역에 불과했다. tvN의 〈인현왕후의 남자〉는 제목을 보면 인현왕후가 주인공이지만 숙종 시대의 인현왕후가 주인공은 아니다. 인현왕후를 사모했던 홍문관 교리가 있었다는 소문을 바탕으로 당시의 정쟁을 재구성하고, 장원급제에 무술까지 갖춘 조선 시대 훈남 김붕도라는 가상의 인물을 현대로 데려와 인현왕후 역을 맡은 희진이라는 현대 여인과 애틋한 사랑을 나누는 이야기로 만들었다.

조선 시대 선비 김붕도가 그를 사모했던 기생이 건넨 부적의 영험함으로 정적의 칼에 찔리는 순간 죽음 대신 318년 후로 순간 이동하여 현대로 온다. 현대에서 그가 처음 만난 사람은 사극에서 인현왕후 역을 맡은 최희진이라는 여배우다. 이후 김붕도는 318년을 오가며 장희빈 일가의 음모로부터 인현왕후를 구하고 평화로운 일상을 맞이하지만 318년 이후 세상에서 만난 희진에 대한 사랑을 잊지 못하고 현대로 가고 싶어 한다. 부적의 영험함은 정적들의 음모로부터 인현왕후를 구하려는 붕도의 정의로움과 붕도의 안위를 자신의 목숨만큼 염려했던 기생 윤월의 정성이 모아져 일어난 기적이었다. 그러나 희진을 그리워하는 붕도의 사적인 욕심으로 부적이 사용되면서 부적은 영험한 기적이 아닌 화를 부른다. 붕도는 정적들에게 다시 잡히고 죽음 직전에 부적의 도움으로 318년 후의 세상으로 넘어오지만 희진과의 재회에 실패하고 조선으로 돌아가 스스로 목숨을 끊으려 한다. 그런데 그 순간 318년 후의 희진은 이미 기억에서 지워진 붕도를 떠올리고 붕도에게 전화를 건다. 부적의 영험함은 사라졌지만, 운명의 힘이 기적을 만든다.

〈인현왕후의 남자〉에서 타임슬립은 부적의 영험함에 의해 이루어지는 설정이지만, 부적은 지극한 사랑이 만든 일종의 텔레파시다. 강직하고 곧은 선비 김붕도를 사모했던 기생 윤월이 목숨까지 내던지며 그를 지키려 했던 지순한 사랑이 부적에 영험한 힘을 주었고, 희진에 대한 붕도의 애절한 사랑은 318년 떨어진 곳의 희진에게 텔레파시를 보내 불태워 없앤 부적의 영험함을 다시 살려내 붕도를 현대로 오게 했다.

〈인현왕후의 남자〉 내러티브는 불교의 인과론을 모티브로 했다. 세상 만물은 하나의 원인이 되고 그 원인은 인간이 가늠할 수 없는 결과로 이어진다. 인현왕후를 살리려는 김붕도의 의지와 김붕도의 목숨을 구하려는 기생 윤월의 사랑이 원인이 되어 김붕도는 목숨을 구하고 318년 후로 오게 되는데, 이것은 다시 오래전 이미 만들어진 희진과의 운명에 의한 결과인 셈이다.

||| 과거와 현재가 통시적 시퀀스로 교합

tvN은 한동안 선정성 오락물이나 자극적 리얼리티 프로그램 양산으로 B급 케이블 채널의 이미지를 벗지 못하다가, 〈나인: 아홉 번의 시간 여행〉 방영 이후 고품격 드라마 제작 케이블 TV로 이미지를 완전히 굳혔다. 〈나인: 아홉 번의 시간 여행〉이 상영되기 직전 〈응답하라

1997〉로 tvN 드라마는 높은 시청률과 함께 세간을 주목을 끌기 시작했으며, 〈나인: 아홉 번의 시간 여행〉은 시청률, 작품성 두 마리 토끼를 다 잡은 수작으로 평가받았다. 〈나인: 아홉 번의 시간 여행〉은 시간 이동 장치라는 판타지 요소와 음모를 파헤치는 추리 내러티브를 매끄럽게 결합했다. 과거로의 시간 여행을 딱 아홉 번 허용하며, 돌아간 과거의 시점은 정확하게 20년 전, 그리고 과거에 머물 수 있는 시간은 향이 타는 30분만 허락되는 설정은 드라마 구성의 완결성을 가져왔다.

주인공 박선우는 길어야 6개월 정도 살 수 있는 뇌종양 말기 선고를 받았다. 20년 전 아버지의 갑작스러운 죽음 이후 엄마는 실어증에 걸렸고 형은 1년 전 자신을 찾아와 "우리 가족이 행복했던 예전으로 돌아갈 수 있다"는 알 수 없는 말을 하고 떠난 후 소식이 없다. 그러던 어느 날 형이 히말라야 계곡에서 죽은 채 발견되었다는 연락을 받고 형의 시신을 수습하기 위해 네팔로 가서 유품을 챙겨 돌아온다. 선우는 유품 상자에서 형이 죽을 때 손에 꼭 쥐고 있었던 향을 꺼내 무심코 불을 붙여 보는데, 향에 불이 붙자 20년 전으로 돌아가 있는 자신을 발견한다. 처음에는 뇌종양으로 인한 환각으로 생각하지만, 유품에 있는 형의 메모를 본 선우는 1년 전 형이 히말라야로 떠난 것은 불행한 가족사를 바꿀 수 있는 향을 구하기 위해서였음을 알게 된다. 20년 전으로 돌아갈 수 있는 신비의 향 한 개를 구한 형은 히말라야에서 나머지 아홉 개를 구했으나 폭설을 만나 향에 불을 붙여보지도 못하고 죽었다. 선우는 형이 죽은 히말라야로 가 형이 찾으려던 향 아홉 개를 찾아 현재로 돌아온다. 아홉 번의 시간 여행은 이렇게 시작한다.

향 아홉 개를 갖게 된 선우는 향을 피워 20년 전으로 돌아가 불행한 가족사를 되돌리려 한다. 그는 20년 전 세상으로 물건을 가져갈 수도 있고, 메모를 남길 수 있다. 그는 아버지를 죽게 하고 아버지 병원을 차지했으며, 그로 인해 자신의 가족을 철저하게 망가뜨린 최진철 회장에게 복수도 하려 한다. 그런데 죽은 형을 살리자, 자신의 애인은 조카가 되어 있다. 최진철 회장의 비리를 밝히려 하자 아버지를 죽게 한 것이 바로 형이라는 사실을 알게 된다. 향을 피워 20년 전으로 돌아가 안타까운 과거를 바꾸고 돌아오면 현재는 더 엉망이 되어 있다. 19회에서 과거에 갇혀 죽음을 앞둔 선우는 처음부터 끝까지 자신을 믿어 준 친구 영훈에게 음성 메시지를 남긴다. "향은 기회이면서 저주이고, 구원일 수도 파멸일 수도 있다. 과거를 바꾸려 했던 나의 욕망은 인생의 함정이었고, 이제 현재로 돌아갈 수 없기 때문에 가장 믿는 너에게 마지막 메시지를 남긴다"고 말하고 죽음을 맞는다. 마치 드라마가 다 끝난 것처럼 보인다.

그런데 마지막 20회에 선우는 멀쩡히 살아서 나온다. 드라마가 시작할 때인 2012년 12월에 살던 선우가 향을 피워 20년 전으로 돌아갔다는 것은 선우는 과거에 갇혀 있지 않고 살아서 2012년에 존재했다는 증거다. 선우가 9번 시간 여행을 하면서 2012년의 모든 인생은 달라져 있다. 죽었던 형은 살아서 히말라야로 의료 봉사를 떠나고, 최진철 회장은 파멸에 이르며, 뇌종양에 걸릴 것을 미리 알았던 선우는 조기 치료로 건강하다. 그런데 선우가 돌아온 현재가 향을 발견하기 전에 살았던 그 현재인가 하는 의문이 든다. 시간 여행을 하면서 겪었던 모든 사실들을 기억하는 선우는 바뀐 현재는 자신이 돌아가서 바꾼 팩트fact이며, 시간 여행이 현재를 바꾼 것은 판타지fantasy라고 정의한다. 그렇다면 과거를 바꾼 선우는 팩트인가 판타지인가? 시간 여행이라는 판타지가 만든 팩트는 판타지인가 팩트인가?

14일이라는 제한된 시간을 준 〈신의 선물—14일〉의 내러티브 장치는 〈나인: 아홉 번의 시간 여행〉과 유사하지만, 시간 이동으로 죄 없는 희생을 막고 억울함을 풀게 하지만 바꾼 운명은 대가를 치른다는 운명론이 이야기를 이끌어 간다. 연쇄살인범을 공개 수배하는 TV 프로그램 구성 작가인 주인공 수현의 딸 샛별이 어느 날 자신이 공개 수배한 범인에 의해 납치된다. 딸을 살리기 위해 안간힘을 쓰지만 결국 딸은 며칠 후 저수지에서 시체로 발견된다. 수현은 자신의 부주의가 딸을 죽게 했다는 자책감에 딸 시체를 찾은 저수지로 가서 스스로 물에 뛰어든다. 한편 형을 살인범이라고 증언해 사형선고를 받게 한 전직 형사 기동찬은 형이 살인범이 된 이후 경찰을 그만두고 심부름센터를 운영하고 있는데, 조폭의 외도를 알아보다가 잘못 걸려들어 조폭들에 의해 수현이 뛰어든 저수지에 수장된다.

수현, 동찬 둘이 저수지 바닥에 놓이는 순간 이상한 기운이 온몸을 감으며 기적이 일어난다. 동찬이 수현과 함께 저수지 위로 올라오니 정확히 14일 앞으로 돌아간 시점이 되었다. 수현은 딸의 죽음을 막기 위해, 동찬은 사형된 형을 구하기 위해 14일 전에서 새로운 현재를 만들어 가려 하지만, 모든 사건은 강한 자력이 당기고 있어 궤도를 벗어나기 힘들어 보이고, 바꾸는 데 성공하면 과거에는 없었던 다른 사건이 개입해서 결국 더 비극적인 결과를 가져오고 만다.

이처럼 줄거리를 요약하면 타임워프가 적절하게 사용된 좋은 플롯이다. 두 사람이 과거로 돌아가야 하는 간절한 이유는 충분히 설득력이 있으나, 16부로 끌고 가기 위해서는 두 사건의 원인과 결과를 구성하는 퍼즐이 복잡하면서도 정교해야 한다. 드라마 초반에 던진 많은 복선들이 회를 거듭하면서 하나씩 의문을 풀어 줘야 하는데, 새로운 의문들만 계속 나오고 퍼즐이 맞춰지는 쾌감을 만나기 어렵다. 1부, 2부에서는 주인공의 옛 연인이었던 현우진, 인권변호사 남편인 한지훈 등이 유괴 사건과 관련되어 있을 것 같은 복선을 깔지만, 복선을 제대로 풀어내지 못하고 오히려 의문만 잔뜩 남긴다. 긴장감을 늦추지 않기 위해 계속 새로운 사건들을 만들어 시청자들은 정주행을 해도 제대로 내러티브를 꿰뚫기 어려워진다.

앞에서 던진 단서들이 진행 과정에서 결국 수현 딸 샛별의 유괴 사건은 20년 전 대통령 아들이 저지른 살인 사건을 덮기 위한 거대 권력의 음모였음이 밝혀지고, 동생을 지키기 위해 누명을 썼던 바보 형은 시간을 되돌린 덕에 사형을 면하지만 자신이 죽어야 샛별과 형을 살릴 수 있음을 알게 된 동찬은 스스로 죽음을 택하여 현재를 바꾸는 것으로 끝난다.

〈신의 선물—14일〉은 시간을 거슬러도 결국 정해진 운명의 틀을 벗어나기 어렵다는 설정을 깔고 있다. 14일을 이미 살아서 어떤 일이 벌어질지 아는 수현과 동찬이 불행을 막기 위해 안간힘을 쓰지만 죽을 사람은 죽고 만다. 세부적인 장소나 방법은 달라져도 운명을 바꾸기는 어려웠으며, 바꾸었을 경우 대가를 치러야 한다. 과거로 돌아온 동찬은 수현과 함께 샛별을 구하기 위해 애쓰지만, 과거의 자신이 샛별을 죽였기 때문에 샛별과 동찬의 운명은 둘 중 하나가 죽어만 하는 것이다.

||| 타임슬립 장르의 관습: 운명론, 윤회설, 평행우주론

〈나인: 아홉 번의 시간 여행〉은 국내에 이미 많은 팬을 확보한 프랑스의 소설가 기욤 뮈소의 《당신 거기 있어줄래요》의 설정을 그대로 가져왔다고 하여 표절 논란이 일기도 했다. 소설에서는 프랑스의 어떤 의사가 캄보디아의 노인에게서 신비의 알약 10개를 받는다. 이미 죽은 연인의 얼굴을 한 번 더 보는 게 소원이던 의사는 알약을 먹고 과거와 현재를 오가며 과거의 자신을 만나고 과거의 연인을 살려 낸다. 그런데 그 연인을 살려 내려면 현재의 무엇인가를 희생해야 하는 상황이 된다. 과거의 나는 몸에 문신을 하거나 뭔가를 써서 현재의 나에게 전달한다. 그리고 그 의사의 시간 여행을 알고 그를 돕는 절친 하나가 등장한다. 〈나인: 아홉 번의 시간 여행〉은 뮈소 소설의 알약을 향으로 바꾸었을 뿐 그 외의 설정들은 유사하다. 현재를 바꾸기 위해 과거를 바꾸고 돌아오면 현재는 더 꼬이거나 다른 문제가 생긴다. 결국 뭔가를 얻으면 반드시 그 이상의 것을 잃게 되는 인과론, 만날 사람의 인연은 처음부터 정해지는 운명이며 죽었다가 다시 태어나도 그 운명은 반복된다는 윤회설, 우주의 모든 현상들은 수없이 복제되고 반복된다는 평행우주론 등은 타임슬립 장르의 관습으로 볼 수 있다.

평행우주론은 우리가 사는 우주 이외에도 수없이 많은 우주가 존재한다고 주장하는 다중우주이론에서 출발한다. 다중우주이론은 엄청난 에너지의 폭발로 우주를 만든 빅뱅은 우주 어디선가 계속 일어나고 있으며, 빅뱅으로 탄생한 우주는 일정한 패턴을 반복하여 분자와 원자를 배열하여 물질을 구성한다고 주장한다. 다중우주는 일정한 패턴을 반복하기 때문에 만약 지구를 구성하는 원자와 분자의 배열이

우주 어디에선가 복제되어 반복되었다면 지구와 똑같은 행성이 우주 어딘가에 존재하며, 지구에서 일어나는 모든 현상이 반복되고 있을 것이라 추측한다. 이처럼 똑같은 현상이 다른 우주에서 복제되어 반복된다는 의미에서 평행우주이론이라고도 부른다.

평행우주론에 의하면 우리가 아는 우주는 커다란 우주의 일부이며, 우리 몸과 지구에 존재하는 모든 물질들은 다른 우주에서 복제되고 있거나, 다른 우주에서 형성된 패턴이 지구에서 복제되고 있을 수 있다. 지구를 구성하는 모든 물질들과 우리 모두의 인생이 다중우주 어딘가에서 반복되고 있다는 추론이 가능하다. 만약 내가 사는 우주가 반복되고 있는 다중우주의 일부라면 나의 현재는 다른 우주 일부의 복제이며 반복이다. 과거의 내가 혹은 미래의 내가 우주 어딘가에 존재하고 있으며 내가 겪는 일상은 통시적인 시퀀스들의 랜덤한 조합일 수 있다.

시간 이동 내러티브를 가로지르는 관습적 유형은 다중우주론이 주장하는 원자와 분자 배열의 복제, 패턴의 반복, 동양 철학의 인과론, 불교의 윤회설 등이 결합한 운명론이다. 시간 이동으로 과거를 바꾸지만 반복과 복제의 사이클을 벗어나지 못하는 내러티브 관습은 시간 이동이라는 판타지 요소를 희석하고 '지금, 여기서' 일어나는 사건으로 만들어 이야기를 현실로 끌어내린다.

〈옥탑방 왕세자〉, 〈인현왕후의 남자〉, 〈신의〉, 〈신의 선물—14일〉 등 구체적인 설정은 다르지만 전반적인 내러티브 구조는 타임슬립 장르의 관습에서 크게 벗어나지 않는다. 그래서 타임슬립 드라마들은 사건이 시작되는 초기에는 다양한 소재가 등장하지만 뒤로 갈수록 현재는 과거의 복제와 반복의 틀을 벗어나지 않는다는 관습에 천착한다.

현재를 벗어날 수 없는 장르의 관습에도 불구하고 타임슬립 드라마의 매력은 유연하게 결론을 낼 수 있는 열린 구조다. 작위적인 우연은 운명으로 설명하고, 모호한 엔딩은 장자의 호접몽처럼 주인공이 한바탕 꿈을 꾼 것이 아닐까 하는 열린 결말로 만들 수 있다.

과거로 돌아가는 시점, 장소, 등장인물에 대한 설정은 드라마마다 다르다. 〈옥탑방 왕세자〉나 〈신의〉는 단순하게 다른 시간대로 이동해서 벌어지는 일이다. 이동한 시간대와 원래 속해 있던 시간대와의 교차도 교합도 없다. 〈인현왕후의 남자〉에서는 이동하는 시간과 공간을 동기화하였다. 경복궁 서고에서 칼에 찔린 김붕도가 타임슬립한 장소는 318년이 지난 같은 날 같은 장소다. 다만 이제는 그 장소가 조선왕조의 서고가 아닌 사극 촬영이 한창인 경복궁의 어느 방이 된 것이다. 현재와 과거는 평행으로 놓여 서로 동기화되었다. 조선 시대와 21세기 대한민국은 나란히 진행 중이다.

과거로 아홉 번 돌아가 30분 동안 머물 수 있는 〈나인: 아홉 번의 시간 여행〉은 과거와 현재가 정밀하게 교합하며 현재는 새롭게 만든 과거와 결합한 통시적 시퀀스다. 과거로 가서 현재를 바꾸는 그 순간 예전 과거에 의해 만들어진 현재는 연기처럼 사라지고 새로운 현재로 바뀐다. 시간 이동은 과거와 현재가 공존하는 가운데 주인공이 수직 이동하여 과거의 나를 만나서 미래를 바꾸게 도와주고 현재로 돌아와 바뀐 현재를 만나는 구조다.

〈신의 선물—14일〉은 주인공들이 14일 전으로 돌아가서 만나는 세상은 그들이 이미 살았던 시간들이다. 이 둘을 제외한 다른 사람들은 이전에 살았던 시간을 반복하는 셈이다. 두 사람은 자신들이 알고 있는 불행을 막기 위해 과거를 바꾸지만 과거에 이미 존재했던 현재와 충돌을 일으키는 시간 왜곡 현상으로 이전에 없었던 사건이 발생해 상황은 더욱 어려워진다. 과거와 미래가 뒤섞이는 타임워프 플롯으로 설정했으나 과거로의 단순 이동을 통해 새로운 시퀀스를 만들고 주인공의 의지대로 현재를 재구성하여 미래를 바꾸는 일반적인 시간 이동 내러티브다.

타임슬립 드라마의 주요 관습인 인과론은 할리우드 영화에서도 유사하게 볼 수 있다. 인류의 암울한 미래를 보여 주는 디스토피아 영화이면서 아인슈타인의 특수 상대성 이론의 시공간 개념을 적용한 SF 영화 〈인터스텔라*Interstellar*〉(크리스토퍼 놀란, 2014)는 주인공이 우주 탐사를 떠나는 순간 미래에서 온 주인공 자신이 모스 부호로 딸에게 메시지를 전하는 설정은 인과론에 바탕을 두었다. 영화 〈터미네이터〉는 핵폭발 이후 폐허가 된 지구에서 인류를 지배하는 로봇들이 자신들에게 저항하는 존 코너의 탄생을 막으려 과거로 돌아가 장차 그를 낳게 될 새라 코너를 죽이려 하지만 존 코너 아버지의 희생으로 막지 못한다. 태어날 운명을 막을 수 없으며 지구를 구하는 고귀한 사명은 아버지의 희생을 통해 이루어진다. 기술의 발전은 미래를 바꾸려는 사람들의 욕망을 부추기지만 결국 기술이 우주를 관통하는 거대한 흐름을 거스를 수 없다는 운명론과 인과론을 벗어나지 못한다. 타임슬립 내러티브가 추리물처럼 인과 법칙에 천착하는 것은 현실의 삶이 인간의 상상력에 의해 자유로울 수 없으며 이미 짜여진 틀을 벗어나기 어렵다는 현대인들의 강박을 보여 주는 일면이라 할 수 있다(이영미, 2014. 6).

||| 장르의 확장

시간 여행, 죽음과 삶이 공존하며 얽히는 사건, 윤회를 통한 재회, 과거와 현재의 공존 등 기존 장르의 내러티브 관습을 확장하고 재구성하는 판타지물의 증가는 모더니즘적 규칙과 관습에서 벗어난 포스트모던 수용자들의 요구로 볼 수 있다. 기호학적 언표와 텍스트로 구성된 행위를 내러티브 분석 단위로 보는 구조주의 시각을 해체하고 재배열한 포스트모더니즘은 내러티브 구조를 다양하게 변형하고 단일 장르의 분절적인 특성들로 구성된 합체가 아니라 다층적 의미 구조로 조합한다. 내재적이며 고정된 내러티브가 아니라 기호학적 언표와 다양한 장치의 결합으로 무한한 레퍼토리를 생산하고 있다.

남녀 간의 사랑이 소재이자 주제인 멜로물의 경우도 최근에는 정통 멜로보다는 코믹 장치로 이야기를 이끌어가는 로맨틱 코미디나, 추리물과 결합하는 스릴러, 멜로 등 장르 간의 결합이 빈번하다. 대표적인 로맨틱 코미디물도 남녀 주인공의 사랑을 위해, 음모와 배신, 가족의 비밀, 복수와 용서 등이 다양한 장르적 관습으로 결합한다. 전체 플롯을 풍성하게 할 조연들의 서브플롯들이 자연스럽게 복합장르를 구성한다.

〈나인: 아홉 번의 시간 여행〉은 주인공들의 사랑, 질투, 음모, 배신이 시간 이동 장치에 의해 재배열되면서 멜로와 스릴러가 결합했고, 〈신의 선물—14일〉은 자식을 살리려는 엄마의 간절함으로 시작된 시간 여행이 거대 권력, 거대 음모와 맞서며 진실을 밝히는 수사 추리물과 결합했다. 〈인현왕후의 남자〉나 〈옥탑방 왕세자〉는 300년을 잇는 사랑 이야기로 멜로물이지만, 조선 시대의 음모를 현대에 와서 풀어가는 수사물의 긴장과 주인공이 좌충우돌하는 코믹 릴리프•를 넣은 혼종 장르적 특성을 보인다.

대부분의 타임슬립 드라마들이 현재를 바꾸기 위해 과거로 돌아가는 설정인데 반해, 2013년 타임슬립 드라마 붐을 타고 방영했던 KBS의 〈미래의 선택〉은 미래의 내가 내 결혼에 불만을 갖고 과거로 와 결혼 이전의 내가 다른 선택을 하도록 유도하지만 결국 인생에는 결혼 상대를 선택하는 것 이상으로 중요한 선택이 있음을 암시하는 열린 결말이다. 인과론도 평행우주이론도 아닌 자아를 찾아가는 성장 드라마로 타임슬립 드라마로 보기는 어렵지만 시간 이동으로 인생을 바꾸려 하는 인간의 본질적인 욕망을 반박하고 있다.

2012년부터 2013년 후반까지 봇물 터지듯 붐을 이루었던 타임슬립 드라마가 2014년부터 뜸해졌다. 조선 시대나 고려 시대 혹은 그 훨씬 이전의 시대에서 현대로 온 주인공이 역사적 사건을 현대적 시퀀스로 재구성하거나, 꼭 바꾸고 싶은 과거를 바꾸기 위해 주인공이 시간 이동을 하면서 겪는 우여곡절을 통해 인생의 인연은 운명으로 정해지며 과거를 바꾸어도 운명이 바뀌지 않는다는 운명론, 인과론을 반복 재생하는 내러티브 이상을 내지 못하는 것 같다.

타임슬립은 단지 내러티브를 이끌어 가는 장치일 뿐 내러티브의

• 스토리 연구자 로버트 맥키Robert Mckee는 저서 《시나리오 어떻게 쓸 것인가》에서 심각한 장면을 통해 관객의 긴장감을 끌어올리는 한편 조연들을 통한 웃음을 넣어 관객이 긴장을 풀고 다음 장면으로 자연스럽게 이동할 수 있도록 하는 기술이 필요하다고 한 후 이를 코믹 릴리프라 칭했다.

본질이 될 수는 없다. 시간 이동을 통해 흥미진진한 이야기를 보여 주려면 과거, 현재, 미래가 개연성 있는 사건에 의해 분해되어야 하고 바뀐 과거에 의해 재구성되는 현재와 미래는 퍼즐 조각처럼 치밀한 플롯에 의해 교합되어야 한다. 타임슬립 장치는 장르적 특성을 다양하게 혼합할 수 있는 가능성을 열어주지만, 치밀한 플롯과 소재의 확장이 전제되어야 내러티브를 관통하는 주요 설정이 될 수 있다.

참고 문헌

박노현 (2014. 12). "텔레비전 드라마의 환성(성); '환상적인 것'의 개념과 유형을 중심으로," 동국대학교 한국문학연구소, 〈한국문학연구〉, 47, pp.507~534.

이영미 (2014. 6). "타임슬립과 현재를 바꾸고 싶은 욕망," 〈황해문화〉, 83, pp.418~424.

11

나의 1970년대 텔레비전 드라마 편력기

나는 어떻게 학빠가 되었나

노광우

노광우　고려대학교 신문방송학과를 졸업하고 같은 대학원에서 석사 학위를 받았다. 뉴욕대학교 시네마 스터디스에서 석사 학위, 서던일리노이대학교 매스 커뮤니케이션 앤 미디어 아츠 단과대학에서 박사 학위를 받았다. 현재 고려대학교 정보문화연구소에 있다. 2001년에 뉴욕한국영화제의 창립 멤버가 되었다. 옮긴 책으로 《할리우드 만화 영화: 고전 유성 영화 시대의 만화 영화 연구》가 있다.

불완전한 기억과 브라운관 세대

이 장은 1970년대에 텔레비전 드라마를 시청한 내 경험을 위주로 쓸 것이다. 이는 대체로 내 유년 시절과 초등학교 때의 기억 대부분을 차지한다. 그런데 기억이란 것은 가끔 시공을 뛰어넘어 뒤섞이기도 하고 비교를 위해서 1980년대와 1990년대 초반의 이야기도 중간에 섞었다. 상당 부분을 기억에서 끌어냈고 인터넷을 통해 옛날 신문, 뉴스, 텔

● 미디어 학자 헨리 젠킨스Henry Jenkins는 대중 문화의 팬인 자기를 일컬어 아카–팬Aca-Fan이라고 부른다. Academian과 Fan을 결합한 이 신조어는 아직 마땅한 우리말 번역어가 없다. 굳이 번역하자면 제목에서 말한 '학빠' 또는 '학덕후'로 번역할 수 있다. 그런데 Aca-Fan은 성별을 남녀 구분 없이 쓸 수 있는데 비해 '–빠'는 '오빠부대'라는 말에서 유래했음을 감안하면 여성 주체를 함축하고 '덕후'는 일본어 '오타쿠'를 우리말로 바꾼 '오덕후'에서 유래했고 대체로 이들이 남성들임을 감안하면 남성 팬을 함축한다. 그런데 비슷한 의미면 짧은 단어가 더 낫다는 주관적인 믿음에 의거하여 학빠라고 쓴다.

레비전 편성표, 그리고 나와 비슷한 기억을 적어 놓은 다른 이들의 블로그를 참고했다. 인터넷을 뒤지면 수많은 블로거들이 그 시절의 텔레비전 프로그램에 대한 추억을 써놓을 것을 찾을 수 있다. 이렇게 그 시절의 기억들은 정보라는 이름으로 정리되지 않은 채 여기저기 산재해 있다.

시대와 세대를 구분하는 방법 중 하나는 그 시대 그 지역 사람들이 경험하는 매체와 문화다. 요즘 청소년들은 어려서부터 디지털 매체, 특히 스마트폰에 익숙하지만 그 전 세대는 디지털 매체 중에서도 컴퓨터와 인터넷에 더 익숙했고, 그 전 세대는 브라운관 텔레비전과 비디오에 더 익숙했다. 그들은 전자 매체라는 것을 경험해 보지 못한 세대였다. 나와 같은 이들을 이 같은 매체의 경험을 통해 명명한다면 '브라운관 세대'라고 부를 수 있을지도 모른다. 당시 한국 텔레비전은 NTSC식 브라운관 위에 전기적으로 투사한 525개의 주사선으로 이미지를 전기적으로 투사하는 방식이었다. 1960년대부터 시작된 텔레비전 방송은 1970년대에 들어서서 KBS, TBC, MBC의 공중파 3사 경쟁 구도가 성립되었고 그 이후에 등장하는 프로그램의 원형이 될 만한 드라마들과 쇼들(〈아씨〉, 〈여로〉, 〈쇼쇼쇼〉, 〈호돌이와 토순이〉 등등)을 본격적으로 만들어 내기 시작했다.

1980년 언론 통폐합 이후에 TBC가 KBS2로 바뀌면서 방송계의 판도가 변했다. 1970년대에는 주로 TBC가 주도했지만 1980년대에는 MBC가 드라마의 획기적인 기획을 주도하게 된다. 예를 들어, "조선왕조 오백년" 시리즈라든가, 1980년대 중반부터 기획한 미니시리즈들, 그 절정은 아마 1992년 〈여명의 눈동자〉였을 것이다. 1990년대에는 SBS의 등장, 2000년대에는 유선 방송에서 주목할 만한 드라마들이 나오는 등, 시기별로 주도하는 방송국이 달랐다. 그래서 1980년대 이후는 1970년대와는 다른 방식으로 논의할 필요가 있다. 그럼 이제부터 1970년대에 보고 듣고 즐겼던 텔레비전 프로그램에 대해 이야기해 보자.

||| 이미지와 서양에 대한 매혹: 외국 만화 영화와 외화 시리즈

시작은 아마 1973년에서 1974년이었던 것으로 기억한다. 그 당시에 우리 가족은 서울시 서대문구 창천동 창천 아파트에 살았다. 아마 이 시기가 내가 텔레비전과 관련된 가장 오래된, 그리고 가장 원형적인 기억을 가지게 된 시기일 것이다. 그 당시에 어린이들에게 인기 있던 텔레비전 프로그램은 동양방송에서 방영한 만화 영화 〈황금박쥐〉(TBC)였다. 학교에 입학하기 전 아동이었던 나는 〈황금박쥐〉를 흉내 내서 동네 아이들과 함께 놀곤 했는데, 어느 날 보자기를 목에 두르고 절벽에서 뛰어내린 적이 있다. 정신을 차려 보니 연탄재가 쌓여 있는 곳이었고 아무리 일어나려고 해도 일어나지지가 않았다. 같이 놀던 친구들이 우리 집에 알렸는지 형이 와서 나를 업고 병원으로 뛰었다. 나중에 형이 말하기를 얼굴의 반이 피두성이가 되어 있었다고 했다. 후에 가족들과 함께 이 시절을 이야기할 때 만화 영화 〈마징가 Z〉(MBC)를 보면서 거기에 나오는 얼굴의 반은 여성이고 나머지 반은 남성인 자웅동체의 악당 '아수라백작'과 같이 얼굴의 반이 피투성이였다는 이야기를 하곤 했다.

하여간 그때 내 오른쪽 다리뼈가 부러졌다. 그것을 맞추기 위해 깁스를 하고 통원 치료를 하면서 집 안에 틀어박혀 있어야만 했다. 동네 아이들과 나가서 뛰놀 수가 없었다. 그 사고 전에는 주사를 잘못 맞아서 오른쪽 다리에 힘을 못 쓴 적도 있다. 아마 독감 같은 것이었을 텐데 약사였던 어머니가 주사를 놓다가 다리 신경을 건드리는 바람에 오른쪽 다리가 마비되었다. 나중에 치유는 되었지만 이런 일을 겪으면서 오른쪽 발은 왼쪽 발에 비해 짧고 다리는 근육량도 적어졌다. 이래저래 밖에서 뛰어놀기 어렵게 된 상황이라 집 안에서만 보내는 시간이 많아지게 되었다. 〈응답하라 1988〉(tvN)에서 심장병을 앓는 김정봉과 비슷한 상황이었다고나 할까. (아마 우리 엄마도 〈응답하라 1988〉의 라미란 여사가 정봉이를 보고 느끼는 미안한 느낌과 죄의식을 가지고 사셨을 것이다.) 그래서 무언가 보면 집중해서 보는 습관이 이때 만들어진 것으로 보인다. 정봉이도 하나에 꽂히면 정신 못 차리듯이. 그렇지만 김정봉과 다른 점은 김정봉이 여러 방면에 푹 빠지는 데 비해 나는 그렇지 않았다는 점일 것이다. 사실 이런 습관은 나나 정봉이만 가지고 있는 것은 아니다. "에인 잇 쿨 뉴스Ain't It Cool News"라는 영화 비평 사이트를 만든 해리 놀스Harry Knowles도 병원에 입원해 있을 때 심심해서 랩톱 컴퓨터로 영화평을 올리다 보니 영화 관련 유명 블로거가 된 것이다. 영화 감독 프랜시스 코폴라Francis Coppola도 어린 시절에 다쳐서 영화만 보다 보니 영화에 빠지고 무언가 상상하게 되면서 이야기도 짜고 그러다 보니 영화 감독이 되었다고 한다.

그 당시에는 딱히 지금의 덕후들처럼 무언가를 수집하기도 힘들뿐더러 비디오나 CD가 있던 시절도 아니었다. 단지 집안의 거실에 텔레비전이 있었을 뿐! 게다가 1970년대 초반에는 종일 방송이란 것은 없었다. 전기 사정이 별로 좋지 않았기도 하거니와 방송용 프로그램도 별로 없던 시절이니까. 유선 방송과 IPTV로 연결된 지금과 달리 그 당시에는 VHF(Very High Frequency) 공중파 수신만이 가능했고 가장 화질이 좋은 채널 2번은 AFKN(American Forces Korean Network) 차지였고, 7번이 TBC, 9번이 KBS, 그리고 11번이 MBC였다. 그래서 나는 아침에는 한국 방송을 보았지만 오후 4시나 5시부터는 주한 미군 방송 AFKN를 보면서 오후 텔레비전 시청을 시작하곤 했다. 그때쯤이면 "애국가"와 "성조기여 영원하라"가 시작했다. 미국의 상징 흰머리 독수리가 하늘을 나는데, 독수리의 시점에서 미국의 주요 경관을 보여 주면서 울려 퍼지던 "성조기여 영원하라"의 선율은 그 당시에는 참 웅장했다. 지금도 내 영어 실력이 그리 대단치 않으니 그 시절에 내가 영어를 알아들었을 리는 만무한데도 AFKN을 시청한 이유는 아마 화면에서 사진이 움직이는 것이 무척 신기했기 때문일 것이다.

"성조기여 영원하라"를 듣고 난 다음에는 알아듣지도 못하면서 미국 드라마를 보곤 했는데, 기억나는 것이라고는 드라마가 다 끝나고 나서 자막이 올라갈 때 어떤 병원 건물을 보여 주면서 음악이 나오는 것 정도였다. 나중에야 그 드라마가 1963년부터 시작된 최장수 솝 오페라 중 하나인 〈제너럴 호스피털*General Hospital*〉(1963~)이라는 것을 알게 되었다. 토요일 오전에 AFKN은 항상 만화 영화나 아동용 영화를 방영하곤 했다. 예를 들어, 벅스 버니, 엘머 퍼드, 대피 덕이 나오는 워너브러더스의 "루니 툰스Looney Tunes" 시리즈, 1978년에 TBC에서 "독수리 5형제"라는 이름으로 방영한 〈과학닌자대 갓챠맨〉 등을 AFKN을 통해서 먼저 보았다. 나중에 초등학교를 거쳐서 중학생이 된 이후에는 신문에 난 AFKN의 편성표를 보면서 우리나라 방송국에서 방영해 주지 않는 프로그램이나 영화를 찾아서 보곤 했다. 일본 괴수물 〈고지라〉(그래서 한동안 〈고지라〉가 미국 영화인 줄 알았다)나 영어로 더빙된 홍콩 무술 영화, 그리고 공포 영화 〈엑소시스트*The Exorcist*〉도 AFKN을 통해 보았다.

그렇지만 이내 저녁이 되면 온가족이 모이게 되고 자연스럽게 우리말 방송을 보게 되었다. 우리말 방송이긴 해도 우리말로 더빙된 외화 프로그램도 보곤 했는데 온가족이 다 볼 만한 프로그램은 KBS에서 방영한 〈월튼네 사람들*The Waltons*〉(1972~1981)과 MBC의 〈초원의 집*Little House on the Prairie*〉(1974~1983) 정도였다. 〈월튼네 사람들〉은 주로 2차 세계 대전이 벌어지기 전인 1930년대의 버지니아 주 시골에서 농장을 하는 월튼 집안사람들을 다룬 드라마였다. 〈월튼네 사람들〉은 각 일화의 마지막 장면에서 가족들끼리 "안녕히 주무세요, 할아버지," "잘 자라, 벤" 같은 인사말을 하고 밤에 큰 집의 불이 하나씩 꺼지면서 끝났다. 개인주의적일 것이라고 생각했던 미국인들이 농사를 지으면서 삼대가 모여 사는 대가족 제도를 보여 주는 것이 신선했는데 그 당시에 산업화와 도시화에 막 접어들던 우리나라 시청자들에게는 〈월튼네 사람들〉에서 인간적인 모습, 그리고 우리와 비슷한 모습을 발견했을지도 모른다.

1970년대에 인기 있었던 다른 텔레비전 외화 시리즈는 미국 드라마로는 〈형사 콜롬보*Columbo*〉(KBS), 〈제5전선*Mission Impossible*〉(KBS), 〈5-0 수사대*Hawaii 5-0*〉(KBS), 〈육백만불의 사나이*Six Million Dollar Man*〉(TBC), 〈특수공작원 소머즈*The Bionic Woman*〉(MBC), 〈두 얼굴을 가진 사나이*The Incredible Hulk*〉(TBC), 〈미녀 삼총사*Charlie's Angel*〉(TBC), 〈날으는 원더우먼*Wonder Woman*〉(TBC), 〈전투*Combat*〉(TBC), 영국 드라마로는 〈특공대작전*The Professionals*〉(TBC),• 〈세인트*Saint*〉(TBC), 〈전격 제로작전*New Avengers*〉(TBC)이었다. 이들 드라마는 주로 수사물이거나

스파이물 또는 SF물이었다.

미국 드라마들은 독특한 개성을 지닌 탐정이 나오는 형사(〈형사 콜롬보〉), 비밀을 알기 위해 넓은 미국 전역을 떠도는 과학자(〈두 얼굴을 가진 사나이〉), 적성국의 간첩을 무찌르기 위해 여러 명이 팀을 짜서 합심하는 팀워크를 보여 주는 정보국 요원들이나 범죄에 맞서 싸우는 경찰들(〈제5전선〉, 〈5-0 수사대〉)이나 경찰과 유사한 조직(〈미녀삼총사〉), 거액을 들인 과학 프로젝트로 만들어진 특수 요원(〈육백만불의 사나이〉, 〈특수공작원 소머즈〉)과 슈퍼 히어로(〈날으는 원더우먼〉)가 나온다. 당시 아이들에게 가장 인기가 있었던 프로그램은 〈육백만불의 사나이〉와 〈특수공작원 소머즈〉, 그리고 〈날으는 원더우먼〉이었다. 역시 만화 같은 설정이라 그렇고 초능력을 지닌 존재에 대한 환상 같은 것이 있어서 그랬던 것 같다. 범죄물의 경우에는 논리적으로 추리를 해야 하는데, 어린이에게는 좀 무리였지 않았을까. 나중에 "셜록 홈즈" 시리즈나 "괴도 루팡" 같은 추리 소설을 읽은 다음에야 비로소 추리물과 범죄물의 재미를 알게 되었지만.

영국 드라마들은 미국 드라마들과 분위기가 많이 달랐다. 우선 영국 드라마들의 야외 장면이 훨씬 어두웠는데, 아마 영국이 구름이 낀 흐린 날씨가 많아서 그런 것 같았다. 그리고 영국 드라마들이 등장인물들이 적어서 훨씬 더 오밀조밀한 느낌을 많이 주었다. 〈특공대작전〉과 〈전격제로작전〉은 모두 3인조로 구성된 수사팀이었다. 〈특공대작

• 〈특공대작전〉은 오랫동안 제목을 잊고 있었는데 '송원섭의 피라미드' 블로그를 통해 제목을 알 수 있었다.

전〉은 보통 범죄단을 소탕하고, 〈전격제로작전〉은 영국 내에 잠입한 외국 스파이들을 소탕하는 것이 달랐다. 이 중에 특히 화제를 모은 작품은 〈전격제로작전〉이었다. 나중에 〈전격제로작전〉은 1960년대에 인기리에 방영되었던 "어벤저스The Avengers" 시리즈(1961~1969)를 다시 만든 작품이라는 것을 알게 되었다. 원래 "어벤저스" 시리즈는 패트릭 맥니가 존 스티드라는 정보국 요원으로 나오고 상대역으로 오너 블랙맨(1962~1964), 다이애나 릭(1965~1968), 린다 도슨(1968~1969)이 나왔던 스파이물이었다. 그런데 "어벤저스" 시리즈는 우리나라에서 방영되지 않았고 새로 만든 〈전격제로작전〉이 방영되었다. 〈전격제로작전〉에는 나이 든 존 스티드가 리더로 나오고, 젊은 남성 가레스 헌트가 분한 마이클 갬빗과 여성 조애나 럼리가 분한 퍼디라는 세 사람으로 구성된 팀이 나온다. 특히 퍼디는 섹시한 액션을 많이 보여 주어서 화제를 불러일으켰다.

〈전격제로작전〉에서 인상적인 일화들로는 맨손으로 총알을 막아내는 소련 스파이들을 무찌르는 이야기, 런던 전역에 수면 가스를 퍼뜨려서 모든 런던 시민들이 잠을 자게 되지만 정보국의 세 요원만 예방 주사를 맞고 멀쩡하게 런던 전역을 돌아다니면서 테러리스트들을 무찌르는 이야기들이 기억난다. 그리고 반 친구들 사이에서 거의 놀이로까지 발전된 일화도 있다. 영국 정보국 요원들이 사격 실전 연습으로 어느 미로에 들어가는데, 이때 코스마다 마네킹이 나온다. 이 마네킹은 적과 우리 편으로 갈린다. 요원은 순간적으로 우리 편인지 적인지를 판단하여 적인 경우에 총을 쏴야 한다. 만약 먼저 쏘면 마네킹은 그냥 사라지지만 마네킹이 먼저 쏘면 요원의 몸에 총알을 맞은 만큼 반점이 찍히고 감점을 받는다. 요원들이 이 훈련이 끝난 다음에 휴가를 떠나게 되는데 휴가를 간 요원들은 모두 죽게 된다. 이 코스가 만들어진 이후에 만점을 받은 요원은 존 스티드밖에 없는데 존 스티드에 대한 일종의 파더 콤플렉스를 가지고 있는 퍼디가 코스에 도전한다. 그리고 마지막에 한 발을 맞게 된다. 나중에 존 스티드와 마이클은 누군가가 가짜 총알에 아마존 부족이 독침으로 사용하는 '큐라레'라는 독을 넣어 놓았다는 것을 알게 된다. 그동안 죽은 요원들은 총알을 맞은 만큼 빨리 독이 퍼져서 죽게 된 것이다. 퍼디는 한 발만 맞았기에 12시간 동안 살아 있을 수 있었다. 존 스티드와 마이클이 해독제를 구해 퍼디에게 해독제를 투입하여 퍼디는 목숨을 구하고 셋은 휴가를 떠난다는 얘기다. 그런데 그 훈련 코스에서 마네킹이 나오는 장면이 마치 유령의 집과 같이 괴기스러웠는데 심지어 마네킹이 나올 때마다 '퍼디' 하고 소리를 질렀다. 그게 재미있어서 그 일화를 본 아이들이 학교에 와서 '퍼디, 퍼디' 하고 놀았다.

||| 성우, 캐릭터를 창조하다

〈베벌리힐즈의 아이들*Beverly Hills 90210*〉(MBC에서 방영)이 한국어 자막을 입혀서 방영되기 전까지 모든 외화는 성우가 한국어로 더빙을 했다. 그래서 추억 속의 외화 시리즈나 유명한 외국 영화를 텔레비전으로 본 사람들은 원래 배우들의 목소리보다는 성우들의 목소리로 기억하는 경우가 많고 특정 성우가 특정 배우를 전담하는 경우도 많았다. 〈월튼네 사람들〉의 성우들은 누구였는지 기억이 잘 나지 않는데 아마 가장인 존 월튼은 성우 김성겸이 맡았을 것이다. 〈초원의 빛〉의 경우,

가장인 찰스 잉걸스의 목소리는 양지운, 찰스의 아내 캐롤라인 목소리는 정희선, 그리고 원작자인 로라 잉걸스의 목소리는 최방란이었던 것으로 기억한다. 텔레비전 외화는 만화 영화와 더불어서 성우들의 연기력에 크게 의존한다. 남자 성우들은 대체로 가늘고 높은 톤을 지닌 성우와 굵고 낮은 톤의 배우로 크게 구별할 수 있다. 굵고 낮은 톤의 목소리를 가진 남자 성우들은 한 집안의 가장이나 권위 있는 인물형을 주로 연기하는데 가령, 서부 영화의 카리스마 있는 중년의 굵직한 남성 액션 주인공인 존 웨인은 김성겸(그는 KBS의 〈태조 왕건〉에서 견훤의 아버지 '아자개' 역으로 유명한 배우), 제임스 본드 역으로 유명한 숀 코너리는 유강진, 파란만장한 인생유전을 보여 주는 인간미 있는 배우 앤서니 퀸은 KBS에서는 이치우, MBC에서는 김기현('배스킨라빈스 31' CF에서 무뚝뚝하게 31을 외치는 중년의 아저씨) 등이 그랬다. 한편, 가늘고 높은 톤의 성우들은 주로 젊은 로맨틱한 남성을 소화해 내는 경우가 많았다. 〈맥가이버*MacGuyver*〉(MBC)의 맥가이버 역을 소화한 배한성, 〈레밍턴 스틸*Remington Steele*〉(MBC)의 레밍턴 스틸(피어스 브로스넌) 역을 한 김도현이 이런 스타일이었다. 그리고 이런 목소리는 고민이 많고 내면의 성격이 복잡한 인물을 소화해 내는 경우가 종종 있었다. 배한성은 영화 〈사이코*Psycho*〉의 섬약한 살인마 앤서니 퍼킨스의 목소리를 내기도 했고, 김도현은 〈홀로코스트*Holocaust*〉(1978, KBS에서 1986년 방영)에서 마이클 모리아티가 맡은 에릭 도르프의 나약하고 권력을 따르는 인물형을 기운을 뺀 가느다란 목소리로 소화해 냈다. 1970년대에 자기 목소리로 가장 개성이 있는 인물을 만들어 낸 성과는 역시 〈형사 콜롬보〉에서 콜롬보 형사 목소리를 맡은 최응찬이었다. 오른쪽 눈이 감겨 있는 듯한 배우 피터 포크가 주연을 맡은 이 형사물은 어딘지 허술해 보이는 형사 콜롬보가 예리한 관찰력과 논리적 추리로 사건을 해결하는 이야기로 구성되어 있다. 항상 일화가 시작될 때 범인이 사건을 저지른 다음에 은폐하는데, 콜롬보가 나타나서 그 은폐한 사건의 경위를 밝혀 내는 식으로 진행된다. (최응찬은 비교적 젊은 나이인 48세에 고혈압으로 세상을 떠났다. 1970년대에는 유명한 할리우드 배우가 죽으면 추모 기념으로 그가 나온 작품을 방영하곤 했다. 존 웨인이 죽었을 때에도 그가 주연한 〈리오 브라보*Rio Bravo*〉를 MBC에서 방영한 것이 기억난다. 그런데 특이하게도 최응찬이 죽었을 때 그를 추모하기 위해 〈형사 콜롬보〉의 한 일화를 재방영한 적도 있다.)• 그런데 위에 열거한 〈육백만불의 사나이〉의 스티브 오스틴 중령, 〈두 얼굴의 사나이〉의 배너 박사, 〈세인트〉와 같은 슈퍼 히어로물이나 액션물의 주인공은 대체로 양지운이 맡았다. 지금은 〈생활의 달인〉(SBS)에서 구수한 내레이션을 담당하고 있지만 외화에서는 주로 할리우드 액션 영화의 주인공 목소리를 많이 하곤 했다.

한편, 여자 성우로 주연급을 많이 맡던 이들은 이경자, 장유진, 주희, 송도영 등이 있다. 이경자는 주로 섹시한 육체파 여배우들의 목소리를 많이 맡았었는데 마릴린 먼로의 코믹하고 나른한 목소리나 라켈 웰치의 야성미 넘치고 적극적인 성격을 창조해 냈다. 이경자는 텔레비전 외화 시리즈로는 〈원더우먼*Wonder Woman*〉의 주인공 린다 카터, 〈미녀 삼총사〉의 파라 포셋의 목소리를 연기했다. 주연급의 목소

• https://namu.wiki/w/%ED%98%95%EC%82%AC%20%EC%BD%9C%EB%A1%AC%EB%B3%B4 참조하라. 1990년대에 SBS에서 새로운 〈형사 콜롬보〉 시리즈를 방영할 때는 배한성이 콜롬보 역을 맡았다. 〈동아일보〉, 1994. 11. 19, 21면 연예란 참조.

리이긴 했으나 이경자와 달리 장유진은 약간 청초하거나 비련의 여주인공, 대하드라마의 여주인공 목소리를 맡았다. 장유진은 잉그리드 버그먼(〈가스등*Gaslight*〉, 〈추상*Anastasia*〉, 〈누구를 위하여 종은 울리나*For Whom the Bell Tolls*〉), 메릴 스트립(〈소피의 선택*Sophie's Choice*〉, 〈홀로코스트*Holocaust*〉), 오드리 헵번(〈사브리나*Sabrina*〉, 〈마이 페어 레이디*My Fair Lady*〉, 〈티파니에서 아침을*Breakfast at Tiffany's*〉)과 같은 유명 여배우들의 목소리를 맡아 했는데, 그녀가 주연 배우의 목소리를 맡았던 외화 시리즈는 〈닥터 퀸*Doctor Quinn*〉의 제인 세이무어 목소리 정도였다. 여성이 주인공인 외화 시리즈가 별로 없었기 때문에 주연급 목소리로 장유진이 기억되지는 않았다. 오히려 〈홀로코스트〉의 메릴 스트립이나 〈전쟁의 폭풍*Wind of War*〉의 제인 세이무어 같은 대작 미니시리즈의 여자 주인공 목소리로 등장하는 경우가 더 인상적이었다. 장유진은 주로 TBC와 KBS에서 활동했는데, 그녀가 맡았던 역할을 MBC에서는 주로 정희선, 송도영 또는 김은영이 했다. 주희는 지적이면서도 세련되고 또박또박 말하는 말투로 〈특수공작원 소머즈〉에서 린제이 와그너가 맡은 제이미 소머즈의 성격을 만들었다. 그리고 어린이용 외화인 〈말괄량이 삐삐*Pippi Longstocking*〉의 주인공 삐삐 롱스타킹의 목소리를 맡기도 했다. 주희는 1980년대에는 인기 미니시리즈 5부작 〈브이*V*〉(KBS, 1985)에서 외계인 악녀 다이애나의 사악한 성격을 잘 소화해 내기도 했고,• '마법 소녀

• 〈브이〉 5부작이 인기를 끌자 나중에 KBS2에서 〈브이〉 20부작을 1986년에 추가로 편성했다. 이때 다이애나의 목소리는 주희에서 이경자로 바뀌었다. 주인공 도노반의 목소리도 5부작에서는 양지운이 맡았지만 20부작에서는 이강식이 맡았다.

물' 만화 영화인 〈요술공주 밍키〉나 〈샛별공주〉의 주인공들 그리고 국산 창작 만화 영화 〈달려라 하니〉의 하니 목소리로도 유명하다.

이렇게 더빙된 외화를 보다 보니 나중에는 독특한 버릇이 하나 생겼다. 극장에서 어떤 외국 영화를 보고 난 후에 '나중에 저 영화가 텔레비전에서 방영될 때 어떤 성우가 더빙할 것이다'라고 예측을 해 보는 놀이였는데, 실제로 텔레비전에서 방영될 때 거의 비슷하게 맞추었다. 영화 〈백야*White Night*〉를 보고 나서 헬렌 미렌의 목소리는 누가 하는 것이 좋을까 곰곰이 생각하다가 장유진이 하면 어울릴 것 같다고 생각하거나, 〈원초적 본능*Basic Instinct*〉의 샤론 스톤 목소리는 도시적이고 약간 느끼한 섹시함을 잘 표현하는 강희선이 잘할 것이라고 생각해 보기도 했다(강희선은 지하철 안내 방송의 목소리로도 유명하다. 나는 그 목소리를 남지심 장편 소설 《우담바라》의 텔레비전 광고에 나오는 "서점에 있습니다"로 주로 기억하지만).

||| 서민 드라마와 서울 변두리의 경험

〈웰튼네 사람들〉에 대한 시청 경험은 1980년대 들어서 등장한 MBC 드라마 〈전원일기〉(1980~2002)나 KBS의 〈대추나무 사랑 걸렸네〉(1990~2007)같이 농촌을 다룬 드라마들의 시청 경험과 비교할 만하다. 사실 1980년대에 국민 드라마였던 〈전원일기〉를 나는 별로 좋아하지 않았다. 나는 〈응답하라 1988〉의 아이들처럼 타 지역에서 온 부모님(아버지는 충청도, 어머니는 함경도) 아래 수도권(국민학교 마치고 신림동에서 광명시로 이사 갔다)에서 자란 아이였다. 그래서 〈전원일기〉같이 농촌에 사는 대가족 이야기, 동네 사람들과 교류하는 모습이 와 닿지 않았다. 그래서 2002년에 〈전원일기〉가 종영했을 때 나는 별로 아쉽지 않았다. 어떤 때에는 〈전원일기〉를 볼 때에 '순수를 강요하는 듯한' 느낌이 들 때가 있어서 좀 불편했다. 나는 전근대적 대가족 공동체에 대한 경험과 기억이 없다. 그래서 거기 나온 세계는 내게는 그저 시뮬라시옹이었을 뿐이다. 오히려 소설로는 양귀자의 《원미동 사람들》(내 고교 동기 상당수가 부천에서 통학했다)이 그려 내는 동네 풍경이 더 익숙하고 드라마로는 박영한의 원작을 각색한 KBS2의 〈왕룽일가〉(최주봉은 여기서 쿠웨이트 박이라는 전설적인 캐릭터를 만들어 동네 아낙 은실네를 유혹하면서 "누님, 예술 한번 하시죠"라는 명대사를 소화해 냈다), 그리고 영화로는 유하의 〈말죽거리 잔혹사〉에 나오는 집 앞이나 학교 앞의 공터에 연립주택이나 아파트가 들어서는 이미지가 더 익숙하다.

오히려 쌍문동 골목에서 오총사가 겪는 얘기들, 동네 불량 청소년들에게 삥뜯기거나 나이키 운동화 뺏기는 얘기, 친구 집에 가서 비디오로 홍콩 무술 영화나 정사 장면이 나오는 야한 비디오를 보면서 신기했던 기억(아! 〈파리애마〉. 2016년 1월 SBS 예능 프로그램 〈불타는 청춘〉에 나오는 유혜리가 어찌 이리 반가운가), 친구 집에 가서 밤새 시험 공부했던 기억(이것은 사실 대학교 때에 했던 경험이다), 학교 가려고 만원 버스에 몸을 싣고 "이 땅에 순결하게 얽힌 겨레여~"를 부르는 송창식 노래를 온몸으로 느끼는 것 등이다. 그래서 나는 대학교 때 사회구성체 논쟁이라는 것을 들었을 때도 식민지 반자본주의론에 동조할 수 없었다. 내가 경험한 시공간은 엄연히 독점 자본주의의 외양인 대중 문화가 급부상하는 소비사회의 징후가 나타나는 단계였으니까.

창천동에서 계속 살지 못하고 우리 집은 이사를 갔다. 우리 집안

형편이 안 좋아져서 그런 것도 있겠지만 그 당시에 서울 변두리에는 빈터가 많았기에 새로 집을 지어서 이사 가곤 했다. 우리 집도 영등포구 대림동에 새로 이층집을 짓고 살았다. 그런데 그다음부터 아버지가 집을 잘 지어서 그런지 금세 팔렸고 아버지는 계속 집을 지어서 살다가 팔고 그에 따라 우리 집은 이사 가는 패턴을 몇 년 동안 반복했다. 거의 1년에 한 번씩 이사를 다녔는데 초등학교 때에는 두 번 전학 갔다. 그래서 나는 어린 시절의 동네 친구는 별로 없었다. 그렇지만 텔레비전은 항상 집 안에 있었기 때문에 쉽게 접할 수 있었다. 어쩌면 평생 동안 부모님이나 다른 가족 얼굴을 본 시간보다 텔레비전 모니터를 본 시간이 더 많을지도 모른다.

우리나라 프로그램으로 어린 시절에 보았던 작품들 중 어렴풋이 기억나는 드라마로는 〈야 곰례야〉(TBC, 1979), 〈달동네〉(TBC/KBS2, 1980), 〈청실홍실〉(TBC)이 있다(써놓고 보니 다 TBC 드라마들인데, 그만큼 TBC의 드라마들이 시청률이 높았다). 〈야 곰례야〉와 〈달동네〉는 모두 서울 변두리에 사는 빈민, 서민들에 대한 이야기였다. 서울 변두리의 도시 빈민, 서민들 얘기, 서울로 무작정 상경한 시골 청년들의 생존기는 비단 텔레비전 드라마뿐만 아니라 영화에서도 그 당시 주요한 소재가 되었다. 특히 이장호 감독의 영화들 〈바람 불어 좋은 날〉(1980), 〈어둠의 자식들〉(1981), 〈바보 선언〉(1983), 〈과부춤〉(1983) 같은 작품들, 김호선 감독의 〈영자의 전성시대〉(1975), 신승수 감독의 〈장사의 꿈〉(1985), 배창호 감독의 〈꼬방동네 사람들〉(1982), 이원세 감독의 〈난장이가 쏘아 올린 작은 공〉(1981) 등이 그렇고, 1980년대에 방영되기 시작한 〈MBC베스트셀러극장〉에서도 초기에 가장 좋은 평가를 받은 〈혜미의 서울〉, 그리고 약간 코믹한 버전의 강우석 감독의 영화 〈달콤한 신부들〉(1988)도 그렇다. 〈야 곰례야〉는 불세출의 미녀 탤런트 정윤희가 시골에서 상경한 처녀로 나오고 노주현이 대장간을 하는 남자로 나오는 드라마이다. 여기서 정윤희는 순수함과 똑소리 나는 야무진 곰례라는 인물을 연기했다. 〈달동네〉는 언덕의 허름한 판잣집들에 사는 사람들 얘기였다. 도시의 허름한 산동네나 빈민촌을 예전에는 일본식으로 하꼬방이라고 부르기도 했는데 이 드라마가 나온 이후에 '달동네'라는 표현으로 바뀌게 되었다. 〈달동네〉는 1970년대 말과 1980년대 초의 최고의 아역 배우였던 똑순이 김민희가 그 별명을 얻게 된 '똑순이'라는 인물을 연기했다. 그리고 최고의 악역 캐릭터인 마영달이 등장한다. 드라마에서 마영달은 탤런트 이성웅이 맡은 캐릭터의 이름이었는데, 마누라 등쳐먹는 백수건달 동네 양아치였다. 워낙 그 인상이 강렬해서 이성웅은 마영달이라는 예명으로 바꾸고 그 캐릭터를 이용해서 코미디언 이주일이 나온 영화 〈평양 맨발〉(1980), 〈조용히 살고 싶다〉(1980), 〈평양 박치기〉(1982)에 출연하기도 했다.

1980년대 후반에 들어 경제 상황이 비교적 좋았기 때문에 이런 도시 서민을 다룬 드라마들에 대한 관심은 차츰 줄어들게 되었지만 1990년대 이후에 김운경 작가의 드라마(〈서울의 달〉[1994], 〈파랑새는 있다〉[1997], 〈유나의 거리〉[2014])들이 〈야 곰례야〉와 〈달동네〉의 세계를 이어받는다. 〈서울의 달〉의 경우, 서민들이 모여 사는 고지대 동네는 '달동네'를 생각나게 했고, 최민식이 맡은 춘섭이를 쫓아다니다 결혼하게 되는 조근조근 바른 소리를 해대는 '호순이'(탤런트 김원희의 데뷔역이자 출세 캐릭터)를 보고 있자니 '곰례'가 생각났다. 그런데 김운경 드라마와 〈야 곰례야〉와 〈달동네〉의 차이가 있다면 〈야 곰례야〉와 〈달동네〉는 서민들의 순수성을 더 강조하는 데 비해 김운경의 도시 드라마의 인물들은 신분 상승과 물질적인 부를 향한 욕망을 적극적으로 추구한다는 점이다. 특히, 〈서울의 달〉에서 '서울 대전 대구 부산'을 읊조리면서 댄스 스텝을 밟는 홍식이(한석규) 캐릭터가 그런 점을 잘 드러낸다. 〈야 곰례야〉와 〈달동네〉, 그리고 위에서 언급한 영화 텍스트들은 거의 모두 서울에 상경한 시골 출신 인물들의 관점에서 이야기가 진행된다. 그들의 관점에서 고된 서울살이와 서울 사람들의 특성이 제시된다.

한편, 〈청실홍실〉은 지금은 흔한 재벌가의 아들과 낮은 계급 여성과의 사랑 이야기를 다루었다. 재벌가의 아들로 김세윤이 나오고 김세윤을 사이에 두고 장미희와 정윤희의 삼각관계가 주축이었는데, 나는 오히려 그 집의 후계 구도에 신경 쓰는 며느리로 나온 이국적인 외모의 여자 탤런트가 인상에 남았다. 눈이 크고 서구적인 얼굴을 가진 이 여배우의 얼굴을 정면으로 클로즈업한 장면만 기억난다. 그 당시에는 그 여배우의 이름을 몰랐다. 나중에 이만희 감독의 유작 〈삼포 가는 길〉(1975)에서 백화 역의 여배우가 같은 사람인 것을 알았다. (그녀의 이름은 문숙으로 요즘은 자연 치유법 전도사로 활동하고 있다. 이만희 감독의 마지막을 기록한 《마지막 한 해: 이만희 감독과 함께한 시간들》이라는 책을 내기도 했다.)

〈달동네〉, 〈야 곰례야〉 같은 드라마들이 서민들의 세계, 〈청실홍실〉이 부유층의 치정과 갈등을 보여 준다면 범죄를 나루는 드라마들도 방영되기 시작했다. 그 당시에는 공중파 텔레비전 3사 중에서 확실히 프로그램의 편성이나 인기 면에서 TBC가 독주하고 KBS와 MBC가 간신히 따라가는 '1강 2약' 체제였다. 그러다 보니 TBC에 비해서 MBC가 열세였는데, TBC에 비해서 우세를 보이거나 비슷하게 화제를 불러 모은 드라마들이 바로 범죄 수사물 〈수사반장〉(1971~1984, 1985~1989)과 반공방첩 드라마 〈113 수사본부〉(1973~1983)였다. 이에 맞서

TBC는 각각 〈형사〉(1978~1983)와 〈추적〉(1975~1983)이라는 드라마를 1970년대 중반부터 편성했다.

||| 수사물, 방첩물, 전쟁극: 우발적 범죄, 고뇌하는 간첩

〈수사반장〉은 원래 최불암, 김상순, 김호경, 조경환 등이 수사팀 동료로 나왔는데 김호경이 사망하는 바람에 나중에 남성훈이 후임으로 들어오게 되었다. 내가 들은 바로는 김호경이 원래 부산에서 근무하는 경찰이었는데 사건 수사 차 서울에 와서 사건을 해결한 다음에 서울로 발령을 받아서 수사반에 합류해서 팀이 이루어진다. 수사팀의 여경 역할로는 김영애, 이금복, 노경주, 이휘향 등이 출연했다. 남성들로 이루어진 수사팀에 여경 한 사람이 끼는 설정은 이후에 영화 〈살인의 추억〉(봉준호, 2003)과 드라마 〈시그널〉(tvN, 2016)에서도 확인할 수 있다. 반공방첩 드라마의 대명사인 〈113 수사본부〉는 전운, 박광남, 오지명, 정욱이 방첩 팀을 구성했고 여자 요원으로는 이경실이 등장했다. 이 드라마들은 수사물과 첩보물의 전형을 이루었다. 그래서 그런지 이 시리즈에서 생각나는 일화는 별로 없다. 단지 우리 형이 〈콜롬보〉와 〈수사반장〉을 비교하면서 〈콜롬보〉에서는 머리 좋고 힘 있는 사람이 살인을 저지르고 〈수사반장〉은 착하고 힘없는 사람들이 실수로 범죄를 저지르는 것이 이상하다고 말한 기억이 난다. 〈콜롬보〉의 경우, 사회적으로 어느 정도 지위에 오른 사람들이 더 많은 것을 얻기 위해서 또는 고의적으로 범죄를 저지르고 은폐하는 경우가 많아서 콜롬보가 그 은폐된 사건의 허점을 파고드는 식으로 구성되어 있었고, 〈수사반장〉은 가난하고 힘없는 사람들이 한순간의 실수로 죄를 짓고 그것은 수사반원들이 탐문을 통해 밝혀내는 식의 이야기가 많았다. 기억나는 일화로는 "민석대왕"이 있다. 그 당시에 물의를 일으켰던 사이비 종교를 다룬 일화였다. 강인덕이 사이비 종교 교주 민석대왕으로 나오는데, 수사반원들이 수사 과정 중 유사한 다른 사이비 종교 집사를 만나서 물어보는 장면이 나온다. 그 집사 역을 변희봉이 맡았는데, 탐문이 끝난 다음에 "홀렐루야, 홀렐루야"라고 찬송가를 부른다. 기독교의 "할렐루야"를 변형한 것이었는데 아마 종교계를 의식해서 변형한 것으로 보인다. 2000년대에 들어 변희봉은 봉준호 감독의 영화에 주요한 조연으로 많이 출연하였다. 봉준호 감독이 신인 시절에 변희봉을 찾아가 그가 나온 드라마들을 쭉 거론하면서 이 에피소드를 말해 거절하기 어려웠다고 회고한 인터뷰 기사를 읽은 적이 있다.

오히려 기억나는 일화가 많았던 것은 TBC의 〈추적〉이었다. 그런데 돌이켜보면 〈추적〉의 수사팀은 누구였는지 기억이 나지 않는다. 〈추적〉은 시청자가 수사팀에 동일시되어서 간첩으로 등장하는 인물들의 이야기를 따라가는 식으로 구성되었기 때문인 것으로 보인다. 이들 간첩들은 남한에서 활약하면서 북한보다 자유롭고 우월한 남한 사회를 목격하면서 심리적으로 갈등하게 되는 경우가 많고 결국 남한을 선택하는 식으로 구성된다. 그래서 수사팀보다는 간첩으로 나오는 인물들이 더 많이 기억난다. 제목이 기억나는 일화로는 "치악산 구렁이"와 "모란꽃 소대"가 있다. "치악산 구렁이"라는 일화에서 탤런트 백찬기가 뱀장수로 위장한 고정 간첩으로 나온다. 그는 장터에서 뱀을 어깨에 두르고 왼손으로 뱀꼬리, 오른 손으로 뱀머리를 붙잡고 구경꾼들에게 뱀과 약을 팔기 위해 일장 연설을 하는 장면이 나온다. 어린 시절이라 그 장면이 무척 그로테스크하게 보였나 보다. 나중에 백찬기는 KBS 대하 사극 〈개국〉(1983)에서 신돈 역할을 맡아서 신돈을 요사스러운 중으로 형상화했다. 2부작으로 구성된 "모란꽃 소대"는 1970년대에 북한에 '모란꽃 소대'라고 불리는 여성 특수 부대가 있다는 보도가 나온 후에 만들어졌다. 이 부대원들은 18~30세 젊은 여성들로 구성된 30명 정도 규모의 부대였으며 남한에 침투해서 술집 접대부로 위장 근무하면서 정보 수집, 요인 암살을 수행한다고 알려졌다. 술집 접대부로 위장한다는 설정이 "007" 시리즈의 본드 걸을 연상시키기도 하고 여성들로만 이루어졌다는 점에서 아마조네스 집단을 연상시켰는데, 남한에 침투한 소대원 중 하나는 남자를 만나서 사랑과 이념 사이에서 갈등하다가 사랑을 선택하고 투철한 사상성을 지닌 다른 요원에게 살해당한다. 이때 사랑을 선택하는 요원을 이미숙이 했고, 그녀를 죽이는 다른 요원은 이문희가 했다.

그 밖에 제목은 기억이 나지 않지만 내용과 몇몇 이미지와 장면이 기억나는 것이 있다. 산에서 내려온 공비 같았던 젊은 여간첩이 남한 여성처럼 옷을 갈아입고는 피곤해서 방에 아무렇게나 드러누워 자고 있었다. 그녀의 접속책인 남자 요원이 그녀의 스타킹 신은 다리를 보고는 범하려다 잠에서 깬 여간첩이 남자 요원의 타락한 자본주의 근성과 불철저한 사상성에 대해 공격적으로 비판하는 장면이 있다. 그 사납지만 섹시한 여간첩 역을 맡았던 탤런트는 차화연이다. 또 휴전선을 넘어온 어리숙한 남자 간첩이 우연히 창녀촌에 들어가게 되는 이야기도 있다. 창녀가 콜라를 마시고 싶다고 하자 콜라 가격을 몰라서 만 원짜리 지폐를 준다. 너무 큰돈을 받은 이 창녀는 이 남자 간첩을 사랑하게 되고 그를 설득하여 자수하게 만든다. 콜라 맛에 무너지는 그 간첩 역은 김천만이 맡았다. 지금은 일일 드라마나 주말 드라마에서 못되거나 수다스러운 시어머니로 자주 나오는 서우림과 사미자도 인상적인 모습을 보여 주었다. 서우림은 북쪽에서 파견되어서 남쪽의 고정 간첩과 부부로 위장하는 역으로 나왔다. 고정 간첩은 아기를 가져서는 안 된다는 규칙 때문에 아이가 생기면 낙태를 하고 부부 파트너를 바꾸라는 지령이 내려오면 다른 남자와 부부로 위장하고 또 임신하고 낙태하는 패턴을 거듭한다. 그래서 마지막에는 임신한 아이를 낙태하지 않고 낳고 싶어서 남자를 죽이고 자수하는 여간첩 역이었다. 이런 사연을 통해 간첩과 북한 체제의 비인간성을 강조했다. 사미자는 사랑하는 남자 간첩에게 정보를 넘기는 임무를 맡은 여자 역을 했다. 그녀가 정보를 넘기러 남자를 찾아갔는데 남자는 콧수염을 기르고 러닝셔츠 바람으로 앉아 있었다. 이윽고 두 사람의 눈빛이 교환되고 장면이 바뀌어 방바닥에 속옷이 던져지는 장면이 나온다. 그다음에 두 남녀가 침대 위에 뒤엉켜 있는 장면으로 연결되었던 것이 기억난다. 그 당시 텔레비전 드라마 치고는 꽤 수위가 높았다.

이렇게 사랑과 이념, 또는 사랑과 체제 사이에서 고민하는 여간첩이라는 모티브는 나중에 영화 〈쉬리〉(강제규, 1997)에서도 반복되어서 나타나게 된다. 그래서 나는 〈쉬리〉를 극장에서 볼 때 액션 연출이 잘되었고 화면과 음악이 세련되긴 했지만 이야기 자체는 그리 새롭지 않아 다소 기대에 못 미쳤던 기억이 난다. 실제로 〈쉬리〉가 미국에 개봉되었던 2001년 겨울에 〈쉬리〉의 뉴욕 시사회 때 나는 이 점을 강제규 감독에게 질문하기도 했다. 강제규 감독은 그 드라마를 본 적은 없고 영화감독은 한 영화를 찍을 때 비슷한 종류의 영화를 보긴 하는데 그 이유는 비슷한 상황을 다르게 연출해야 표절을 피할 수 있기 때문이라고 했다. 그러면서 주방에서의 총격 상황을 연출하기 위해 여성 액션 영화인 〈니키타*Nikita*〉(1990)의 예를 들었다. 나중에야 안 사실이지만 이런 설정은 비단 〈쉬리〉나 〈추적〉뿐만 아니라 영화 〈운명의 손〉(한형모, 1954) 이후 한국의 스파이물에서 자주 발견되는 멜로드라마적 설정이라는 것을 알게 되었다. 남과 북을 상징하는 두 남자가 나오고 중간에 낀 여자가 남쪽의 남자를 선택하면서 결국 죽게 된다는 비극적인 멜로드라마 이야기 구조다.

수사물과 방첩물 이외에 전쟁 드라마도 방영되었다. KBS는 라시찬과 장항선이 주연을 맡은 〈전우〉(1975~1978)라는 드라마를 방영했다. 〈전우〉는 한국 전쟁을 다룬 전쟁 드라마의 원형 같은 드라마로, 1980년대에 강민호를 주연으로 다시 만들어졌고(1983~1984), 2010년에도 20부작으로 다시 만들어지기도 했다. 한편, 이에 대응해 MBC는 〈3840 유격대〉(1983~1984)라는 드라마를 방영했다. 〈전우〉는 매회 다른 일화가 나오는 드라마였는데, 구성상으로는 당시에 인기리에 방영되었던 〈전투*Combat*〉(ABC, 1962~1967)라는 미국 드라마와 비슷했다. 라시찬과 장항선이 속한 소대는 매회 다른 북한 인민군 부대와 교전하거나 특수 임무를 부여받아 수행하는 식으로 구성된다. 〈3840 유격대〉는 황해도 구월산에서 활약한 반공 유격대를 주로 다룬다. 전투 장면의 스케일은 〈전우〉보다는 컸던 것으로 기억한다.

서민 드라마, 멜로드라마, 사극, 수사물, 방첩물, 전쟁물 이외에 주로 만들어진 드라마는 어린이용 드라마였다. 텔레비전 외화는 주로 영미권에서 수입을 했고, 애니메이션은 미국과 일본에서 수입을 했기에 자체적으로 제작한 아동용 프로그램은 인형극과 아동용 드라마, 그리고 〈호돌이와 토순이〉(TBC)와 같은 예능 프로그램, 〈누가누가 잘하나〉(KBS)와 같은 동요 경연 프로그램이었다. MBC에서는 어린이들이 주인공으로 나오는 모험 드라마나 SF 드라마를 제작해서 방영하곤 했다. 지금도 기억나는 작품은 〈X수색대〉(1978)이다. 손창민이 주인공 별똥이 역을 맡았다. 별똥식당 아들인 별똥이는 우연히 4차원의 세계로 통하는 입구를 발견한다. 거기로 들어가니 자기가 사는 곳과 비슷하지만 약간 다른 공간이 나온다. 그곳에는 그의 이웃들과 똑같은 도플 갱어들이 사는데 이들은 팔에 X문양을 한 것이 지구인들과는 다르다. 4차원의 세계와 지구를 연결하는 문이 열리자 x문양을 한 사람들이 지구에 침입하고 별똥이는 주위 사람들과 힘을 합쳐 이들을 색출하는 작업을 하게 된다는 내용이다. 미국 영화 〈신체 강탈자의 침입*Invasion of the Body Snatchers*〉(1956)에서 지구인을 닮은 외계인이 나오는 것과 비슷한 설정인 이 드라마는 당시에 땅굴을 통해 남한에 침투하는 북한 공작원을 이런 식으로 은유한 것이다. 최근 할리우드에서는 과거의 만화나 텔레비전 드라마를 극장용 영화로 다시 만드는 경우가 종종 있다. 우리나라에서는 이런 경우가 좀 드물긴 한데, 만약 그런 리메이크를 기획한다면 〈X수색대〉를 극장판으로 다시 만들어 볼 만하다고 본다.

내 의식 속에 자리 잡은 텔레비전 그리고 자료 보존의 문제

이제 글을 마무리해야겠다. 여기서 나는 주로 1970년대 텔레비전 드라마와 관련된 내 기억 위주로 글을 썼다. 앞서 말했듯이 내 어린 시절의 가장 큰 부분을 차지하는 것은 오른쪽 다리를 다친 것이었다. 그로 인해 나는 바깥에 나가놀 수 없어서 답답했다. 그런 중에 집 안에 있는 텔레비전이 친구가 되었고 세상을 이해하는 창이 되었다. 텔레비전은 세상과 나를 이어주는 매체가 되었고 내가 직접 가보지 못한 곳, 경험하지 못한 곳을 보여 주었고 나는 텔레비전에 매혹되었다. 외화 시리즈를 통해 외국을 동경하게 되고 서민 드라마를 보면서 서민적인 정서를 함양하게 되었다.

나는 영화와 관련된 글을 쓰거나 가르치면서 산다. 물론 그렇다고 내가 영화 이외의 모든 것을 배격하는 과격한 순혈주의자는 아니다. 나는 드라마를 포함한 텔레비전 프로그램에 대해서 블로그에 종종 글을 쓴 적이 있긴 하지만 그렇다고 해서 본격적인 학술적 연구나 비평을 한 적은 없는 것 같다. 나는 여전히 영화를 극장에서 보는 것을 더 좋아하지만, 영화와 영상 문화에 대한 매혹은 텔레비전을 통해서 형성되었다. 나는 토요일밤의 MBC 〈주말의 명화〉와 KBS2의 〈토요명화〉, 일요일 밤의 KBS 〈명화극장〉과 같은 프로그램을 통해 영화를 접했고 1980년대에 10대가 되어서야 가족이 아닌 또래 친구들과 극장에 다니기 시작했다. 영화관에 간다는 것은 일종의 이벤트이지만, 텔레비전은 언제나 집에 있기 때문에 특별한 이벤트라기보다는 숨 쉬는 공기처럼 자연스러운 것이었다.

텔레비전이라는 매체가 등장하기 전에는 사람들이 영화와 라디오에 매혹되었다. 텔레비전을 보면서 신기해했던 경험은 19세기 말 활동 사진이 처음 등장했을 때 사람들이 신기해했던 경험과 비슷한 것이었을 것이라고 본다. 100년 전에는 영화관에서 그런 체험을 한 것이고 나는 텔레비전으로 그런 체험을 한 것이다. 화면 위에서 사람들이 움직인다는 것이 신기했고 그와 더불어 영상을 통해 다른 나라, 다른 장소를 동경하게 되었다. 영상에 대한 매혹을 상징하는 단어는 영화광이다. 텔레비전이 등장하기 전에 영화광들은 극장에서 영화를 보고 매혹되었다. 안정효의 소설과 동명의 영화 〈헐리우드 키드의 생애〉(정지영, 1994), 그리고 유하의 영화 〈말죽거리 잔혹사〉(2003)의 도입부는 그런 과정을 생생히 보여 준다. 그렇지만 텔레비전 이후의 세대들은 극장보다는 나처럼 텔레비전을 통해 영화와 드라마를 접한 후에 영상에 매혹되었다. 비디오가 도입된 후로는 비디오를 통해서 '영화광'이 되었을 것이다. 〈응답하라 1988〉의 쌍문동 5총사가 택이네 집에 모여서 〈영웅본색 2〉를 비디오로 보는 장면이 그런 과정을 보여 준다. 그런데 특이하게도 텔레비전을 통해 영상에 매혹되는 장면을 그린 한국 영화나 드라마는 별로 없다. 오히려 〈무한도전〉 같은 예능 프로그램에서 가끔 그 시절에 보았던 드라마나 영화 프로그램을 언급하는 경우가 종종 있다.

지난 2016년 4월 3일에 종영한 MBC 예능 프로그램 중 〈해피타임〉은 "명작극장"이라는 코너를 통해서 지나간 텔레비전 드라마를 축약해서 보여 주곤 했다. 그나마 MBC에서 방영하였고 현재 보관하고 있는 드라마에 국한되긴 했어도 과거의 기억을 되살리고 그 시절의 추억에 젖어 보기도 했다. 그런데 1970년대에 방영된 프로그램 영상 자료는 과연 남아 있을까. 영상 자료는 고사하고 텔레비전 드라마와 관련된 정보를 한눈에 볼 수 있는 웹사이트도 없다. 이렇게 써놓고 보니 텔레비전 드라마 관련 데이터베이스가 있으면 좋겠다는 생각이 든다. 영화의 경우, 한국영상자료원이 운영하는 한국영화데이터베이스(Korean Movie Database: KMDB)가 있다. KMDB는 미국의 인터넷무비데이터베이스(Internet Movie Database: IMDB)를 참고해서 만든 사이트다. IMDB가 영화뿐만 아니라 텔레비전 드라마에 참가한 정보도 제공하는 것을 감안하면 한국에서는 KMDB는 지나치게 영화 위주로만 되어 있는 서비스인 셈이다. 그런데 이것과 비교하면 정작 텔레비전 방송사들, 방송 관련 기관들이 많은데 대중적으로 접근할 만한 텔레비전 드라마, 쇼, 프로그램에 대한 정보 사이트는 어떤 것이 있을까 궁금해졌다. 만약에 없다면 이참에 하나 만들어 보는 것은 어떨까 하는 생각이 든다.

문화를 연구하는 사람들은 종종 자기가 경험한 문화를 자기를 중심으로 기술해 보는 자기민속지학auto-ethnography을 수행해서 자기의 문화적 정체성이 어떻게 형성되었는가를 추적하는 연구를 하기도 한다.● 그런데 나는 텔레비전 드라마 시청이나 영화 관람과 관련된 자기민속지학을 수행한 적은 없다. 여기에 나열한 텔레비전과 관련된 내 사적인 기억은 기억 그 자체로 좋아서 이 기회를 빌어서 소환한 것이다. 이 기억을 다른 사람들은 과연 의미 없는 사적인 기억의 나열로 볼지 아니면 그 시절 대중 문화사의 한 페이지로 볼지 잘 모르겠다. 어떻게 볼지는 상관없지만 어쨌든 그것이 영화와 텔레비전 드라마를 위시한 대중 문화를 연구하는 나의 일부임은 어쩔 수 없는 노릇이다.

● 대표적인 연구 성과로는 주형일 (2007), "왜 나는 스파이더맨을 좋아하는가 — 자기민속지학 방법의 모색," 〈언론과 사회〉 15(3), pp.2~36이 있다.